一手不留

刘梅 著

餐饮经营实践的心法与干法

机械工业出版社
CHINA MACHINE PRESS

这本书是从全球连锁火锅品牌"刘一手"的实际经营经验出发，将该品牌的成功秘诀和独到策略毫无保留地分享给读者，助力餐饮企业打破"四高一低"，持续盈利。做餐饮是一个系统工程，需要在战略、定位、菜单设计、营销、降本提效和品牌这六个板块同时发力。这六个板块看似分散，实则是一个整体，最终呈现的是品牌价值。除了解决经营难题，本书还着重强调了打造世界级餐饮品牌的重要性。在全球化的大背景下，品牌的影响力已成为企业核心竞争力的重要组成部分。本书通过丰富的案例和实战经验，指导读者塑造自己的品牌形象，提升品牌价值和影响力。

无论是初入餐饮行业的"小白"，还是经营着有一定规模的餐饮企业的从业者，都能从中学习到经营可持续盈利的餐饮企业的"心法"和"干法"。

图书在版编目（CIP）数据

一手不留：餐饮经营实践的心法与干法 / 刘梅著.
北京：机械工业出版社, 2024.7. -- ISBN 978-7-111
-76392-5

Ⅰ. F719.3

中国国家版本馆CIP数据核字第2024T1V247号

机械工业出版社（北京市百万庄大街22号　邮政编码100037）
策划编辑：刘怡丹　　　　　责任编辑：刘怡丹
责任校对：肖　琳　李　杉　责任印制：张　博
北京联兴盛业印刷股份有限公司印刷
2024年8月第1版第1次印刷
160mm×230mm·19.25印张·3插页·254千字
标准书号：ISBN 978-7-111-76392-5
定价：69.00元

电话服务　　　　　　　　　　网络服务
客服电话：010-88361066　　　机　工　官　网：www.cmpbook.com
　　　　　010-88379833　　　机　工　官　博：weibo.com/cmp1952
　　　　　010-68326294　　　金　书　网：www.golden-book.com
封底无防伪标均为盗版　　　　机工教育服务网：www.cmpedu.com

推荐序

餐饮业是一个充满活力和创造力的行业，每天都有无数的故事在餐厅、咖啡馆、小吃摊和其他餐饮场所上演。餐饮人的故事不仅展现了美食的魅力，更反映了餐饮人的辛勤付出、创新精神和对美食的热爱。

从最初踏入火锅行业的懵懂到逐渐形成自己独特的经营理念和风格，刘梅一路走来，虽磕磕绊绊，但无比坚定。

每一次对食材的精心挑选，每一次对锅底味道的反复调试，都凝聚着刘梅的心血与执着。她见证了火锅行业的起起落落，却始终坚守着自己的阵地，以不变的热爱应对变幻的市场。她用火锅连接人与人之间的情感，让每一个食客都能在刘一手重庆火锅门店找到归属感和温暖。她的故事里有奋斗的汗水，有成功的欢笑，也有面对困难时的不屈与坚韧。

《一手不留：餐饮经营实践的心法与干法》所述内容不仅仅是作者刘梅个人经历的呈现，更是火锅行业发展的缩影。我从字里行间可以看到一名火锅创业者在岁月的长河中心怀热爱与执着，从国内市场打拼到国际市场，凭借着一股不屈不挠的劲头，成功地开创并打造出国际知名餐饮品牌的不懈奋斗的身影。

正如刘梅在书中所言，做餐饮是一个系统工程，如果餐饮经营者想把餐饮当成一份事业去做，那么就需要多方发力。刘梅作为一个在餐饮行业奋斗了25年且取得了不俗成绩的人，将她对餐饮经营实践的丰富经验和鲜活感知和盘托出，为我们打开了一扇门，让餐饮经营的心法与干法可以与当下所处的市场环境相结合，从而找到属于自己的餐饮经营解决方案。

《一手不留：餐饮经营实践的心法与干法》堪称"餐饮创业者教科书"。新餐饮人通过阅读本书可以得到指引和启示，少走些弯路；老餐饮人通过阅读本书可以借鉴刘梅的餐饮经营实践，搭建自己的餐饮经营体系，更加有的放矢地实现可持续经营。

汤庆顺

北京东来顺原董事长兼党委书记

中国烹饪协会火锅专业委员会创始人

2024年6月6日

前　言

从"心"出发，用"五心"把火锅店开到全球

"没有什么事是一顿火锅解决不了的，如果有，那就两顿！"

这句略带调侃的话，是顾客对重庆火锅最大的认可。

重庆的火锅店何其多，或是隐于老旧居民楼中，老顾客和新顾客交错而坐，各自品味锅气氤氲下的麻辣鲜香；或是矗立于繁华商圈，人们在亮堂的大厅里觥筹交错，于烟雾缭绕间感受着浓浓的人间烟火气。

刘一手起源于重庆九龙坡区老旧居民楼中的一家普通家常菜馆。

1999年，刘一手在重庆这座山城创立了第一家门店。从一家不起眼的火锅店起步，经过25年的不懈努力，刘一手如今已在全球范围内拥有超过1500家门店。它是如何从0到1，从1到100，再从100到1000的？它是如何打破"四高一低"（"四高"是指高人工成本、高房租成本、高原材料成本、高能源与资源成本；"一低"是指低利润），实现可持续盈利的？它是如何走出重庆，走出国门的？这是很多餐饮经营者经常问我的几个问题。

做餐饮，有的人是为了赚钱，有的人是为了情怀。但做餐饮终归是商业行为，凡是商业必有经营之道。刘一手的成功正是得益于自身独特的餐饮企业经营管理模式。

2006年，为了从家族式管理转型为现代化企业管理，我和哥哥刘松（刘一手创始人之一）一起走进清华大学，学习餐饮企业的管理模式。此后，刘一手引进了当时最先进的管理模式，并将其转化成符合刘一手自身特色的餐饮企业经营管理模式。这套餐饮企业经营管理模式就是本书的主要内容。

做餐饮是一个系统工程，如果餐饮经营者想把餐饮当成一份事业去做，就需要在战略、定位、菜单设计、营销、降本提效和品牌这六个板块同时发力。这六个板块看似分散，实则是一个整体，最终呈现的是品牌价值。**做餐饮的终极目标是创建世界级品牌**。

在本书正文中，我将详细介绍这六个板块的具体方法与工具。我是典型的"麻辣"性格，在书中，我不讲大道理，只想手把手地教你如何才能打破"四高一低"，做可赚钱的餐饮；如何做可持续赚钱的餐饮，并打造世界级的餐饮品牌。我可以保证的是，书里提到的所有方法都是经过刘一手实践检验过的，餐饮从业者可以拿去即用。

在这里，让我们先忘掉方法、忘掉工具，从"心"出发。

中华优秀文化的核心是"心"。在心、道、德、事四部曲中，"心"是"道"的源泉，"道"是"德"的根本，"德"是"事"的根源。厚德载物，"心""道""德"决定了"事"，**"心"是一切的源泉**。"心"体现在起心动念上，起心动念决定了我们的意识、语言和行为，意识、语言和行为决定了我们所做的事，所有的事汇集起来就是我们的人生。

想改变自己的命运并取得成功，**先要改变自己的观念，从"心"上下功夫**。

经营刘一手25年，我始终把提升心性放在首位。在摸爬滚打中，我总结了"五心"：初心、进取心、平常心、敬畏心和感恩心。这"五心"

是我们应对餐饮企业经营难题时的"解药",也是我们开创刘一手品牌的经营宝典之一,更是刘一手的"心法"。

第一颗"心"是初心。

"初心"是一个人做事情的本心、目标和志向。我们有怎样的初心,以及如何践行初心,会决定我们得到怎样的结果。

我创立刘一手的初心是什么?

从 0 到 1,我的初心是为了"小家"而奋斗。1999 年,为了帮助刘松重新树立生活信心,并改善家庭经济状况,我们在重庆市九龙坡区创立了首家刘一手重庆火锅店。与大多数餐饮创业者一样,我们开第一家门店时没有多么大的抱负,只是源于对家人的爱和为幸福奋斗的决心。那时,这家小小的火锅店承载了我们一家人对美好生活的期望。正是这份对家人的爱和不屈不挠的斗志,以及时代赋予的红利,共同促成了首家刘一手重庆火锅店的成功。

从 1 到 100,我的初心是为了"大家"而奋斗。2005—2016 年,刘一手门店的数量迅猛增长,达到数百家规模,我们的团队也随之壮大,拥有数百名员工和加盟商。每一位员工都关联着一个家庭,每一个加盟商更是关联着数个家庭。这使我深感自己肩负的责任重大。我曾多次自问:"我拿什么来面对我身边这一群追随我们、加盟我们、认可我们的人?"为了"大家"的共同幸福,我做出了重大决策:刘一手必须从传统的家庭式管理向现代化企业管理转型。这一转型不仅使刘一手更加规范、高效,也为刘一手未来的发展奠定了坚实的基础。

从 100 到 1000,我的初心是为了"国家"而奋斗。2009—2023 年,当刘一手把门店拓展到全球后,门店数量达到千家规模。此时,我认为,我是在为了国家的荣誉而奋斗。虽然这句话听起来有些宏大,但确实是我内心的真实写照。2023 年，英国品牌评估机构"品牌金融"（Brand Finance）发布"2023 年全球餐饮品牌价值 25 强"排行榜，中国餐饮品牌仅有海底捞上榜，排在第 14 位。每当我巡查全球各地的门店时，目睹麦当劳、肯德基等品牌的全球布局时，我都会深思：

为什么中国有五千年饮食文化，却没有一个世界级餐饮品牌？

这一现象背后的本质是每一位餐饮从业者需要深度思考的问题。当刘一手走出国门的那一刻，它代表的不仅仅是自己，而是"中国重庆火锅"。我们在全球每一家门店的一举一动都关乎着国家的形象和声誉。如果我们的产品不好，外国人会说"这是中国的餐饮品质"；如果我们的服务不好，外国人会说"这是中国的餐饮服务"。这使我更加清晰了自己肩负的责任和企业的愿景，也坚定了我打造世界级餐饮品牌的决心。为此，我将继续奋斗，带领刘一手走向更加辉煌的未来，向世界级餐饮品牌出发。

从为了小家到为了大家，再到为了国家，我的初心始终是爱。用爱的初心去做餐饮，这是我一直秉持的理念。在为了小家奋斗时，我和刘松有过意见相左甚至激烈争吵的时刻，但我们从未翻脸。不管是吵架也好，彼此退让也好，我们的初心都是为了刘一手，这是不变的前提。我们千辛万苦创下的基业不能因为贪欲和私心分崩离析。我们兄妹俩互相把对方视作最亲近、最信任的人。刘松的格局很大，2005 年，我被举荐成为刘一手的董事长，从此刘一手的最高管理者由我一人担任。高处不胜寒，但我并未变得傲慢自大或失去本心。爱，让我始终保持内心的柔软。

在我看来，餐饮不仅仅是满足口腹之欲的行业，更是一种情感的交流和文化的传承。每一款产品都是厨师用心制作的艺术品；每一项服务都是员工用情传递的关怀。而这一切都离不开爱。我们爱员工，关心他们的成长与发展，为他们提供良好的工作环境和福利待遇。员工感受到了这份爱，这会激发他们的工作热情和创造力，他们也会用同样的爱去关怀顾客，用心做好每一份工作。正是因为这种爱的传递，刘一手才得以在竞争激烈的餐饮市场中脱颖而出，赢得顾客的信任和喜爱，实现企业的可持续发展。

"刘一手，与爱同行，在有爱的长河中，创造永恒……"这是我和刘松在刘一手 15 岁时携手创作的企业之歌《与爱同行》（详见附录）中的歌词片段。歌词诠释的正是刘一手始终坚持的经营哲学：刘一手，与爱同行。我们期望通过美食这一媒介传播爱意，播撒温情。

同时，我和刘松也创作了刘一手的员工之歌《爱的味道》，歌词里所唱："好品质，好品德，好品牌，让品牌洋溢着爱的味道……"我们的目的是以通俗易懂、深受员工喜爱的形式激发刘一手每一位员工的热忱与决心，通过他们的实际行动来诠释爱的力量，让爱的味道融入每一个细微之处，共同书写刘一手的大爱篇章。

《礼记·大学》里说："心正而后身修，身修而后家齐，家齐而后国治，国治而后天下平。"对此，我的理解是"修身、齐家、治企、利天下"。修身，是餐饮经营者自我提升的过程，是不断学习、进步的动力源泉；齐家，是对家庭的关爱与责任，是企业对员工的关心与照顾；治企，是餐饮经营者对企业的管理之道，是让企业健康发展的关键；利天下，是企业的社会责任，是企业对社会的回馈与贡献。

当代餐饮经营者应该有士大夫情怀，眼睛不能仅盯着自己的一亩三分地，还要胸怀国家和社会。**怀大爱，守初心，方能行稳致远。**

第二颗"心"是进取心。

进取心是一种"铁肩担道义"的浩然正气，进取心更是一种"人有之则生，无之则死""国有则存，无之则亡"的无畏豪气。做餐饮，要有一颗敢为人先的进取心，敢于攻难关，敢于"第一个吃螃蟹"，敢于攀高峰，敢于开拓新方向。

2009年，我满怀雄心，立志将刘一手品牌推向国际市场。彼时，随着全球经济一体化的加速，中国企业走向世界是大势所趋。然而，在餐饮行业，由于烹饪方法难以标准化和供应链管理的复杂性，中国餐饮品牌在国际市场上一直难以立足。面对这样的挑战，我毅然决定："刘一手要走出国门！"

当时，很多人认为我是在"吹垮垮"（重庆方言，指吹牛）。面对质疑和挑战，我没有退缩。但我承认，在决定拓展海外市场时，我并未完全准备好管理海外门店，以及将重庆火锅推广到各个国家……当时的我有一颗敢于创新、勇于开拓的进取心。我认为刘一手作为火锅行业的领军企业，理应冲锋在前。对我而言，**别人未曾尝试的事情，我去做了，那就是机会；做到了，那就是价值**。

当然，开拓国际市场不仅需要勇气和胆识，更需要策略和方法。由于缺乏海外市场餐饮门店运营经验，刘一手不可避免地走了很多弯路。比如，第一家刘一手重庆火锅海外门店迪拜店在遭遇骗局之后走上艰难的维权之路、开新加坡店时遭遇的惨痛经历等。虽然迷茫过、痛苦过，但我还是坚持了下来。

我坚信人类对美食的喜爱是一致的，对美好、幸福、高品质生活的追求是一致的。我们只需将最好的产品、最优质的服务呈现给世界，追求品质、热爱生活的人们自然就会接纳并喜爱我们。

在这样的信念下，我们逢山开道，遇水架桥，披荆斩棘，勇往直前，克服了一个又一个困难，熬过了艰苦的岁月。如今，刘一手逐渐在国际市场上崭露头角，在美国、新加坡、澳大利亚、加拿大、老挝、法国、印度尼西亚等多个国家和地区开店，为越来越多的人熟知和喜爱。

今天，当我回想起 2010 年 10 月，刘一手重庆火锅迪拜店升起五星红旗的那一刻，心中的激动之情依然难以言表。我终于体验到了在国际舞台上由刘一手人升起五星红旗的民族自豪感。也是在那一刻，我意识到自己作为走出国门的企业家与民族产业的发展息息相关，肩负着重要的责任和使命。

如今的餐饮行业竞争激烈，要想脱颖而出，餐饮经营者必须拥有一颗不屈不挠的进取心。进取心不仅是一种勇气，更是一种创新精神。在产品创新方面，我们要始终保持敏锐的市场洞察力，紧跟时代潮流，不断推陈出新。在服务创新方面，我们要注重细节，以顾客为中心，提供个性化、专业化的服务体验。在管理方面，我们需要打破传统思维定式，引入先进的管理理念和方法，提高餐饮企业的运营效率和竞争力。

大争之世，非优即汰；崛起之时，不进则退。

第三颗"心"是平常心。

我经常看到一种现象：很多经营者开口闭口都说要有"平常心"，但说完之后又陷入了如何快速获取财富、权力和名声的焦虑之中。他们嘴里喊着"平常心"，但实际行动却与之背道而驰。

什么才是真正的"平常心"？有平常心的人怎么做事？

平常心有两层含义：**一是餐饮经营者在取得成功时要能抵制诱惑，排除外界干扰，认清对的事情，并把事情做对；二是餐饮经营者在遇到困难和挑战时能够脚踏实地，日拱一卒，不期速成，在"因"上努力，在"果"上随缘。**

一个人什么时候容易犯错误？答案是失去平常心的时候。通常人们在什么处境下会失去平常心？答案是成功的时候。所谓成功的时候，就是一个人自以为能力超出了所有人的时候。然而，自负往往会导致一个人做出错误的决策。

刘一手就因激进摔过跟头。在创业初期，刘一手凭借在川渝市场的出色表现崭露头角。为了追求更快速的发展和抢占更多的市场份额，刘一手在未充分了解各地市场和文化差异，以及未全面评估自身能力的情况下，迅速向全国扩张。在短短一年时间内，刘一手的门店数量激增至200余家，涵盖了陕西、山西、新疆、内蒙古等地区，刘一手的火锅事业呈现出一派繁荣景象。

然而，随着时间的推移，刘一手快速扩张的弊端逐渐显现。由于发展速度过快，市场培育不够成熟，组织能力不足，许多门店的经营难以维系，纷纷在两年内关闭。我们逐渐失去了曾经占领的市场份额，信心也受到了严重打击。

经过这次挫折之后，我们进行了深刻的反思，领悟到了"**快即慢，慢即快**"的经营哲学。在刘一手后续发展中，我们开始克制野心，注重深耕细作，专注于研究门店的运营标准、培养专业人才和强化内部管理等。经过一段时间的稳步发展，刘一手的业务逐渐拓展到了湖北、江西、山东、安徽等地区，并奠定了坚实的市场基础。

从此，"平常心"成为刘一手的经营哲学之一。做餐饮，我们需要保持一颗平常心，不受外界干扰，回归餐饮的本质，坚持做正确的事，并努力将事情做正确，这样才能在竞争激烈的市场中立于不败之地。

有平常心的人怎么做事？

哈佛大学商学院教授小约瑟夫·巴达拉克在其经典著作《沉静领导》中说："拥有平常心的人，选择以负责任的、低调的、幕后的方式来解决各种棘手的或者不棘手的问题，而不是扮演公众英雄。他们与传统意义上的大胆而勇敢的领导形象完全不符，因为他们根本不想那么去做。他们想要的就是去做正确的事情，为了他们的国家、他们的组织、他们的同事以及他们自己沉静而不动声色。"

经过长达 25 年的不懈努力和深度耕耘，刘一手已经在火锅行业中拥有一席之地。在别人眼中，我们已然功成名就，可以安享成功的果实。然而，事实上，我们一直如履薄冰、战战兢兢。我们始终专注于自我提升和企业的长远发展，没有贪图眼前的蝇头小利，也没有盲目扩张。我们要**以平常心成就不平常的事业**：立志成为世界级中国餐饮品牌。

2012 年，刘一手为残障人群建立了爱心公益火锅品牌——"刘一手心火锅"。残障人群最需要的不是物质上的帮助，不是被同情和怜悯，而是渴望能像身体健全的人一样生活。因此，"刘一手心火锅"不仅为残障人士提供了一个工作平台，更为他们创造了一个平等的生活环境。尽管在服务行业中招聘残障人士具有一定的挑战性，但同样身为残障人士的刘松希望能够帮助他们。这也是刘一手创立"刘一手心火锅"的初衷。

"刘一手心火锅"不仅解决了大量残障人士的就业问题，而且在实现项目投资回报后将利润再投入到残障人群公益事业中，形成了良性循环。目前，"刘一手心火锅"已在全国开了 80 多家门店，为 4000 多名残障人士提供了就业机会，成为他们自力更生的平台。

保持一颗平常心，不仅有助于我们在工作中体验到真正的人生乐趣，更有助于我们不断提升自身修养，成为具有美好心灵和圆满人格的人。

第四颗"心"是敬畏心。

古人言："畏则不敢肆，则德以成；无畏则从其欲，而及于祸。"人如果没有敬畏之心，就会无所顾忌，为所欲为。**只有心存敬畏，行有所止，**

敬畏万物，方能拥有万物。一个人、一家企业只有心存敬畏，才会走得远、走得稳。

餐饮自古以来就是一个良心行业。餐饮经营者的良心是什么？餐饮经营者的良心涵盖了三个核心要素：一是干净卫生；二是货真价实；三是健康安全。

做餐饮，我们必须始终保持一颗敬畏心。敬畏心，源于对天道的尊崇和对义理的敬畏。只有真正热爱我们所从事的事业，我们才能在每个细节上精益求精，为顾客提供最优质的用餐体验。这不仅要求我们遵守法律法规，更要求我们在道德层面有所作为。只有"敬天而道，畏义而节"，才能实现餐饮行业的健康发展。

在刘一手，敬畏心已经深入到经营的每个环节。比如，在刘一手的品质理念上，我们深知**敬畏心是产品和服务质量的基石**。因此，我们着力**培育全体员工对顾客的爱心，对品质的敬畏感，以及对生产不合格产品的羞耻感**。我们严格把关每一款产品，从原材料的选择到制作产品的每一个环节都力求做到精益求精。

比如，在营销策略上，刘一手始终坚持激发人性中的美好。我们通过富有创意和情感化的营销方式让顾客感受到品牌的核心价值和人文关怀。我们曾经推出一系列以"家的味道"为主题的营销活动，通过讲述温馨感人的故事和展示生动的场景，让顾客感受到刘一手所营造的家的温暖和幸福。

再比如，在连锁化上，刘一手做连锁的目的和意义是让天下没有难开的火锅店，我们想让更多的餐饮创业者能够轻松地经营火锅门店，并且在经营过程中能够获得健康且持续的利润。为了实现这一目的，刘一手在连锁化的过程中注重传承与创新相结合。我们深知，要让更多的餐饮创业者能够学得会，连锁模式必须既简洁易懂又具有核心竞争力。因此，我们不断优化连锁体系，将复杂的流程简化，同时融入现代的管理理念和科技手段，为加盟商提供全方位的支持和服务。

通过在各个经营环节中融入敬畏心，我们已成功地将敬畏心转化为企业的核心竞争优势。正是源于对市场、产品、顾客、员工以及世间万物的敬畏之心，刘一手才得以在激烈的市场竞争中稳步前行，并向世界级餐饮品牌出发。

第五颗"心"是感恩心。

做餐饮讲究"天时地利人和"，"人和"的关键是拥有感恩心。感恩心看似微不足道，其实有着强大的能量。常怀感恩心的人，不仅会对周围释放善意，自身也会形成强大的能量磁场，吸引更多的人来帮助自己。

我们应该对自然万物感恩，对父母妻儿感恩，对朋友同事感恩，对员工顾客感恩，对苦难感恩，对当下拥有的一切感恩。**越感恩，越富有**。

感恩心能够消灭人性中的"贪、嗔、痴"，让我们自觉树立起对他人的责任感，而不是只想着自己的利益。感恩心是一切美好品质的来源，是世间最好的良药，因为心存感恩，所以胸怀宽广。胸怀宽广的人，自然会去关心、爱护和帮助别人。

有的餐饮经营者说，我给员工发工资，他们得感恩。其实不是这样的。员工为你付出了，你给他发工资是你表达对他的感激。带着这份感恩心，你才能拥有经营者思维。

要将餐饮事业做大做强，你需要一群人共同奋斗。要让员工愿意追随你，你就必须从内心感恩他们的付出，关爱他们。你在具备这种感恩心后会发现企业内部氛围和谐，大家以企业为家，愿意同舟共济，与企业共进退。

做餐饮像做人一样，必须时刻怀着一颗感恩的心去经营。刘一手的成功不仅仅在于我们独特的经营策略和高效的连锁体系，更在于我们始终坚持以人为本，追求幸福的企业文化。刘一手相信，只有让员工和加盟商都感到幸福，他们才会全身心地投入到工作中，才会向顾客传递出幸福的味道。正是这份"幸福"成就了刘一手1500家店的辉煌。

做餐饮就是一场修行，而修行"修"的就是善。**感恩是善的起点，也是终点。**一个不懂得感恩的餐饮经营者即使有再多的人才、再雄厚的资本，也注定走不远。

以上就是我经营刘一手一直坚守的"五颗心"。

正是因为有了这"五颗心"，我们才能在面临困境时不气馁，始终自强奋进，刘一手才能在众多的火锅品牌中突出重围，独树一帜，开创未来。"五颗心"的源头其实就是一个字：爱。当我们拥有了对生活、对工作、对员工、对家人、对朋友、对社会的爱，我们便会拥有这"五颗心"。同时，这"五颗心"也是刘一手独特经营策略的"心法"。

在撰写这本书的过程中，我接触到了许多餐饮业人士。他们中的许多人对我强调的"心法"嗤之以鼻，认为在餐饮业中更重要的是实际的"干法"。然而，我深信不疑的是，如果没有正确的"心法"，再多的"干法"也没用。

餐饮业作为一个实践性和经验性极强的行业，确实需要大量的实际操作技巧。然而，这并不意味着我们可以忽视"心法"的重要性。"心法"是指导我们进行餐饮实践的理念和原则，它不仅帮助我们建立了正确的思维方式，还为我们提供了解决问题的有效途径。

相比之下，单纯的"干法"可能会让我们陷入琐碎的执行中，而忽略了整体的方向和战略。没有正确的"心法"指导，我们可能会盲目地跟随潮流，或者过度依赖某些技巧和方法。这可能会让我们在短期的成功之后陷入困境。

因此，我认为做餐饮，"心法"和"干法"是相辅相成的。我们需要在掌握"干法"的同时，不断领悟和运用"心法"。只有这样，我们才能在餐饮业中取得真正的成功。

刘一手多年商业实践的智慧结晶如下图所示。"心法"在前，"干法"在后。餐饮经营者要学习刘一手的"干法"，最好先学习刘一手的"心法"。

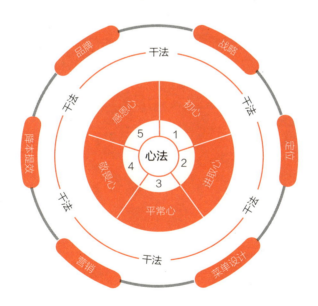

最后，我想对这本书做一个总结：这是一本"说人话、能落地、有启发"的书。

我是一个餐饮人，涉猎领域有限。在我的心目中，一本好书的标准是：第一，能够让读者读进去，也就是"说人话"；第二，有很高的工具价值，也就是书里面提到的方法和技能可以直接落地；第三，能对读者产生启迪，并不是只"教你做事"，还能够引发你的思考。

《一手不留：餐饮经营实践的心法与干法》，毫无疑问就是这样一本好书。在这本书里，我将一手不留，手把手教你做好餐饮——从做可赚钱的餐饮，到做可持续赚钱的餐饮，再到做世界级品牌餐饮。

本书介绍的是刘一手摆脱了以前行业中以经验为导向的开店、做店方法，向着更科学的企业管理模式转型的经营策略。但是，做餐饮这件事又哪里是仅凭五种"心法"、六种"干法"就能天下无敌的呢？

真正的挑战，在你正式进入餐饮赛道后；真正的风景，在你决定追逐梦想的征途中。

在新餐饮时代，让我们一起学习、交流、研讨，一路前行。祝福每一位餐饮人生意兴隆、心想事成。

目 录

推荐序
前言

01 战略定方向
做"中国火锅产业文化全球传播第一平台"

1.1 做餐饮，要不要定战略	...002
做餐饮前三年，不要定战略，先活下来	...002
做餐饮三年后，一定要定战略	...005
三类餐饮门店，无法入局战略	...008
1.2 做餐饮，战略要简单	...013
大多数餐饮门店"死"在不做选择上	...014
做餐饮的三种战略失误	...015
1.3 做餐饮，战略若煮火锅，要熬	...018
做小店和做大店难易程度是一样的	...019
小店大梦想，标准定未来	...022
做重庆火锅的"捍卫者"	...024
工具　战略思维"五 Why 分析法"	...030

02 定位定输赢
让你的门店成为顾客的首选

2.1 差异化定位：顾客为什么主动到你的门店吃饭 ... 032
  成为顾客的首选 ... 032
  做不一样的重庆火锅 ... 033

2.2 品类定位：你打算做哪方面的餐饮生意 ... 039
  在大赛道中找准超车道 ... 040
  没有好品类，只有适合的品类 ... 041
  "九字箴言" ... 043
  刘一手的四次品类革命 ... 045

2.3 身份定位：你是谁 ... 053
  名不正则事不成 ... 053
  梦想从不"留一手" ... 056
  把人做好了，到哪都有饭吃 ... 059

2.4 顾客定位：做给谁吃 ... 063
  只有"你的顾客"才是你应关注的服务对象 ... 064
  给顾客画像 ... 066
  升级需求层级思考，降低需求层级开店 ... 069

2.5 选址定位：在哪里开店 ... 071
  重视选址，但不能视选址为一切 ... 072
  刘一手选址策略 ... 075
  选址工具 ... 079
    工具　餐饮定位落地工具 ... 083

03 高转化率菜单设计
一本万利

3.1 破认知：菜单是门店的"盈利模型" ... 086
  菜单只是点餐工具吗 ... 088
  菜单能解决哪些问题 ... 089
  刘一手的三代菜单 ... 093

3.2 定目标：菜单是门店的"指挥官" ... 100

3.3 组产品：菜单是门店的"产品介绍书" ... 101
  招牌产品：门店的"镇店之宝" ... 103
  引流产品：门店的"流量之王" ... 106
  特色产品：门店的"狙击之王" ... 111
  瘦狗产品：要么淘汰，要么转型 ... 114

3.4 定数量：菜单是门店的"金牌销售员" ... 116
  产品太多，吃亏的是成本 ... 116
  顾客反映产品太少，怎么办 ... 117
  "十八罗汉护卫" ... 119

3.5 排版面：菜单是门店的"品牌宣导官" ... 121
  品牌表达"六个一" ... 122
  一份好菜单，利润翻一番 ... 127
  工具　菜单面世五部曲 ... 129

04 营销"三板斧"
做餐饮要有"锅气儿"

4.1 大品牌：营销成就大基业 ... 132
　"营"为主，"销"为辅 ... 132
　营销的本质：人 ... 134
　"锅气儿"营造"三板斧" ... 136

4.2 做爆品：一招鲜，吃遍天 ... 139
　六大维度，找到"一招鲜" ... 140
　"品质三三模型"，让"一招鲜"好吃 ... 142
　"三个一"，让"一招鲜"吃遍天 ... 146

4.3 视觉锤：把你的门店或品牌"锤"入顾客心中 ... 154
　视觉锤三大元素 ... 156
　好门头自带流量 ... 161
　刘一手火锅设计美学 ... 166

4.4 定价格：最低成本的营销手段 ... 177
　定价即餐饮经营 ... 177
　六大定价法 ... 180
　3元一份豆腐，带来无限客源 ... 185
　48元一份毛肚，创造排队神话 ... 186
　工具　"锅气儿"检测三步法 ... 188

05 降本提效
干毛巾也要拧出三滴水

5.1 效率之争才是做餐饮的终极之争 ... 190
　　做餐饮，成本是降不下来的 ... 191
　　"三提三效" ... 192

5.2 提人效：感到幸福的员工，生产力提高 12% ... 194
　　幸福的员工是第一生产力 ... 196
　　精神与物质双丰收 ... 200

5.3 提坪效：用最小的面积实现最大的营业收入 ... 210
　　顾客动线设计：提升顾客用餐体验 ... 212
　　服务动线设计：提高经营效率 ... 214

5.4 提时效：你的门店真的满了吗 ... 217
　　时间维度：全时段经营 ... 218
　　人的维度：优排班 ... 219
　　工具　降本提效"四个在线" ... 223

06 打得燃的品牌
向世界级餐饮品牌出发

6.1 再小的个体也要做品牌餐饮 ... 226
　　从做餐饮到做品牌餐饮 ... 228
　　立得稳，打得燃，叫得响 ... 230

6.2　企业文化：刘一手以文化塑中国火锅品牌　... 234
做餐饮，三观要正　... 236
使命：从"活命"到使命驱动　... 241
愿景：从为了小家、为了大家到为了国家　... 243
价值观：长期的成功一定是价值观的成功　... 245

6.3　标准化：一手麻辣，共享全球　... 249
标准化 = 复制 + 提效　... 249
采购标准化：用显微镜来审视食材　... 252
底料生产标准化：确保火锅精髓不会变　... 256
物流标准化：配送跟上全球节奏　... 257
出品标准表：标准化实施的利器　... 258

6.4　连锁化：让天下没有难开的火锅店　... 260
一包餐巾纸，开启了千店连锁事业　... 260
加盟一个，成功一个，朋友一个　... 265
连感情，锁利益　... 270
餐饮出海，"四问""四人""四不做"　... 276
工具　企业文化落地四步法　... 278

后记　... 279
附录　... 283

01

战略定方向

做"中国火锅产业文化全球传播第一平台"

> 做餐饮，要不要定战略？
> 前三年，无战略活下来，
> 三年后，定战略定方向。
> 好战略，易理解，不高深，
> 定战略，很简单，两步走。
> 第一步，选终点，做第一，
> 第二步，择起点，做取舍。

餐饮战略"顺口溜"

1.1 做餐饮，要不要定战略

在开启本书的阅读之前，我们先思考一个问题：做餐饮，要不要定战略？

_____

给你一分钟的时间，先不要着急往后阅读，请在上面横线处写下你的答案。

做餐饮前三年，不要定战略，先活下来

做餐饮，要不要定战略？

我有三个答案。

第一个答案是：做餐饮前三年，你只需要具备战略思维，不需要制定战略。为什么？

因为战略解决的是三年以后、五年以后，甚至是十年以后、二十年以后的问题。但在现实中，大多数餐饮门店活不过三年。

餐饮行业目前已经成为创业失败率最高的行业，没有之一。在餐饮

行业流传着这样一组虽没经过严格论证，却被餐饮人熟知的数据：餐饮门店开业半年后还活着的不超过50%；餐饮门店开业一年后还活着的不超过20%；餐饮门店开业两年后还活着的不超过5%；餐饮门店开业三年后还顽强活下来的低于1%。这是一组令人心惊肉跳的数字。

每天，我们都能在街头目睹餐饮门店的频繁更替。今天一些餐饮门店开业了，明天一些餐饮门店关闭了；今天这家餐饮门店正在重新装修，明天那家餐饮门店又在换新招牌。掐指一算，能够持续经营三年以上并存活下来的餐饮门店真的不多。

所以，**做餐饮前三年活下来，你就赢了**。此时你不需要纠结什么是战略、**如何定战略，只需要具备战略思维，思考如何将自己的产品、服务与市场需求相匹配**。这就像当下我们经常说的一句话：先活下来，再活得好。如果连最起码的生存都难以得到保证，谈战略无异于痴人说梦（从某种意义上来说，活下来也是一种战略）。

刘一手创立之初，我和刘松每天想得最多的就是如何活下来。为了活下来，我们不断尝试新的方法，不断调整策略，不断学习，不断进步。我们曾经尝试过用各种方式吸引顾客，比如推出特色产品、提供优质服务、举办促销活动等。我们也曾经遇到过很多困难和挫折，比如资金不足、人员流动大、市场竞争激烈等。

如今回想创业前三年，刘一手能够活下来，我认为离不开"天时、地利、人和"。

先来说说"天时"。21世纪初，正是中国快速发展的时期，人口红利带来了巨大的机遇。在这个时期，只要你愿干、肯干、能干，那么成功的天平就会向你倾斜。刘一手重庆火锅门店恰好成立于这一时期，因此享受了这一波人口红利。

再来说说"地利"。刘一手重庆火锅门店位于重庆这个火锅之都，重庆火锅作为地方特色美食，深受广大顾客的喜爱。因此，刘一手重庆火锅门店得天独厚的地域优势为吸引顾客提供了有利条件。

最后说说"人和"。我和刘松共同经营刘一手重庆火锅门店，我们齐心协力，无论遇到什么困难和挑战都能共同面对。这种团结一致的精神和默契的配合，使我们能够更加灵活地面对市场竞争，及时调整策略。

正是这些因素的共同作用，使刘一手重庆火锅门店在创业的前三年能够在竞争激烈的市场中顽强地存活下来，并在 2001 年 5 月，被中国质量万里行组委会评为"质量定点单位"。

我们深知，每一次的成功都不是偶然的，其背后凝结着辛勤的汗水和深邃的智慧。餐饮行业是"勤行"。开一家餐饮门店不仅需要选址、装修，还需要采购原材料、研发产品、培训和管理员工、服务顾客、营销推广等一系列工作，只有这些都做到位了，你的餐饮门店才能经得住时间和市场的双重考验。**做餐饮前三年，就像熬火锅一样，需要不断地投入时间和精力，等你"熬"过了前三年再去想战略。**

我强调"做餐饮前三年，要具备战略思维"，就是不否认战略对做餐饮的重要性。做餐饮前三年，你可以用战略思维去思考如何让你的门店活得更长久。

所谓"战略思维"，就是你在经营餐饮门店时，既要低头拉车，又要抬头看天。具体而言，就是你在经营餐饮门店的时候既要低下头踏踏实实地出力气，也要时不时地抬头看看前行的道路，保证方向和目标是正确的。（本章末将向你分享一个战略思维工具，帮助你培养自己的战略思维。）

我强调"做餐饮前三年，不要定战略"，是因为大多数餐饮门店在前三年制定的战略往往是纸上谈兵，会显得自大且缺乏远见。战略与餐饮经营者的认知、眼界、格局息息相关。对于一个刚做餐饮的人来说，如果连基本的经营逻辑都没弄懂，就想要通过战略获得竞争优势，未免有些天真。

做餐饮前三年，只要方向大致正确，你可以先走着看。

做餐饮三年后，一定要定战略

做餐饮，要不要定战略？

第二个答案是：做餐饮三年后，一定要有战略。为什么？

我不急着说答案，先讲讲刘一手"大意失中餐"的故事。

2006年，刘一手通过火锅业务实现了原始积累。此时，我和刘松内心"喜愁交加"。喜的是，刘一手已经走上了快速发展的道路，拥有了加盟店，并且还在继续扩张。愁的是，此时的刘一手急需新的增长点来进一步发展。成功的企业往往有相似之处，而失败的企业则各有各的问题。就像许多餐饮经营者一样，我们通过专注重庆火锅取得了初步的成功，因此便开始"贪多"，认为不能把鸡蛋放在同一个篮子里，企业应该多元化经营。

在这样的思维模式下，我们在2007年做出了创建中餐品牌、进军中餐市场的战略决策。经过两年的探索和分析，我们在2009年推出了"品道居"这一中餐品牌。当时，我们对中餐市场可谓志在必得，认为刘一手能够在竞争激烈的火锅赛道中突出重围，一定也能在中餐市场中分得一杯羹。

于是，我们在重庆北碚区投资近千万元打造了占地面积 5000 平方米、设施完备、功能齐全、装修豪华的北碚品道居旗舰店。此外，我们还高薪聘请了中国主要菜系中的六名顶级大师作为品道居的高级顾问以助力品道居开拓中餐市场。

此后的三年时间里，品道居在北京、上海、天津、宝鸡等地开了分店，我们还计划将分店开到美国、泰国、法国等国家。我们的目标是将品道居打造成以"名师荟萃、国菜经典"为主题的中国知名、顶尖的中餐品牌之一，让全世界都品尝到最正宗、最有特色的中餐。听起来是不是很热血沸腾？但是，理想很丰满，现实很残酷。

刘一手经过多年潜心研究形成的特有的一套火锅标准化体系，在品道居的发展中不仅没有发挥出应有的作用，反而频频受挫。火锅品类具有"去厨师化""标准化程度高""口味自理"等特征，但中餐更依赖厨师的厨艺，很难依靠标准化对门店进行管理。如果把火锅比作粗犷的"汉子"，那么中餐就是温顺的"小姑娘"，刘一手在火锅领域的优势很难复制到中餐领域。这也意味着面对陌生的中餐市场，我们以往的所有经验都将归零，一切需要从头开始。

然而，此时的市场环境不允许我们从头开始，我们没有足够的时间和资源去重新构建一个完整的解决方案。结果可想而知，刘一手轰轰烈烈布局的品道居，最终并未在市场中激起水花。三年的时间，品道居不仅没有让刘一手的业绩实现增长，反而因与火锅齐头并进的策略加速了刘一手的资源内耗，成为刘一手前进路上的包袱和累赘。

2012 年，已经在品道居投入了 1 亿元的刘一手意识到决策失误，决定及时止损，忍痛宣布关停品道居的所有门店。

回想起来，我们在开始布局品道居时，确实缺乏明确的方向和目标。我们盲目跟风，没有深入思考自己的优势和市场需求，只是看到别人在某个领域取得了成功就盲目地想要复制他们的成功。这种跟风心态和缺乏独立思考导致我们做出了错误的决策。

人性中的贪婪也是我们失败的一个主要因素。我们想要快速获得成功和回报，但忽视了市场和顾客的真正需求。我们没有深入了解市场和顾客，没有认真分析自己的优势和劣势，只是盲目地追求短期利益。

这些因素综合起来导致我们在经营品道居时做出了错误的决策。但是，我们也从这次失败中得到了很多教训。我们明白了方向的重要性，明白了战略的重要性，明白了市场和顾客需求的重要性。这些教训不断警示我们在刘一手未来的发展中应做出更加明智的决策。

试想一下，如果我们把三年的时间和1亿元资金都用在深耕重庆火锅这一品类上，那么刘一手在重庆火锅领域取得的成绩会更加亮眼，会更早一点成为行业的领头羊。

《东周列国志》里，秦穆公向蹇叔请教成事之道，蹇叔是这样回答的："夫霸天下者有三戒：毋贪，毋忿，毋急。贪则多失，忿则多难，急则多蹶。"是啊，贪则必失。刘一手在品道居上摔了个大跟头，这个跟头摔得有点狠，但值！它时刻提醒我们，在战略上一定要舍九取一，要有"一根针"顶破天的定力。

如今，回顾品道居从创立到衰亡的历程，我仍旧深感痛心。这种感觉相信每一位餐饮经营者都能感同身受，我们视每一家门店如同自己的孩子，它们承载着我们的梦想和期望。任何有志于餐饮业大展身手的人都不愿亲眼看到自己的梦想破碎。

这就是刘一手"大意失中餐"的故事。通过刘一手的故事，你会发现一个事实：战略定方向，只有方向正确，你的餐饮门店或企业才能拥有未来。没有战略，你的门店或企业既赚不到钱，也走不远。这就是做餐饮三年后，一定要定战略的核心原因。

你可能会说："我只是想经营一家小店，赚点温饱钱，闲暇时看看窗外人来人往、世间百态，享受一下岁月静好的感觉。"

的确，这是很多餐饮人的梦想，我和刘松开第一家刘一手重庆火锅门店时也是这样想的。但梦想不是靠爱发电，从事商业活动就要遵循商业逻辑，何况你的这个梦想只有在商业支撑下才能更好地照进现实。

三类餐饮门店，无法入局战略

做餐饮，要不要定战略？

第三个答案是：有些餐饮门店，无法入局战略。那么，哪些餐饮门店无法入局战略呢？为什么？

无法入局战略的三类餐饮门店如图 1-1 所示。

图 1-1　无法入局战略的三类餐饮门店

1. 资源不达标

资源不达标的餐饮门店无法入局战略。为什么？

因为战略的实施需要资源的投入。如果餐饮门店缺乏必要的资源，那么此类门店大概率与战略无缘。

所谓"资源"，是指能够支撑一家餐饮门店运营的各种要素，包括食材、技术、后台、前端、店面装修、营销推广、人力资源和资金等。因此，你需要调动各种资源来协助你经营好餐饮门店。

比如，当你遇到资金困难时，你可以找合伙人为你提供资金支持；当你的餐饮门店规模逐渐扩大时，你可以找厨师协助你做好后厨工作来提高效率和品质；当你在一座城市拥有多家连锁店时，你可以找品控经理协助你做好食材采购，可以找店长协助你做好店面的日常管理，还可以找财务人员协助你做好门店的预算、财务报表、纳税申报等。**你的短板可以通过资源整合来弥补。**

二十年前，餐饮经营者做餐饮大多是为了解决生计问题，凡事都要亲力亲为；现在，餐饮已经成为一门综合"学科"，餐饮经营者经营一家餐饮门店的难度不亚于经营一家企业。如果你想创建自己的餐饮品牌，那么你更需要通过整合资源来实现门店规模发展。

以经营刘一手为例，尽管我了解炒料的原理，知道搭配产品的规则，懂得前端服务的逻辑，知道每个月提前做好预算，但我不会事事亲力亲为。我会将专业的事情交给专业的人来做，我做的事情只有一件，那就是找到合适的专业人才为刘一手赋能。这些人才就是刘一手的人力资源，也是刘一手的未来。

做餐饮，如果你没有核心资源，那么就要把自己变成核心资源，然后赋能别人；如果你拥有核心资源，那么你就具备了入局战略的条件。

严格说来，刘一手是在开始做品牌连锁后才有战略的，目的就是在等资源达标。

2. 态度不达标

态度不达标的餐饮门店无法入局战略。为什么？

什么是"态度"？我的理解是坚守初心。**初心是你当初开餐饮门店时最直接、最简单、最原始的目的。**通常，餐饮经营者创业的初心不外乎这几种：养家糊口、实现自己的梦想、创造更大的价值等。

态度是朴素的，但也是最有力量的，因为它可以决定你的投入程度。**态度决定创业的下限，而坚定的态度可以让你不断接近创业的上限。**我接触过很多餐饮经营者，他们对待餐饮行业的态度不同，最终的结果也不同。

其中，有些人追求"暴富"，他们看重的是餐饮行业的现金流，无视产品和顾客，最终导致血本无归；有些人一路"跟风"，他们觉得别人能成功，自己也能成功，一旦风口变了，便不知所措；还有些人抱着试一试的态度上路，途中被别的风景所吸引，于是改变线路，最后一无所获。

上述这些短视且只想赚钱的餐饮经营者的态度显然是不达标的。他们往往只关注眼前的利益，忽视了门店未来的发展，不愿意投入更多的时间和精力去思考和规划战略。他们的思维方式往往被限制在一种固定的模式中，缺乏创新和多样性，无法看到更广阔的市场和更多的机会，因此也无法入局战略。

3. 抗压不达标

抗压不达标的餐饮门店无法入局战略。为什么？

餐饮经营者面临的压力主要来自三个方面：一是市场压力；二是资金压力；三是人员压力。

先说市场的压力。餐饮行业的门槛相对较低，顾客的消费场景与日常生活相融合。因此，顾客能够以相对较低的成本（主要是消费成本）获得就餐体验。有人曾经说过："开餐饮门店就是把两三个人的家庭用餐场景复制到几十个人的社会用餐场景中去。"这种说法在逻辑上没有问题，但家庭用餐场景和社会用餐场景最大的区别在于：你为家人做饭是一种纯粹的情怀投入，属于责任；你为顾客做饭是一桩买卖，事关利益。

餐饮门店的营业收入可以在一天结束后计算出来，因此，餐饮经营者可以在短时间内了解门店的收益或亏损状况。餐饮行业的这一特点使很多创业者挤到餐饮这条赛道上，"分蛋糕"的人多了，市场的竞争压力就会增大。在市场压力之下，餐饮行业已经进入存量时代。但这并不意味着餐饮行业就没有新的机会。一些有远见的餐饮经营者通过创新和灵活应变为顾客提供增值服务，在市场中顶住了压力。

餐饮经营者在面临市场压力时，个人素质、决策力、判断力、执行力以及格局、心胸等对于门店在困境中寻找发展机会至关重要。因此，在决定是否入局战略之前，你需仔细评估自己是否具备这些关键能力。

再来说说资金压力。经营一家餐饮门店需要多少资金？我们可以大致计算一下，如图 1-2 所示。

图 1-2 经营餐饮门店的预算构成

餐饮经营者在经营餐饮门店时需要明确餐饮门店的定位是高端、中端还是低端。因为不同的定位决定了餐饮经营者需要投入的资金不同。如果你的定位是中低端餐饮门店,那么你只需要满足顾客的基本需求即可。如果你要打造高端餐饮门店,那么你必须投入更多的资金来购置先进的设备,店面装修也要考究一些。

因此,**在决定是否入局战略之前,你需要先估算一下自己兜里有多少钱。**

最后说说人员压力。餐饮业是一个劳动密集型行业,门店一旦开业,就需要人员来维持日常运营。然而,招聘合适的人员并不容易。餐饮业的吸引力往往不如其他行业高,这使招聘变得更加困难。

此外,人员流动率高也是餐饮业的一个常见问题,这给餐饮经营者带来了很大的压力,他们需要时刻准备应对员工"撂挑子"的情况。

在决定是否入局战略之前,你需要认真考虑自己是否有足够的人员来支持你的战略。你需要估算一下自己需要多少员工来维持日常运营,并考虑如何吸引和留住优秀的员工。只有这样，你才能确保自己的餐饮门店稳定发展。

当你做到资源达标、态度达标和抗压达标，接下来你就可以思考如何定战略了。

好了，关于做餐饮要不要定战略，我的答案分享完了。为了检验你是否真的读进去了，我建议你将书翻回到本章的开头，并根据你的门店情况重新审视并修订自己的答案。

如果你的答案与我的答案一致，那么我将倍感欣慰，至少说明上面的内容你真的读进去了，也理解了。

1.2 做餐饮，战略要简单

当你开始定战略时，首先要解决的问题是："战略"是什么？

为什么一提到"战略"你就会头疼？为什么你认为"战略"离自己很远？

核心原因之一就是你认为"战略"太复杂了，觉得自己的知识有限，无法理解战略，更对制定战略无从下手。事实上，战略是简单的，并非晦涩难懂。当然，我用了多年时间才领悟到战略的简单，在自己不断学习和管理学老师的指引下才发现战略的这一本质。

如果我在本书中未能以通俗易懂的方式阐明战略是什么，以及战略在餐饮业中的应用，那么许多餐饮经营者可能读到这里就想放弃了——因为太难了！

大多数餐饮门店"死"在不做选择上

什么是"战略"?

"战略"是选择。"战"是做,解决的是"你选择做什么"的问题;"略"是不做,解决的是"你选择不做什么"的问题。

想象一下,你经营着一家餐饮门店或企业,每天要做出很多决策。哪些产品要放在菜单上,哪些产品要重点推广,哪些食材要确保一定的库存量,哪些食材要定期更新……这些都是战略。选择做什么、不做什么,直接影响到你的餐饮门店或企业是否吸引顾客,是否盈利,是否持续盈利。

但令人遗憾的是,我在经营刘一手的过程中发现了一个令人警醒的事实:大多数餐饮门店或企业就"死"在不做选择上。什么是"不做选择"?

"不做选择"就是指你在经营门店的过程中不选择"做给哪类顾客吃",只要有顾客进店就行;不选择"做什么产品",只是依靠自己的偏好来做,甚至为了迎合顾客随意更改产品;不选择"门店应该开在哪里",离家近、租金便宜就行。

做餐饮最大的悲剧不是做错选择,而是不做选择。没有选择,就没有战略;不会选择,就没有好战略。 餐饮经营者面临的选择很多:是做品牌连锁还是做百年老店?是选择合伙经营还是独立经营?是继续在现有的产品上精雕细琢,还是选择研发其他产品?

餐饮经营者做的每一次选择都决定了门店或企业将会走向何方。选对了，餐饮经营者将会带领门店或企业走上光明大道；选错了，餐饮经营者就会使门店或企业走入死胡同。一个人的选择能力往往也反映了一个人的成事能力。

做餐饮的三种战略失误

根据我对身边餐饮经营者的观察和经营刘一手 25 年的实践经验，我发现大多数餐饮经营者在战略上有三种典型的失误。这些失误不仅影响了餐饮门店或企业的发展，还可能使餐饮经营者对战略问题更加模糊。因此，我认为有必要对这三种战略失误进行深入的分析和探讨，从而帮助更多的餐饮经营者避免重蹈覆辙。

1. 站在现在看未来：不敢做第一

"站在现在看未来"指的是餐饮经营者在制定战略时以门店或企业现有的资源来计算门店或企业未来的盘子。通俗地说，这就是"我有多大的能力就办多大的事"。

很多餐饮经营者在制定战略时目光短浅，不敢设定高远的目标，不敢做第一。原因是自己现在没有钱、没有人、没有资源等。要知道，每一家成功的企业都是从一无所有开始的。乔布斯创立苹果、任正非创立华为、张勇创立海底捞都是从"三无"企业（指无钱、无人、无资源）起步的。我和刘松创立刘一手时，也是从一间简陋的街边小店开始的。

你认为自己的门店或企业做不大是因为缺人、缺钱、缺资源，可事实上，你缺的是战略、胸怀和格局。"心有多大，舞台就有多大"。如果你的心里压根儿就没有想过要将自己的餐饮门店或企业做大做强，那么你又怎么可能实现这一目标呢？

所以，餐饮经营者在制定战略时要避免"站在现在看未来"，而是要"站在未来看现在"。

什么是"站在未来看现在"？就是以终为始，思考未来你要把门店或企业做成什么样子，这样再倒推门店或企业现在应该怎么做。

2. 眼里只有自己：向内看

人性中的自私自利等弱点会让很多餐饮经营者在制定战略时只会向内看，只注重自己的利润和成本，看不到顾客的需求和体验。通俗地说，眼里只有自己，没有顾客和市场。

以经营一家火锅店为例。如果你只关注自己的利益，一门心思要赚更多的钱，那么你采取的经营策略要么是涨价，别家的火锅锅底卖 50 元，你卖 60 元；要么是降本，火锅佐料放少一点，配菜的品质差一点。这样的经营策略导致的结果是"一锤子买卖"，顾客可能因为好奇或者冲着所谓的名气来尝一次鲜，但他们绝对不会为不好的体验再次买单。

如果你换一种思维模式经营火锅店，心里装着顾客，那么你采取的经营策略是为顾客提供最纯正、最新鲜、最美味的火锅。试想一下，如果顾客品尝到了他们心中好吃的火锅，他们会做出怎样的选择？他们会一次又一次地到店消费，甚至还会推荐他们的朋友前来品尝。

请你思考一下，上述两种经营思维，哪一种更有利于火锅店的长远发展？

商业运作背后的逻辑是利他，利他就是最大的利己。利己和利他代

表了两种截然不同的经营思维。这就好比你手中有一个苹果，如果你选择一个人吃掉它，那么只满足了自己；如果你选择把苹果分享给他人，那么这不仅能满足他人的需求，还可能从他人手中得到一个橘子或香蕉作为回报。这就是利他和利己的区别。

所以，餐饮经营者在制定战略时要避免眼里只有自己，别只顾着自己的一亩三分地，要以顾客为中心，时刻关注市场。

3. 急功近利：想赚快钱

由于进入餐饮行业的门槛相对较低，很多人将开餐饮门店简单地理解为"炒菜做饭"，误以为只要找一间店面，雇一两位厨师，摆上锅碗瓢盆，就能轻轻松松赚钱。然而，餐饮的经营之道远非如此简单。商场如战场，很多人从早到晚不停地忙碌，同时还需要应对各种复杂的经营问题。那些只追求快速获利的人，往往最后会遭受失败。

据窄门餐眼数据统计，2020—2022年，全国餐饮门店数量总计减少224万家，倒闭率近五成。美国作家纳西姆·尼古拉斯·塔勒布在《反脆弱：从不确定性中获益》中提到："每分钟都有餐馆关门破产。"冰冷无情的数据背后，除了客观环境的不可控，还有餐饮经营者的急功近利。

如果你以投机取巧的心态盲目地扎入餐饮行业，做着"躺赚"和"暴富"的美梦，不沉下心来做产品，现实一定会用一盆凉水狠狠浇醒你。

有一句俗话是"心急吃不了热豆腐"。餐饮经营者在制定战略时要避免急功近利。制定战略这件事，我们得将眼光放远一点，别只看到眼前的利益。

1.3 做餐饮，战略若煮火锅，要熬

温故而知新。上一节我说到"战略是选择，餐饮经营者要选择做什么，不做什么"。

那么，接下来我们来谈谈你应如何设计门店或企业的战略。

战略设计就是给你的门店或企业规划一条从 A 点到 B 点的路线图，如图 1-3 所示。A 点是餐饮门店或企业现在的样子，是你经营门店或企业的起点；B 点是门店或企业未来五年、十年甚至二十年后的样子。直白地说，B 点就是你的梦想、志向和远期目标。

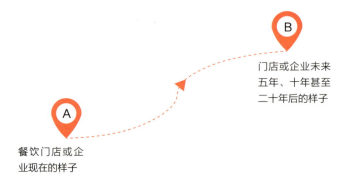

图 1-3　餐饮企业或门店的战略设计示意

根据战略设计的定义，我们可以清晰地看到，餐饮经营者在进行战略设计时有两个动作：

- 选择 A 点。
- 选择 B 点。

餐饮经营者在做选择时有个关键点一定要牢记：经营餐饮门店或企业要以终为始，把 B 点作为你现在经营门店或企业的起点，明确门店或企业发展的方向和资源投入的方向，然后再反过来选择 A 点。这个逻辑犹如你驾车出游，你要先知道去哪里，再选择怎么走。

做小店和做大店难易程度是一样的

餐饮经营者如何选择 B 点，也就是餐饮门店或企业未来是什么样子的？

我的答案是：**择高而立，开大店，做中国第一，做世界第一。**

战略是设计一家餐饮门店或企业的未来，而餐饮门店或企业的未来是由餐饮经营者决定的——未来你想飞多高，飞多远？

假设你在北京开了一家重庆火锅店，那么从第一家店开始，你是想做小店，立足小区、街道，慢慢发展，还是想做大店，立足北京，甚至走向全国乃至全世界呢？

我的选择是后者——我要做一家世界级的重庆火锅店。我的目标是让刘一手成为"中国火锅产业文化全球传播第一平台"，这就是我选择的刘一手的 B 点。

很多人看到这里会说："你怕是又在这里吹牛。"

错了！选择做世界级火锅店不是在吹牛。我要反问你："为什么你不敢做大店，不敢做世界级大店？"

你之所以不敢选择做大店，是因为你站在现在看未来，不敢做第一。

（建议你把本书翻回 1.2 节，再一次温故而知新）餐饮经营者以"站在现在看未来"的思维模式设计门店或企业的未来，就会画地为牢，自我设限，最终既飞不高，也飞不远。

你可能会觉得做小店比较简单。这里，我要告诉你一个事实：**做小店和做大店难易程度是一样的。**

即使你选择的是做一家小区店，比如位于小区中的小小的火锅店，从你决定经营餐饮门店的那一刻开始，就需要装修店铺、物色厨师、采购原材料、招聘服务人员、研发产品、设计菜单、思考如何推广……所有经营火锅店的流程一个都不会少。

一家餐饮门店或企业的创立，无论规模大小，都有一个从无到有的过程，你会承受相同的经济负担和心理压力。

《道德经》第六十章说："治大国，若烹小鲜。"意思是说，治理大国就像烹饪小鱼一样，应该合理调味，掌握火候。事实上，经营餐饮门店或企业也是一样。我常常对刘一手的员工说："做餐饮就像煮火锅一样，要熬。"主料、配料、火候，所有的"工序""工艺"与"流程"缺一不可，否则火锅的味道就会有差别。

既然做世界第一的重庆火锅店和做重庆市第一的重庆火锅店要花同样的时间和精力、走同样的流程、经历同样的艰难，那么我们为什么不一开始就树立远大的志向——做世界第一的重庆火锅店呢？

心有多大，舞台就有多大。如果你从来没有想过做大店，做世界第一的大店，又怎么能够做到第一呢？**做小店还是做大店，与你的能力无关，与你的选择有关，与你的志向有关。** 立大志并不是不切实际，而是自我激励、追求卓越的必要条件。

二十几年前，刘一手重庆火锅店刚开业两年，那时我和刘松年轻、充满激情，对未来充满期待。我们对几个员工说，我们的目标是打造一家中国级的火锅店。他们听后认为我们是在吹牛，认为这个梦想不切实际。

十三年前，刘一手已经取得了一定的成就，刘一手重庆火锅店的规模也逐渐扩大。我们向员工们描绘了一幅更加宏伟的蓝图，希望将刘一手打造成世界级的重庆火锅品牌。然而，他们依然认为我们是在吹牛，尽管我们已经有了实质性的进展。

三年前，我们已经成为重庆火锅行业的佼佼者，拥有自己的产业链和品牌影响力。我们向所有人宣告要打造"中国火锅产业文化全球传播第一平台"，让中国的美食文化通过火锅这个载体走向世界。然而，他们依然认为我们是在吹牛，尽管我们已经有了足够的实力和资源去实现这个梦想。

我们是因为相信所以看见，大部分人是因为看见才会相信，还有人即使反复看见，仍然不相信。我读过许多商界巨擘的传记，也与身边优秀的企业家交流过，发现成功的人身上有一个共同点：他们往往在企业初创时就立志要成为行业中的佼佼者。他们从企业诞生的那一刻起就下定决心要把这个"新生儿"培养成真正的世界级品牌。**大多数人是因为看见而相信，只有志存高远的人会因为相信而看见。**

当你懂得了选择餐饮门店或企业的 B 点要择高而立，那么反过来看，为什么你选择做小店的结果一定不好呢？

核心原因在于一旦你选择做小店，你的思维方式、战略布局和各项能力都将不可避免地围绕着小店打转，这种局限性可能导致你无法与竞争对手抗衡，最终被竞争对手超越，甚至被迫关门。我并不是在危言耸听，这是基于事实依据的判断。

第一个依据是观察所得。只要你仔细观察街上的那些餐饮门店就会发现，这些餐饮门店频繁更替，原因就在于它们无法适应市场的竞争环境。

第二个依据是一组数据。2020 年 5 月，麦肯锡公司发布了一份研究报告。其中，麦肯锡表达了一个观点：中国企业一直有明显的头部效应。随着头部效应的加剧，未来在大部分行业里，你根本没有机会做小店。也就是说，如果未来十年，你的餐饮门店或企业无法在某个细分领域占据头部位置，那么就可能面临被市场淘汰的厄运。因此，你应该尽早考虑做大店，一开始就要立志成为中国第一，世界第一。

做小事和做大事的难易程度是一样的，做小店和做大店的难易程度也是一样的。所以你要选择一个值得追求的宏伟目标，让回报与你的努力相匹配。

小店大梦想，标准定未来

当你选择了餐饮门店或企业的 B 点是做大店，那么，以 B 点为终点，你要如何选择 A 点呢？

我给你的方法是：舍九取一 + 配置做大店的资源。

选择 A 点的第一步是：舍九取一。你的时间和精力有限，一家门店、一家企业的资源和资金也有限，不可能做所有你想做的事情。因此，一个好战略就是做到舍九取一，这是选择的最高境界。

什么是"舍九取一"？

可能你会像我当初理解的那样，认为舍九取一就是放弃九个不好的，选择一个好的。其实，真正的舍九取一，是从十个好的里面选择一个，放弃剩下的九个好的，然后聚焦所有资源单点发力，击穿它，让它像"一根针"一样捅破天。

如何舍九取一？

很简单，人人都会，那就是：做减法和专注。

从商业的角度来看，做减法和专注就意味着你"要把所有鸡蛋放在同一个篮子里"。这听起来有点冒险，大家可能会想："这样不是风险更大吗？"实际上，这才是最正确的选择。毕竟，在任何时候，你的资源都是有限的。如果你把所有的资源都投入到一条足够聚焦的业务线中，你就有可能形成自己的核心竞争力，成为世界级的大店或大企业。所以，不要犹豫，把所有的鸡蛋都放在同一个篮子里吧！

选择A点的第二步是：配置做大店的资源。你选择了餐饮门店或企业的B点是做大店或大企业，那么接下来你要按照做大店或大企业的标准来给现在的门店或企业配置资源。

比如，你立志做大店，并且舍九取一后，选择了做世界级中餐店，但你现在只是街边的一家小中餐店，此时你应该按照世界级中餐店的标准来给自己的小店配置资源，你要选择世界级中餐店的装修、世界级中餐店的厨师、世界级中餐店的配料、世界级中餐店的供应商、世界级中餐店的产品品质等。

万丈高楼平地起，虽然你的小店要经历从小到大的蜕变，但你要始终以世界级大店的标准来要求自己。你选择什么样的标准，就会做出什么标准的产品；你选择什么样的标准，就会吸引什么标准的顾客。你的标准决定了自己的门店或企业的未来，也决定了你是否能够从A点走向B点。

最后，请你记住一句话：小店大梦想，标准定未来。

做重庆火锅的"捍卫者"

在前面我向大家讲述了刘一手因为没有战略而"大意失中餐"的故事。接下来，我想给大家讲述一个刘一手是如何通过正确的战略实现经营成功的故事。

目前，刘一手在全球拥有超过 1500 家门店，并且连续 16 年荣获"中国餐饮连锁十强"的荣誉称号。尽管与麦当劳、海底捞等餐饮企业相比，刘一手在规模上仍存在一定的差距，但在餐饮行业中，刘一手取得的成就已经足以引起人们的瞩目。因此，许多餐饮经营者经常问我："梅姐，刘一手的经营秘诀是什么？"

坦率地说，刘一手的经营理念和方法难以用简单的几句话或一本书来阐述。不过，我可以给大家揭示一些关键的经营秘诀。

大多数餐饮创业者在创业之初选择做什么，往往与情怀有关。我和刘松起初开重庆火锅店也一样，只有情怀，缺乏战略思维。我们之所以选择"重庆火锅"这一品类，一是因为从小喜欢吃火锅，二是因为刘松之前开过一家火锅店，有经营火锅店的经验。

当我们在经营刘一手的过程中，为了确保火锅店长期稳定发展，不得不深思熟虑。我们认识到，仅仅凭借个人喜好和经验无法实现长远的商业目标。因此，我们开始探索更加系统和理性的经营方法。

2001 年年底，刘一手的第一家加盟店"四川龙泉店"正式开业，这标志着刘一手的特许连锁事业踏出了重要的第一步。彼时，重庆的火锅行业正如日中天，吸引了大量的资本和企业家涉足其中，推动"重庆火锅"

从地方特色餐饮走向全国。这一阶段的快速扩张催生了许多知名的火锅品牌，比如河南的巴奴等。

2001年，在诸多重庆火锅企业经营者的推动下，重庆市火锅产业协会成立，协会通过各种措施让重庆火锅行业形成体系，推动整个行业向着健康良性的方向发展。2001年到2010年是重庆火锅行业的黄金十年。在这期间，新的火锅品牌不断涌现，老的火锅品牌也在不断壮大。各种创新的产品和服务层出不穷，比如特色火锅底料、特色蘸料、特色食材、独树一帜的服务等。这些创新的产品和服务不仅满足了顾客的需求，也提高了重庆火锅的竞争力和影响力。与此同时，这十年也是刘一手得以快速发展的十年，刘一手在这十年的时间内聚焦"重庆火锅"这一品类，完成了原始积累。

自2010年以来，重庆火锅行业集体进入低潮期，扩张能力显著降低。重庆火锅的"产品为先"战略在很大程度上限制了其在全国范围内的大规模扩张。在连锁店中，产品的味道与重庆本地的火锅相比存在一定的差距。此外，人才体系不足以支持其扩张规模，同时市场营销也无法跟上扩张的速度。这些因素共同导致重庆火锅品牌在拓展市场方面动力不足，发展速度有所放缓。

为了寻求长远的发展，大多数重庆火锅门店或企业为了打赢市场战，纷纷选择了妥协。一方面开始"去重庆化"，在门店名或品牌名上隐去"重庆"二字；另一方面为了迎合当地顾客的饮食习惯，那些开在苏浙地区的重庆火锅店会为产品添上一抹甜味，而东三省的火锅锅底则是不放花椒且盐管够等。

此时此刻，市场竞争浪潮翻涌，刘一手内部也产生了分歧。有的人主张刘一手应该像其他重庆火锅品牌一样"去重庆化"；有的人主张刘一手应该多元化发展，尝试更多的品类等。

坦诚地说，面临激烈的市场竞争，我和刘松也曾动过"去重庆化"的念头。然而，我同时也深感忧虑，担心在不久的将来，"重庆火锅"这一具有特殊地域文化意义的餐饮品类会被具体的品牌名，比如"A 火锅""B 火锅"所取代，其独特的文化内涵可能会在商业迭代中逐渐消散。因此，我们需要更加审慎地权衡利弊，做出明智的决策。

这时，我们开始深度思考刘一手的战略规划——刘一手的 B 点在哪里？

在思考刘一手未来五年、十年甚至二十年后的样子时，我们发现重庆的火锅饮食文化在其中扮演了重要的角色。

重庆是一个码头城市，船工、码头挑夫和杂工多。冬日一到，江风刺骨。这些工人为了生计不能按时回家吃饭，有的晚上就住在船上。重庆的气候造就了重庆人的饮食。工人们如果吃炒菜，一到 10 月前后，江风一吹，下一道菜还没起锅，前一道菜就冷了。为了饮食方便，工人们在船头和江边随便支一口锅，买一些便宜的牛内脏放在锅里煮，锅里的汤最初可能是清汤，后来工人们发现加辣椒和花椒能够御寒、去湿，重庆麻辣火锅就此诞生。

著名川籍作家李劼人在《漫谈中国人之衣食住行》中写道："吃水牛之毛肚火锅，则发源于重庆对岸之江北。最初是一般挑担零卖贩子将水牛内脏买得，洗净煮一煮，而后将肝子、肚子等切成小块，于担头置泥炉一具，炉上置分格的大洋铁盆一只，盆内翻煎倒滚，煮着一种又辣又麻又咸的卤汁。于是，河边的、桥头的，一般卖劳力的朋友，和讨得几文而欲肉食的乞丐等，便围着担子，受用起来。各人认定一格卤汁，且烫且吃，吃若干块，算若干钱，既经济，又能增加热量。已不知有好多年了，全未为小布尔乔亚以上阶级的人注意过。直到民国二十一二年，重庆商业街才有一家小饭店将它高尚化了,从担头移到桌上。"这段文字记录了重庆火锅的演变。

重庆火锅作为重庆这座城市最具代表性的美食,已经深深地渗透到了重庆人的生活之中。它不仅仅是一种美食,更是一种文化、一种情感的体现。在重庆,麻辣火锅已经成为人们聚餐、社交、商务活动中必不可少的一部分。

重庆火锅的麻辣鲜香也与重庆这座城市的性格息息相关。重庆人热情、直爽、火辣的性格与麻辣火锅的口味相得益彰。在品尝麻辣火锅的过程中,人们也能感受到重庆人独特的性格魅力。

经过深入的洞察和分析,刘一手做出了一个坚守至今的战略选择——聚焦重庆火锅。我们将以重庆火锅"捍卫者"的身份全力以赴地守护和发扬这一地方特色美食文化。

基于这一战略选择,再结合重庆火锅文化,我们将刘一手的 B 点定为做"中国火锅产业文化全球传播第一平台",这就是刘一手未来五年、十年甚至二十年后的样子,也是刘一手的愿景。

接下来,刘一手以终为始,开始配置资源,升级标准。我们对照世界级标杆餐饮企业的标准,以顾客为中心,升级门店的人、财、物、供、产、销、研、服等各个环节的标准,缺什么补什么。

刘一手是如何升级标准的呢?分享一句话:**高标准就是做到自己能力的极限,做到别人做不到的高度。**在实践中,高标准的核心是**聚焦在自己的主业上,哪怕只能提升 1%,也愿意多投入 100%。**

刘一手有了明确的终点,也有了前往终点的路径,接下来的事情反而简单多了。当大多数重庆本地火锅门店或企业都在"去重庆化"、拓展品类时，我们一直坚守"重庆火锅"这一品类。彼时，餐饮行业可做的东西很多，比如川菜、快餐等。一些餐饮经营者的确通过频繁换赛道赚了一些钱，但我们始终坚持只做重庆火锅。

经常有餐饮从业者打电话问我们："我们是做潮汕火锅的，刘一手能不能和我们合作？"我们的答案一定是：不合作！因为刘一手专注于重庆火锅。这种专注和坚持使我们在激烈的竞争中保持了自己的特色和优势。

这时，很多人可能会问："当你碰到不吃麻辣火锅的顾客，怎么办？"这一问题的本质是：当你的战略与市场发生冲突时，你应该如何抉择？

我的抉择是：坚持，保持战略定力。当刘一手重庆火锅门店的服务人员面对不了解重庆火锅文化的顾客时，他们总是热忱地介绍重庆火锅的文化精髓。常有来自北方的顾客一坐下就要求提供芝麻酱、韭菜花和豆腐乳。此时，刘一手重庆火锅门店的服务人员会带着微笑对顾客说："先生（女士），我们这里没有芝麻酱、韭菜花和豆腐乳。既然进了刘一手重庆火锅店，就请您尝试一下重庆正宗的麻辣火锅吧，巴适（重庆方言，指好吃）得很。"

在这样的引导下，我们发现大多数愿意走进刘一手重庆火锅门店的顾客还是愿意尝试重庆火锅的味道和体验重庆文化的独特韵味。如果确实不能吃辣的顾客，可能看到"重庆火锅"几个字就不会选择走进门店。

这种坚持与顾客沟通、引导顾客尝试重庆火锅的方式，不仅让刘一手获得了更多的回头客，还让刘一手收获了顾客的好评和口碑。正如刘一手重庆火锅门店的一位服务人员所说："我们的目标不仅仅是让顾客吃到满意的火锅，更重要的是让他们感受到重庆文化的魅力。"

读到这里，你是否已经领悟到刘一手成功的经营秘诀呢？

归纳一下：**选择 B 点，打造世界级的火锅品牌→升级 A 点，舍九取**

一，聚焦重庆火锅→按照世界级重庆火锅的标准配置资源→专注重庆火锅，不断做精做专，做成全球连锁火锅品牌。

如今回过头来看，那些曾经因为频繁变换赛道而短暂风光过的餐饮门店或企业最终已被时间长河所淹没。刘一手因为做出了对的选择，并且专注于自己的选择，从而走上了可持续发展的道路，使一家曾经不起眼的餐饮门店走出国门，走向世界。

战略是简单的，战略就是选择，而你的选择决定了你的终局。很多人花了一生的时间也没有为自己做出一个真正的选择。我希望那些人中没有你。愿你在煎熬之中做出选择，并且做出对的选择。

有一句话说得好："**三年入行，五年懂行，坚持十年才能一展所长。**"任何人想要取得成功都不容易。熬得住，出众；熬不住，出局。我经常挂在嘴边的一句话是："**火锅越熬越香浓，人生越熬越精彩。**"火锅是"熬"出来的，它的香浓来自底料，来自时间和火候。战略也是"熬"出来的，当我们有了做世界级火锅店的战略，接下来就是让这一战略"越熬越香"。

最后，我把刘一手总结出来的战略方法，总结成以下这首朗朗上口的顺口溜，方便大家记忆与运用：

做餐饮，要不要定战略？
前三年，无战略活下来，
三年后，定战略定方向。
好战略，易理解，不高深，
定战略，很简单，两步走。
第一步，选终点，做第一，
第二步，择起点，做取舍。

工具 战略思维"五 Why 分析法"

如果你不具备战略思维,我给你一个简单的战略思考工具:"五 Why 分析法",如图 1-4 所示。

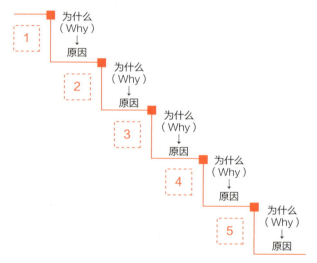

图 1-4 战略思考工具:五 Why 分析法

餐饮经营者如何使用"五 Why 分析法"这一战略思考工具呢?在开餐饮门店或经营餐饮企业时,你要连续问自己五次(不限于五次)"为什么这样做"。"五 Why 分析法"的关键是帮你从结果着手,沿着因果关系的链条顺藤摸瓜,直至找出问题的根本原因。通过这种方式,你能够更加严谨、理性地思考和决策,从而获得更好的经营效果。

02

定位定输赢
让你的门店成为顾客的首选

- Why：顾客为什么主动到你的门店吃饭
- What：你打算做哪方面的餐饮生意
- Who：你是谁
- Whom：做给谁吃
- Where：在哪里开店

餐饮差异化定位 5W 法

2.1 差异化定位：顾客为什么主动到你的门店吃饭

"顾客为什么主动到你的门店吃饭？"

请你先认真地思考一下上面的问题，然后拿起笔，在下面的横线处写下答案。请不要纠结自己的答案是否正确，我希望你读完本节内容后，再回过头来修订自己的答案。

犹如"餐饮门店三年后一定要有战略、餐饮经营者一定要进行战略思考"一样，你可能会说："你怕是拽（重庆方言，指自以为了不起）哦，开店挣钱，哪里需要这么麻烦！"

我希望你能静下心来往后阅读，说不定我能改变你的认知。毕竟，一个人只能赚到自己认知范围内的钱。

成为顾客的首选

要弄懂"差异化定位"，首先你要明白什么是"定位"。

美国著名营销大师艾·里斯和杰克·特劳特在《定位》一书中对"定位"的定义是："如何让你在潜在客户的心智中与众不同。"

刘一手在定位上走过很多弯路，我也因此学习与体悟到了"餐饮定位是什么，如何做餐饮定位"。现在，我将自己对餐饮定位的理解以及刘一手做定位的方法分享给你。

定位对餐饮门店到底意味着什么？

餐饮定位的本质就是在做差异化定位，给顾客一个选择你而不是别人的理由。

那么，如何判断一家餐饮门店是否有差异化定位呢？你要做的事情是去询问潜在顾客，记住是潜在顾客，不是已有顾客，这是关键所在。

比如，你去询问刘一手的潜在顾客"刘一手是什么？"，绝大多数人会告诉你"刘一手是重庆火锅"，而且是"有文化的重庆火锅"。那么，刘一手的差异化定位是什么？答案就是文化。

俗话说"一词占心智"，通过"文化"这个关键词，刘一手成功地占据了已有顾客和潜在顾客的心智。当刘一手通过一个定位主导了一个品类时，这就说明定位已经成功。因为定位就是顾客的购买理由——人们选择来刘一手品尝重庆火锅，正是因为它的口味正宗并且具有独特的文化内涵。

做不一样的重庆火锅

如果你对"餐饮门店一定要做差异化定位"这一观点还存在疑虑，那么请你耐心听我讲完下面的故事。这个故事是刘一手一路摸爬滚打得来的宝贵经验，希望能够对你有所启发。

当你踏入餐饮行业时，同一条街道上的其他餐饮门店已经经营了几年甚至十几年。你的餐饮门店里的产品与其他餐饮门店里的产品没有显著差异，服务也难分高下。在这种情况下，你只是初出茅庐的"新手"，而竞争对手有资金、人力、物力等，还有一大批忠实的回头客。那么，在群雄环绕、弱肉强食的市场环境中，势单力薄的餐饮门店如何才能"以小博大"，与那些实力强大的餐饮巨头们抗衡，赢得生存空间，甚至以弱胜强呢？

刘一手在火锅江湖中突出重围的经历或许对你有一定的借鉴意义。

海底捞的第1家门店诞生于1994年，刘一手的第1家门店诞生于1999年。刘一手"出生"的时候，海底捞已经荣获"中华名火锅"称号，是火锅行业中名副其实的"雄鹰"。彼时，刘一手只是初出茅庐的"雏鹰"，在规模、资源等各个方面都无法与海底捞抗衡。

俗话说"初生牛犊不怕虎"，虽然刘一手"年轻"，可干劲十足、眼光远大。虽然比海底捞晚"出生"5年，但在《2023年中国餐饮业年度报告》所公布的火锅领跑企业榜单中，刘一手已经跃居第四，不断缩小与海底捞的差距，见表2-1。

表2-1 火锅领跑企业榜单

编号	企业名称	代表品牌	领跑指数
1	海底捞国际控股有限公司	海底捞	99.6
2	呷哺呷哺餐饮管理有限公司	呷哺呷哺	98.2
3	重庆朝天门餐饮控股集团有限公司	朝天门	98.1
4	重庆刘一手商业管理有限公司	刘一手重庆火锅	96.4
5	重庆德庄饮食连锁有限公司	德庄	95.8
6	成都楠火餐饮服务有限公司	楠火锅	95.7
7	捞王（上海）餐饮管理有限公司	捞王锅物料理	94.2
8	巴奴毛肚火锅有限公司	巴奴毛肚火锅	94.1
9	内蒙古快乐小羊餐饮管理有限公司	快乐小羊	92.9
10	四川小龙坎控股集团有限公司	小龙坎	92.7

你可能会问："刘一手究竟是怎么做到的呢？"

先来说说我们走过的弯路。刘一手最开始是海底捞的"小徒弟"，我们以海底捞为榜样，把他们的服务理念和运营策略学了个遍。为了提升门店的服务质量，刘一手的年轻服务人员经常利用空闲时间学习海底捞的舞面技艺。我们可以模仿海底捞表面的服务技巧，却难以模仿海底捞的企业文化、人才培养、管理体系等关键部分。尽管我们努力地向海底捞学习，但最终还是没有交出令人满意的成绩单。

实际上，大多数餐饮创业者刚开始经营门店时往往是从模仿、学习开始的，这并不是一件多么丢人的事情。对很多餐饮创业者来说，通过模仿、学习来掌握经营门店的技巧和策略也是一种非常有效的经营方法。

当刘一手试图通过模仿海底捞取得经营成果时，我们却发现自己的努力似乎总是徒劳无功。我们开始静下心来反思和复盘，经过对市场的深度思考与洞察，我们体悟到单纯地模仿和学习竞争对手的做法会让刘一手走入死胡同。**正确的做法应该是：找到自己与竞争对手最大的差异化价值在哪里。**

什么是差异化价值？差异化价值与普通价值之间的区别是什么呢？

- **差异化价值：能提供别人无法复制、不可替代的价值，优于他人10倍。**
- **普通价值：别人也能提供的价值，随时可以被替代。**

向海底捞学习，并不是学不会，而是学会了也只是海底捞的复制品，一味复制反而会失去自己的独特优势。那么，刘一手与海底捞相比，最大的差异化价值是什么？

不用多加思考，熟悉刘一手的顾客都能说出来：刘一手的差异化价值就是地道的重庆火锅和独特的品牌文化。刘一手在服务方面并不依赖过多的策略来吸引顾客。因为我们深知为顾客呈现独特的重庆美食体验和深厚的文化内涵才是自己的核心竞争力。因此，我们应该发挥自身的优势，而不是盲目地追随他人。

找到了问题的症结后，接下来，我们开始围绕"重庆火锅"这一差异化价值做定位。下面，我挑几个重点来分享一下刘一手是如何进行差异化定位的。

首先是品牌定位。海底捞火爆的原因之一是始终坚持为顾客提供超出想象的服务，并以服务创造了自己独特的品牌，使所有人几乎一提到"服务"就会想到海底捞。因此，海底捞是以服务创品牌。与海底捞不同的是，**刘一手是以文化创品牌**。刘一手在向全球拓展的过程中不仅注重产品的口感和品质，还将重庆火锅文化和中国餐饮文化的精髓与品牌形象、品牌定位紧密结合起来。

比如，在品牌传播方面，刘一手通过各种渠道和平台向顾客传递重庆火锅文化内涵，从而增强品牌的认知度和美誉度。同时，刘一手重庆火锅门店的装修设计体现了浓厚的重庆火锅文化，从装潢设计到产品制作，都充分展现了重庆火锅文化的精髓，如图 2-1 所示。这种以文化创品牌的方式不仅使刘一手摆脱了"海底捞你学不会"的魔咒，还为餐饮行业树立了一个以文化创品牌的典范。现在，顾客只要一看到竖起的大拇指，就能立刻认出这是刘一手重庆火锅。

其次是品类定位。海底捞经过多年的发展，为了满足不同城市顾客的口味需求，火锅品类不再突出"麻辣"这一口味，而是打造多元化的火锅品类，让人人都能在海底捞找到自己喜欢的味道。刘一手的特色是重庆火锅，而重庆火锅最大的亮点就是麻辣口味。因此，刘一手在品类定位上始终坚持以"重庆火锅"为主，专注于重庆火锅的开发与推广，并将其做

图 2-1　刘一手重庆火锅门店的形象

深、做透、做精,让每一位喜欢重庆火锅的顾客都能感受到那份独特的麻辣风情。这种清晰的品类定位使刘一手重庆火锅明确地回答了"我是谁"的问题,拥有了独特的标签。

再次是顾客定位。海底捞的目标顾客群体是所有喜欢吃火锅的顾客,他们希望通过为顾客提供极致的服务体验,从而赢得所有顾客。相比之下,刘一手的顾客定位相对集中——喜欢吃重庆火锅或麻辣火锅的顾客。为了满足这一目标顾客群体的需求,刘一手会向顾客提供地道的重庆火锅口味、更加专业的重庆火锅文化介绍等。此外,刘一手还会推出一些与重庆火锅相关的特色活动或产品以吸引更多的忠实顾客。这种差异化的顾客定位策略使刘一手在火锅市场中能够更加专注于满足某一特定群体的需求,并为他们提供更加专业的服务,从而赢得一定的市场份额。

最后是服务定位。海底捞因其卓越的服务在行业中享有盛誉,而刘一手则选择了一条与众不同的道路——提供差异化服务。以为顾客庆祝生日为例,刘一手以"轻松、温暖、适度"的服务为主,只要顾客有需要,刘一手的服务人员会第一时间出现在顾客身边,为其提供服务。如果顾客不需要服务,那么刘一手会把空间留给顾客,让他们能够在安静、不被打扰的环境下用餐。这种以人为本的服务理念使刘一手重庆火锅在市场上获得了众多顾客的喜爱。

海底捞与刘一手的部分差异化价值见表 2-2。

表 2-2　海底捞与刘一手的部分差异化价值

定位	海底捞	刘一手
品牌定位	以服务创品牌	以文化创品牌
品类定位	多元化	专注重庆火锅
顾客定位	大众顾客	喜欢吃重庆火锅或麻辣火锅的顾客
服务定位	极致服务	轻松、温暖、适度

为了验证刘一手与海底捞之间的差异化价值是否有效，我们走了一步"险棋"，那就是将刘一手在重庆的一家门店直接开在海底捞门店的正对面。这家门店用不错的营业额证明这步"险棋"走对了。有意思的是，海底捞的员工在下班后会选择来刘一手吃火锅。为什么呢？原因很简单，因为这家海底捞门店的服务人员大多是四川籍，他们更加钟爱刘一手重庆火锅正宗的麻辣口味。

现在，让我来揭秘一下刘一手"以小博大"的秘诀：通过差异化定位，刘一手找到了"顾客选择刘一手，而不是别人"的理由——重庆火锅和独特的品牌文化。得益于正确的差异化定位，以及将定位从身份、品类、顾客、选址、产品、定价、菜单、形象、服务等多个维度进行落地，全方位构建品牌形象，在顾客心智中形成一致认知。由此，刘一手从一只初出茅庐的"雏鹰"，成功突破重重困境，成长为展翅高飞的"雄鹰"。

再来回答开头的问题，餐饮小店如何才能与餐饮巨头竞争呢？答案已经呼之欲出：做差异化定位，找到自己的差异化价值，把自己和竞争对手区隔开来，从而让自己远离竞争。正如"定位之父"杰克·特劳特在

《什么是战略》一书中所言:"在大竞争时代,唯一的成功之道就是进入顾客心智。而进入顾客心智的唯一方式,就是做到与众不同。"

那么,餐饮门店应该如何做差异化定位呢?餐饮的差异化定位到底要"定"什么?

刘一手总结出"餐饮差异化定位 5W 法",如图 2-2 所示。

图 2-2　餐饮差异化定位 5W 法

2.2　品类定位:你打算做哪方面的餐饮生意

餐饮定位的第二步是回答"你打算做哪方面的餐饮生意",即"餐饮差异化定位 5W 法"的第二个"W"——"What"。餐饮经营者回答这个问题的过程就是进行品类定位的过程。

顾客要外出就餐，首先考虑的是"吃什么"（即品类），然后才是"去哪里吃"（即具体的餐饮门店）。因此，对于刚开始做餐饮的人而言，首先要做的事就是定品类，也就是你打算做哪方面的餐饮生意——火锅还是外卖，正餐还是简餐等。

在大赛道中找准超车道

什么是"品类定位"？

品类定位就是你要在餐饮行业这一大赛道中找准超车道。我们可以把餐饮市场想象为一个大赛道，在这条赛道上有很多参赛者，有做中餐的、有做西餐的，**你如何在这条大赛道中找到自己的位置呢？这就是品类定位要解决的问题。**

我读了《善战者说》一书后，对"品类定位"有了更深的理解。其中提到："战场的选择是指挥艺术的核心。战争中取胜的一条原则是，只在能够充分发挥自己优势的战场作战，同时逼对手在其优势无法发挥出来的战场作战。"

品类定位，实际上就是你在选择自己的"战场"。餐饮市场规模庞大，竞争激烈，你的门店或企业若想在这一赛道上取胜，必须选好能够充分发挥自己优势的"战场"，这样才可以改变交战的条件和性质，从而最终取胜。

没有好品类，只有适合的品类

在餐饮经营中一说到"品类定位"，很多餐饮人会问："什么样的品类才是好品类？"

对于这个问题，我往往无法给出确切的答案，原因有以下两点。

首先，好品类的标准难以界定。如果仅仅根据热门品类和网红品类来定义好品类，可能会带来很大的经营风险。因为当一个品类开始成为热门品类时，往往意味着它的热度即将过去，很可能在快速的增长之后迎来衰亡。

其次，需求不明确。你想追求快速增长，还是想保持稳定的业绩呢？同时，你还需要考虑自身的资源和能力。如果没有想清楚这些底层问题，甚至没有意识到品类背后的东西，那么你将无法确定什么样的品类才是好品类。

我觉得**所有品类都是好品类**。因为每个品类都有独一无二的特质。比如，快餐品类注重平价和效率，正餐品类注重产品品质、服务和环境等。如果你认可并顺应品类特质，并将其发扬光大，那么这样的品类就是好品类。

一个好的餐饮品类并不取决于其搜索指数的高低、历史的长短或品牌获得的融资金额，而是取决于其特质，以及该品类的特质与餐饮门店的发展规模、效率和餐饮经营者的资源、需求、能力的匹配程度。

如果你对餐饮行业一知半解，那么正餐这一品类可能并不适合你，因为正餐这一品类对产品的品质有较高的要求，更需要内行人来把关。如果你非要选择正餐这一品类，那么你可能更适合做一位不插手餐饮门店日常经营的投资人。如果你能够吃苦耐劳，通过投入不太多的资金慢慢积少成多，那么快餐这一品类可能比较适合你。

我和刘松创业时之所以选择重庆火锅这一品类，主要原因是我们的性格、资源、能力等与重庆火锅的特质相匹配。

从性格来看，我和刘松都属于典型的重庆人性格，做事风风火火，直率坦诚，这与重庆火锅"麻辣"的特质相符。如果我们的性格过于柔和或儒雅，那么我们可能不会选择重庆火锅这一品类。

从资源来看，刘松之前经营过火锅店，积累了相关资源和经验，因此我们选择重庆火锅这一品类有先天优势。

从能力来看，刘松具备丰富的餐饮经营经验，我则拥有敏锐的商业嗅觉和管理能力。我们能够将原来的火锅店经营得红红火火，也证明了我们在火锅行业有一定的经营能力。

从市场需求来看，重庆火锅作为一款受大众欢迎的传统美食，有着广泛的市场需求和庞大的消费群体，这也是我们选择火锅品类的重要原因之一。

综合以上几点，我们可以得出结论：选择重庆火锅这一品类是我们结合自身性格、资源、能力和市场需求做出的明智决策。

因此，**餐饮行业没有什么所谓的好品类，只有适合的品类。你是什么样的人，就决定了你会做什么样的品类以及有什么样的未来。识别品类特质、自身个性、资源和能力是餐饮经营者进行品类定位的第一步。**

"九字箴言"

那么，餐饮经营者如何准确地评估品类的特质与自身个性、资源和能力的匹配度，并快速找到适合自己的品类呢？

在餐饮行业摸爬滚打 25 年，我总结出了品类定位的"九字箴言"：**基数大、易复制、高复购**。牢记它，你的品类定位大概率不会错。

1. 基数大

餐饮经营者在选择品类时，一个重要的考量因素是该品类的顾客基数是否足够庞大。如果你选择的品类顾客基数较小，那么门店的业务发展空间将受到限制。因此，找对品类的关键在于找出拥有庞大顾客群的品类，并基于品类数据进行趋势洞察与深入分析。

如何判断某一品类的顾客基数呢？

首先，你需要对该品类进行深入的市场研究，了解该品类的顾客基数、顾客需求、市场趋势和竞争情况。你可以通过市场调研、行业报告、网络搜索等方式获取信息。

其次，你需要对市场数据进行整理和分析，找出具有增长趋势的品类。你可以通过分析市场数据、顾客行为数据、销售数据等来进行整理和分析。比如，你可以通过分析电商平台上的销售数据来了解哪些品类的销售量正在增长，哪些品类的销售量正在减少。

然后，你还可以通过社交媒体、论坛等渠道了解顾客对不同品类的关注度和消费情况，这也可以帮助你判断某一品类的顾客基数和市场需求。

最后，你需要结合自己的实际情况综合考虑该品类的市场规模、发展趋势、竞争情况和自身的资源优势等因素，做出最终的选择。

2. 易复制

餐饮业务的运作过程复杂，从原材料采购、处理、加工到最后出餐，整个流程需要一定的专业技能和经验。传统餐饮行业过度依赖厨师的个人经验、刀工、火候和调味等细节，更换厨师会造成产品味道的不稳定，难以实现标准化。因此，传统中餐品牌难以实现大规模复制。

那么，什么才是易复制的品类？易复制的品类主要具备以下特点。

- 易复制的品类无须高度依赖厨师的技能和经验，产品品质的稳定性可以通过简单操作和高度标准化的流程来确保。
- 易复制的品类可以通过制定明确的操作流程和标准化的操作方式来实现品质的稳定性，从而降低开店成本，提高开店成功率。

3. 高复购

在成瘾性现象的背后，实际上是消费者表现出"高复购"的行为。如果你所选择的餐饮品类具有"成瘾性复购"的特性，那么这将显著降低获取新顾客的成本。此外，这种"成瘾性复购"行为与"活动复购""促销复购"等方式相比，具有更强的稳定性。

以上就是帮助你选择适合自己品类的"九字箴言"，你可以结合自己的个性、资源、能力与品类的适配度，做出最后的决策。

刘一手的四次品类革命

在掌握了品类定位的理念、方法之后，我将向大家分享刘一手所经历的四次品类革命。这四次品类革命就像是刘一手在品类海洋中经历的四次狂风暴雨，每一次都倒逼我们重新审视自己的品类定位，重新定义自己的价值。

第一次品类革命：全品类火锅，错在给顾客的购买理由太多

第一次品类革命发生在刘一手创立之初。当时，我们将品类定位为"毛肚火锅"，并将门店取名为"重庆刘一手毛肚火锅"。当时市场上没有毛肚火锅这一品类，所以"重庆刘一手毛肚火锅"因为产品具有差异化而一炮走红。2002年1月1日，刘一手火锅正式成为重庆市火锅产业协会会员单位，成为重庆火锅大军中重要的一支力量。

后来，随着火锅赛道越来越拥挤，我们认为只做毛肚火锅这一品类过于单一，难以吸引更多的顾客，因此把刘一手的品类定位升级为全品类火锅，并将店名改为"重庆刘一手火锅"。

我们之所以将毛肚火锅升级为全品类火锅，目的是想吸引更多的顾客。但事实恰恰相反，一个月后，冰冷的经营数据显示，顾客非但没有增多，还减少了许多。这让我们感到非常困惑，不知道哪里出了问题。

经过一位餐饮行业的大咖点拨，我们才意识到，原来问题出在品类定位上：我们给顾客的购买理由太多了。我们当时的经营思路是多多益善，认为有比没有好，多比少好。其实，购买理由越少，越能凸显自身的

优势，顾客越容易购买。尤其是在这个信息爆炸的时代，顾客面对的选择太多了，选择成本也是一种成本。

要牢记：给顾客的购买理由太多，等于没有购买理由。

比如，海底捞强调服务，巴奴毛肚火锅主打毛肚，呷哺呷哺强调性价比，刘一手主打正宗的重庆火锅……每个品牌都只强调一个核心卖点，以便顾客更容易记住并形成品牌标签。当顾客想到服务时，他们会选择海底捞；想吃高品质的毛肚时，他们会选择巴奴；想吃高性价比的火锅时，他们会选择呷哺呷哺；想吃正宗的重庆火锅时，他们会想到刘一手。如果你试图传达过多的卖点，反而会让顾客感到模糊不清，无法形成深刻的印象。

孙子说："兵非益多也。"兵力不是越多越好，品类也不是越全越好，集中兵力，单点突破，既是作战取胜的秘诀，也是经营餐饮企业取胜的秘诀。

第二次品类革命：微火锅，错在"四不像"

刘一手专注重庆火锅后，迎来了品牌快速发展期。随着刘一手在火锅市场占据的份额越来越大，我们雄心勃勃，想走出传统火锅行业并实现创新。2014年，刘一手决定进行第二次品类革命，这次我们将焦点集中在微火锅（小火锅）这一品类上。为了与传统的火锅区分开来，我们将其命名为Hotmore，大家从名字上也能看出来，我们想为顾客提供一种全新的、比传统火锅更为丰富和多元的体验。

Hotmore是一次全新的品类尝试，为了体现我们将目标顾客群体定位于年轻女性，无论是门店装修还是IP形象，Hotmore全都贴合这一群体进行设计。当时，有人说影响顾客心智的首要因素就是视觉创新。因此，Hotmore花重金打造了品牌IP形象。Hotmore的口号是"这个世界，总需要一些不一样"。为了体现这种不一样，Hotmore 在空间的打造上也进行了差异化创新。在火锅的口味上，Hotmore 力求为顾客提供多种选择，从传统的麻辣火锅到清淡的日式火锅，从新鲜的海鲜火锅到特色的菌菇火锅，一应俱全。

我们在 Hotmore 上投入了大量的时间、精力和资源，按照正常的逻辑，我们进行了品类创新，也在产品、装修等环节做出了与品类定位一致的升级，同时也做了大量的市场推广，但效果却不尽如人意。Hotmore 的销售额迟迟没有起色。很多顾客走到门店门口，因为不知道这家门店是卖什么的又转身离去。

为了扭转困局，Hotmore 开始尝试将中餐和西餐进行融合，然而这一举措更是"雪上加霜"，Hotmore 彻底沦为一家"四不像"的餐饮门店。Hotmore 试图通过增加更多产品来重新定位自己的品牌形象，结果却让顾客感到更加困惑和失望。

事后，我总结 Hotmore 品类定位失败的原因在于品类定位不清晰。从一开始，Hotmore 就没有想清楚自己到底要做什么品类。尽管 Hotmore 一直围绕"微火锅"做品类定位，但"微火锅"是一个全新的品类，何为"微火锅"我并没有想清楚。因为品类定位不清晰，花重金打造的 IP 形象、花心思装修的店面，最后全都是空中楼阁。如果刘一手把时间、资源和资金投入到定位清晰的品类上，我们本可以获得更多的收益和回报。

刘一手的这次品类定位失败给我们敲响了警钟。没有想清楚，一定不能盲目去做，更不能为了创新而创新。在未来的企业发展中，我们必须更加谨慎地评估市场和行业趋势，找准品类定位，避免重蹈覆辙。

第三次品类革命：重庆麻辣红油火锅，品类细分，打造差异化

餐饮业的准入门槛低，导致竞争异常激烈。同质化是餐饮行业竞争

的特征之一。不知道大家是否留意到，曾有一段时间重庆小面特别火，放眼望去，一条街上竟有三四家都在卖重庆小面。跟风的直接后果就是顾客可以选择你，也可以选择别人，难以吸引忠实顾客。

经过两次品类定位失误之后，刘一手对品类定位更加审慎，我们开始"向外看"——看行业、看市场、看顾客。

首先，为了更好地了解火锅行业的发展趋势和市场需求，我们进行了深入的研究。通过收集和分析大量数据并进行市场调研，我们发现火锅行业基本可以分为两大流派：一类是以地域为特色的火锅派别，比如重庆火锅、老北京火锅、韩式部队火锅等；另一类则是以食材为特色的有料火锅派别，比如猪肚鸡火锅、毛肚火锅、海鲜火锅等。尽管整体火锅行业的竞争已经进入了成熟期，并且头部企业已经形成了较大的品牌影响力，但从细分锅底品类的角度来看，仍然有一些创新的机会。

其次，我们对火锅市场进行了深入的分析。通过市场调研，我们发现火锅市场对特色火锅和创意火锅的需求越来越高。这些特色火锅和创意火锅不仅在口味上有所创新，还在食材搭配、烹饪方式等方面进行了探索和尝试。

最后，我们深入了解了顾客的需求和偏好。市场不缺好产品，缺的是不一样的产品。刘一手火锅与其他火锅哪里不一样？刘一手火锅好在哪里？我们要从顾客那里找答案。我们给到刘一手重庆火锅门店就餐的顾客发放了调查问卷，得到的答案是："刘一手是正宗的重庆火锅""刘一手重庆火锅好在口味够正宗"。很多顾客是冲着刘一手的锅底来的，"来刘一手吃正宗的重庆火锅""刘一手的锅底够麻、够辣"……这就是顾客选择刘一手的理由。

综合以上分析，我们决定利用刘一手的先天优势重新聚焦"重庆火锅"这一品类，持续深耕，将这一品类做到极致，形成品牌独特差异化价值和记忆点。

为了实现这一目标，我们将刘一手的品牌口号升级为"一手麻辣，共享全球"，这样的口号直接关联到我们的核心品类——重庆火锅的独特风味。这也为刘一手品牌在全球范围内推广重庆火锅奠定了基础。

此外，我们将"重庆刘一手火锅"更名为"刘一手重庆火锅"。此次更名并不仅仅是文字顺序上的变化，更重要的是背后的商业逻辑发生了重大转变。原名为"重庆刘一手火锅"，过于强调地域特性，与刘一手的全球化发展战略不相符。将"刘一手"置于"重庆"前面，"重庆火锅"代表的是品类名称，与潮汕火锅、老北京火锅等其他类型的火锅进行了区分。

有了"重庆火锅"的品类定位后，接下来就是日拱一卒，把这一品类做成全球品牌，做成品类领袖，让品牌名等于品类名。如何做？我分享两个核心要点。

要点一：锁定一个品类，做到"一店抵万店"。先锁定一个品类，一步步深耕，做到极致，做到"一店抵万店"的实力和影响力，进而赢得更大的市场，成为品类领袖。

要点二：在顾客心智中扎根，建立品牌（门店）与品类之间的对等关系。谈起咖啡，顾客的第一反应是星巴克；谈起汉堡，顾客的第一反应是麦当劳；谈起重庆火锅，顾客的第一反应是刘一手。这就是品牌（门店）在顾客心智中与品类建立了对等的关系。

塑造品类的过程就是一场马拉松式的攻坚战。马拉松比的就是坚持，没有什么技巧。

当刘一手把品类重新定位于"重庆火锅"后，门店不仅在业绩上取得了较大的提升，还成为重庆火锅文化交流的重要平台。经过多年的努力和积累，刘一手重庆火锅已经成为行业的佼佼者。刘一手不仅在重庆本地拥有多家分店，还将重庆火锅带到了全国各地，走出了国门，将重庆火锅带到美国、日本、西班牙等国家，让更多人品尝到了正宗的重庆火锅。

最后，总结一下，餐饮门店如何做品类定位？我将其总结为一个公式：

门店名 = _____

横线处填写的内容就是餐饮门店的品类定位。比如，刘一手等于什么？刘一手 = 重庆火锅。"重庆火锅"就是刘一手的品类定位。

人饿了要吃饭，这是铁律，不可设计。但是吃炒菜还是吃火锅，顾客就要进行选择了。品类定位就是从这一步开始发挥作用的。**消费需求（不可设计）——品类选择理由（可设计）——门店或品牌选择理由（可设计）。**

消费需求、品类选择、门店或品牌选择三者之间的关系，我通过一个例子来诠释：你渴了，想喝水，这是生理需求，由此催生了消费需求；你想喝白开水、可乐还是果汁，这是品类选择；如果你选择喝可乐，那么你想喝百事可乐还是可口可乐，这是品牌选择。

第四次品类革命："刘口水耙牛肉火锅"，品类创新

当我们把品类定位在"重庆火锅"后就能一直打赢市场战吗？

肯定不能！

据火锅餐见数据研究院数据显示，截至 2023 年，重庆火锅在全国的门店已经突破 15 万家。也就是说，每三家火锅店中就有一家是重庆火锅，其中重庆本地的火锅店约有 3 万家。火锅餐见数据研究院综合门店数、传

播力、口碑等多方数据（截至 2023 年 1 月 8 日）计算出相关"餐见指数"，最终按照分值高低得出"全国重庆火锅 TOP10"，见表 2-3。

表 2-3　全国重庆火锅 TOP10

排名	品牌名称	主要省份分布	餐见指数
1	德庄火锅	江苏、河南	97.31
2	楠火锅	四川、江苏	96.89
3	刘一手重庆火锅	安徽、江苏	96.32
4	朝天门火锅	浙江、湖北、山东	94.91
5	重庆袁老四火锅	湖北、江苏	94
6	大渝火锅	浙江、江苏	93.48
7	卤校长老火锅	四川、重庆	93.16
8	巴奴毛肚火锅	河南、江苏	92.78
9	秦妈火锅	山东、山西	90.95
10	十七门重庆老火锅	江苏、四川	90.92

通过对上榜品牌的观察，我们可以发现重庆火锅行业的更新换代现象。

第一代重庆火锅品牌包括小天鹅、德庄、刘一手、秦妈、朝天门等，这些可以被称为"老字号"，它们在 20 世纪 90 年代发展迅速，奠定了重庆火锅的霸主地位。

第二代重庆火锅品牌以珮姐、周师兄等为代表，珮姐专注做直营门店，稳扎稳打；周师兄凭借爆款腰片火速"出圈"。

第三代重庆火锅品牌以楠火锅和萍姐火锅为代表，它们在很短的时间内占领了全国市场。

面对诸多重庆火锅门店或企业，刘一手如何才能一直打赢市场战？

答案是：品类创新。如果说品类细分是给顾客一个购买的理由，那

么品类创新就是给顾客一个独一无二的购买理由。

细分市场，潜力无穷。重庆是火锅发源地，更是火锅细分品类的发源地。重庆是名副其实的"火锅摇篮"，这里诞生了诸如卤味火锅（卤校长）、蛊蛊火锅（唐蛊蛊）、哥老官美蛙鱼头火锅等。

"重庆火锅擅长创新"，这句话真不是虚的。

2022年，刘一手在"重庆火锅"上进行品类创新，推出了"刘口水耙牛肉火锅"，打造以"耙菜"系列为招牌产品的"市井风格"重庆火锅店。"刘口水耙牛肉火锅"门店的装修风格具有江湖气和烟火气，面向"90后"到"00后"年轻顾客群体，以"种草解馋"和"小吃小聚"为主要消费场景。

刘一手在"重庆火锅"这一品类上进行创新，通过"刘口水耙牛肉火锅"，将一个小众品类做到极致，做到"市场头一份"，吸引喜欢该品类的核心顾客群体，再通过营销扩大知名度，打开了重庆火锅的新赛道。

2022年，刘一手重庆旗舰火锅店门前长龙不断，营业额相较于前一年增加了50%，"刘口水耙牛肉火锅"上新仅一周，累计销售近1000份，顾客好评如潮。受到品类创新的启发，我们在"重庆麻辣火锅"上继续创新，诞生了"六十一度牛杂火锅馆""重庆流口水小面"等诸多品类。

当然，品类创新有利有弊。

- **利：更容易突出门店差异化，抢占市场先机。**
- **弊：更新快，淘汰快，模仿快。**

在此，我们已经完成了关于餐饮品类定位的所有分享。然而，我们对品类定位的探索永远不会停止。餐饮行业已经进入了品类细分的新时代。过去，餐饮经营可以通过大而全的品类覆盖更广泛的顾客群体，从而给门店带来可观的营收；但现在餐饮行业正在从"大而全"转向"小而精"，**餐饮经营者也要与时俱进，转变思维，在品类中做细分、做减法，从而实现差异化。**

2.3 身份定位：你是谁

餐饮定位的第三步是向顾客讲清楚"你是谁"，即"餐饮差异化定位5W法"的第三个"W"——"Who"。餐饮经营者回答"你是谁"的过程就是进行身份定位的过程。

在当今信息高度碎片化的时代，顾客每天都会接收海量的信息。你如果想让自己的门店在庞大的信息流中脱颖而出，直接触达顾客，让营销效果达到最大化，那么首先要做的就是向顾客讲清楚"你是谁"。

讲清楚"你是谁"，听起来似乎很容易，不就是自我介绍嘛。实际上，即使是已经从事餐饮行业十几年的经营者，也未必能够清晰准确地讲清楚"你是谁"。很多餐饮经营者要么忽略了这一问题，要么就是在自我介绍的时候抓不住重点。

名不正则事不成

如何让你的餐饮门店从一开始就胜人一筹？

答案是：从一个好名字开始。要讲清楚"你是谁"，犹如你向他人介绍自己一样，要先自报姓名，也就是门店名。

《定位》一书中有一个重要的观点："在定位时代，你能做的唯一重要的营销决策就是为你的产品起一个好名字。"好的门店名，如同减少传播障碍的"神器"，能够使你的门店快速脱颖而出。

起好门店名不是为了避免失败，而是让你更容易成功。这一点可以从两个层面来体现。首先，对餐饮经营者来说，一个好的门店名能够准确地传达门店的核心价值，并且易于记忆和传播以吸引更多的潜在顾客。其次，对顾客来说，门店名的记忆度和传播度也是非常重要的。一个好的门店名能够让顾客轻易记住并口口相传，从而帮助门店扩大知名度和吸引更多的回头客。因此，餐饮经营者在选择门店名时，必须从经营者和顾客两个角度进行综合考虑，确保门店名既符合门店形象又能吸引目标顾客群体。

除此之外，**门店名是你的不动产，既能保护门店，也能与顾客对话。**

在法律层面，门店名具有重要价值，既用于与其他竞争对手有所区别，也旨在引导顾客形成"认店消费"的习惯。此外，名字本身就是一种资产，一家优秀门店的门店名甚至具有投资价值。以商标注册为例，2020年全国商标注册申请数量已近 1000 万，可见商标注册竞争之激烈。对餐饮经营者来说，拥有一个好的门店名能成为一种有效的变现手段。比如，通过品牌授权、品牌侵权或品牌转让等方式进行变现。

刘一手在商标上面吃过大亏。2002 年，当我们意识到品牌名"刘一手"对于企业来说可能是重要资产后，第一时间申请注册商标，没想到"刘一手"被国家知识产权商标局驳回了，因为"刘一手"这个商标已经被双流的一家面馆注册。随后，我们与"刘一手"商标注册人多次协商，终于购买了"刘一手"商标火锅独家使用权，这才有了今天的刘一手。

在市场竞争中，与目标顾客进行互动和沟通的所有营销策略最终都会聚焦于门店名。因此，门店名不仅为顾客提供了记忆的焦点，而且对营销活动的执行和方式具有重要影响。比如，当人们听到"如丝般顺滑"这一描述时，很自然地会联想到德芙品牌。

既然门店名对餐饮经营如此重要，那么你在门店开业前或品牌建立之初就要把门店或品牌的未来牢牢抓在手里，多花时间和资源起个好的门店名是值得的。

因此，餐饮门店名不能轻易改，但是可以改。至于是否更改，取决于门店名好不好。

那么，如何判断你现在的门店名好不好呢？我教你一个简单的方法：你可以随机选择 10 位顾客，告诉他们你的门店名，询问他们会立刻想到什么。根据顾客的答案，通常可以得出以下三种结论。

第一种结论：**定位清晰**。如果 10 位顾客答案一致，说明你的餐饮门店定位清晰且已经拥有了核心竞争力，具备了品牌力，或者至少有成为品牌的潜力。

第二种结论：**定位不清晰**。如果 10 位顾客有多种不同的答案，说明你的餐饮门店定位不清晰，门店名没有在顾客心中建立统一的认知。这种情况下，你应该尽快优化门店名。否则，你的餐饮门店会在激烈的市场竞争中面临淘汰出局的风险。

第三种结论：**没有定位**。比起多种答案，还有一种是顾客没有答案、不知道怎么回答。顾客没有答案说明你的餐饮门店根本没有定位，没有在顾客心中留下任何印象。没有定位的餐饮门店或品牌，岌岌可危。

下面我举个例子来论证上面的结论。

当我提到"格力"的时候，你会想到什么？相信很多人会脱口而出"空调"。这说明格力的定位是空调，格力是空调领导品牌。因为定位清晰，人们在买空调的时候最先想到的就是格力。

梦想从不"留一手"

餐饮经营者应该如何为餐饮门店起名呢？现在，让我们再把目光转向刘一手的起名历程。

如今，"刘一手重庆火锅"虽然家喻户晓，但"刘一手"这一品牌名背后的故事很多人不甚了解。很多顾客在门店就餐时会忍不住好奇地问："'刘一手'这个名字是怎么来的呢？"

故事要从 1987 年说起。那一年，刘松因为参军失败，转而选择了创业。经过不懈努力，他在创业过程中逐渐积累了宝贵的经验和一定的启动资金。

刘松个性热情豪爽，喜欢结交朋友，经常和朋友一起在火锅店聚餐。在一次聚餐中，他灵机一动，认为既然大家都如此喜欢吃火锅，开一家火锅店或许是不错的选择。于是，他利用前期积累的几万元资金，开了一家名为"雾都火锅"的火锅店。这家火锅店的规模不大，只有四张餐桌，但由于火锅锅底的味道正宗，迅速在当地赢得了众多忠实顾客。

经过两年的经营，刘松攒了 10 万元。随后，他利用这笔资金接手了一个位于偏僻山区的煤矿。为了经营好这个煤矿，刘松买了一辆货车，每天不辞辛劳地运煤。一天晚上 11 点，刘松完成送货任务独自驾车返回煤矿，当车辆行驶至一个下坡路段时，他突然发现车门没有完全关闭，他下意识地伸手去拉车门。结果车门在强大的弹力作用下夹住了他的左手。

幸运的是，当时正好有司机开车路过，及时拨打了120急救电话。但遗憾的是，他失去了左手。这件事情对他的打击非常大，他曾经陷入了深深的痛苦之中，甚至有了轻生的念头。

直到有一天，刘松偶然了解到台湾有一位口足画家叫谢坤山，在失去一只眼睛、一条腿和一双手的情况下，他用嘴拿起了画笔，成为一名职业画家。刘松被谢坤山顽强的精神鼓舞了，他说："谢坤山没有手，只有一只脚都可以活得那么精彩，我与他比起来好太多了，凭什么我就不行呢？"

刘松逐渐适应了一只手的生活，日常起居不再需要家人的照顾。但他并不满足于此，他想实现更大的价值。于是，他在30岁的时候决定再次开一家餐饮门店。这一次，他要用自己的努力和毅力书写属于自己的精彩人生。

当时，我经营着一家小的机械磨具企业，当听到刘松要开店的消息后，我毫不犹豫地资助他在重庆石桥铺开了一家仅有20平方米的家常菜餐饮门店。为了经营好这家门店，刘松每天从凌晨4点忙到下午，承担了门店的老板、服务生、送菜员、收银员以及清洁工等工作。这是一家"全能"餐饮门店：早上，门店卖包子、馒头和稀饭；中午，门店卖各种炒菜和主食；到了晚上，门店又开始经营火锅生意。

看到刘松从早忙到晚，我下班后便立刻赶到门店帮着他切菜、配菜和端盘子。那段日子，很累，但也很充实。一年过去了，我和刘松盘点一年的利润，发现晚上的火锅最赚钱。因此，我们做出了一个重要的决定：将"全能"餐饮门店改为只做火锅生意的门店。

当下，人们创业的动机大致可以分为两种。第一种创业者创业是为了追求财富，他们会紧跟行业风口，看到哪个行业有利可图就会毫不犹豫地投入到这个行业中。第二种创业者创业则是选择自己热爱的行业，他们深信只有在这个行业中才能真正获得成功。我们兄妹二人属于第二种创业者。幸运的是，我们热爱的火锅行业在当时正是一个迅速崛起的热门行业。

既然要开火锅店，至少应有一个像样的店名。刘松第一次开的火锅店叫"雾都火锅"。虽然这个名字听起来尚可，但过于普遍。由于重庆被称为"雾都"，因此当地很多火锅店都使用这个名字。这意味着"雾都火锅"这一名字不具备差异化价值，无法向顾客讲清楚"你是谁"这个问题。为了与其他火锅店区分开来，我们决定重新命名。

有一天，我们一家人难得聚在一起吃晚饭。刘松随口说了一句："火锅处处有。"我接了一句："哪里处处有了？特色都会留一手。"刘松问道："到底哪里有？"我说："还是刘一手。"

"刘"是我们的姓氏，"一手"暗指刘松只有一只手，连起来的读音又与"留一手"同音，有深藏不露、厚积薄发、出人意料之意。本来是兄妹吃饭时的轻松调侃，最终却成为使用至今的店名。

刘松将"刘一手"作为门店的名字，也说明他完全接受了自身的残障情况，并以这一名字向所有人宣告：我虽然只有一只手，但同样能掌握自己的命运，创造一个火锅传奇，书写更精彩的人生篇章。

我希望通过这个故事向所有人传递一个信念——梦想从不"留一手"。尽管人们常说"双拳难敌四手"，但刘松仅凭一只手也开创了一个全球连锁的餐饮品牌。这充分证明了梦想的力量和努力的价值。这也是刘一手品牌想通过"刘一手"这个名字传递给顾客和社会的价值观。

"刘一手"名字的来历我讲得有点冗长，但这些细节就是刘一手的文化基因和品牌基因。尽管"刘一手"在当初取名时是灵感乍现，但如果我们用经营思维去看这一品牌名，就会发现"刘一手"具备一个好的门店名的"四好原则"：好记、好懂、好辨别、好传播，如图 2-3 所示。

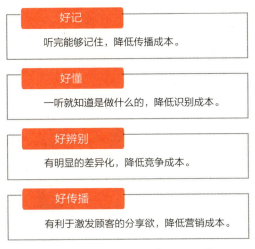

图 2-3　好门店名的"四好原则"

那么，你要如何取一个符合上面"四好原则"的门店名呢？

我有一个简单直接的方法，你可以尝试一下。你在确定了门店名后，可与一位完全未曾听过这个名字的朋友进行电话沟通。若你仅提及该名字一次，并且没有过多的解释，而对方能够立刻理解并记住这个名字，那么这个名字便是一个好的门店名。

把人做好了，到哪都有饭吃

始于颜值、敬于才华、合于性格、忠于人品，是人们认识一个人、喜欢一个人、爱上一个人的四个阶段。其实，顾客认识、喜欢并爱上一家门店也会经历这四个阶段。

- **始于颜值＝门店形象：惊艳的视觉感受和门店设计。**
- **敬于才华＝门店体验：优秀的技术、产品、服务和体验。**
- **合于性格＝门店调性：**比如刘一手的调性就是"麻辣",从门店形象、门店装修到刘一手的员工,都有一股"麻辣"范儿。
- **忠于人品＝门店的价值观：人品决定产品,产品决定店品。**

在我看来,品牌是由人品、产品、品位和品质四个方面组成的。"品"字由三个"口"组成,意味着众口一致才见"品"。**无论是人品、店品还是品牌,只有具备信誉和美誉,能够经得起他人的审视和评判,才能称为"有品"。**

人品决定店品,这是我经营刘一手 25 年的核心体悟。无论什么产品,从生产过程到流通,整个过程不仅仅是人和物的连接,更是人和人的情感连接。只要人品过关,时时刻刻把顾客放在心上,产品的品质才不会差。

我对市场经济的理解是,市场经济就是人格经济。那些人品高尚、始终为顾客着想、提供一流产品和一流服务的餐饮经营者自然会得到顾客的厚爱,从而实现可观的经济效益。有的餐饮经营者背离了经营道德,用欺诈手段欺骗顾客,就算一时能赚到钱,也不过是一场短暂的繁华梦。

所以,**餐饮经营者想把餐饮门店经营好,就一定要学会"做人",只有将"做人"这个课题学好,才能在商业世界中走得更远、更稳健。**

回顾刘一手的发展过程,一位行业品牌专家曾得出一个结论:刘一手在对外宣传上甚少用"奇招"。这和刘一手在品牌发展和加盟店拓展过程中的"胆大心细""求新求异"大相径庭。这位曾经为重庆很多知名企业做过品牌推广的专家表示:"刘一手的名气来自自身的口碑和在业界的名声。"

有句俗语讲道:"金杯银杯,不如大众的口碑。"在我看来,顾客对餐饮门店的认可与产品的品质息息相关。虽然国内有些餐饮门店凭借营销手段声名大噪,规模日益扩大,但其产品质量往往平庸无奇,这样的门店注定走不远。若想将餐饮门店做得出色、做得长久,我们必须脚踏实地,摒弃一切投机取巧的行为,稳扎稳打地经营。

民以食为天,做餐饮行业尤其考验餐饮经营者和餐饮从业者的人品。一旦餐饮经营者被利益冲昏了头脑,对顾客生命健康产生的负面影响将难以弥补。刘一手以人品立本,以产品起家,对顾客入口的食材慎之又慎。每一块毛肚、每一根鸭肠,刘一手都要既保证口感,又保证健康安全。刘一手不仅内部检测严格,还不惜投入重金把产品拿到实验室去检测,让不安全的因素在显微镜和仪器下无所遁形。

刘一手对食品安全的重视不是说说而已,而是已经成为刘一手员工的行为习惯。在这里,我和大家分享一个发生在刘一手员工身上的小故事。

有一次,一位自营火锅门店的餐饮经营者找到刘一手供应链中心员工,想让他在采购的时候帮忙买一些碱粉和鸭肠粉。一听这两样东西,刘一手的员工直接拒绝了:"对不起,这个忙我帮不了。"

外行人可能不知道碱粉和鸭肠粉这两样东西的作用,但业内人士都心知肚明。这也是刘一手的员工毫不留情直接拒绝他的原因。碱粉能增加辣度,但这种辣只辣不香,顾客舌头和咽喉产生烧灼感是碱的化学作用,而不是来自辣椒的刺激。顾客吃了添加碱粉的麻辣锅底后,在涕泗横流的同时会产生胃灼热的感觉。即使顾客不能准确分辨出碱粉和辣椒的区别,但"太辣了,不舒服"这种感受是骗不了人的。为什么有的餐饮经营者会冒着损失口感的风险在锅底中加入碱粉呢?答案只有一个,那就是碱粉很便宜，一点点碱粉产生的辣度相当于一大勺辣椒，成本省了，利润就多了。

鸭肠粉是用于泡鸭肠的一种物质。质量较好的鸭肠粉主要成分为蛋白酶，而质量较差的鸭肠粉则可能是甲醛稀释液。然而，顾客的味觉往往无法分辨鸭肠是否使用了鸭肠粉，以及使用了何种品质的鸭肠粉。因此，是否使用鸭肠粉完全取决于餐饮经营者的良知。

在刘一手，我们秉持对食材的严格要求，对质量有着极其严谨的态度。采购清单上，碱粉和鸭肠粉这两种东西是绝对不可能出现的。我们坚决不允许加盟商有任何弄虚作假的行为。我们始终坚守的产品质量原则是**在利益面前不低头，挣清清白白的钱**。这是刘一手员工的人品，也是企业的企品，以及 1500 余家刘一手重庆火锅门店的店品。

在选择食材时，刘一手有着很多标准和要求，但最基本的一条就是"自己吃不吃"。如果自己都不愿意吃，那么为什么要让顾客吃呢？这是我们挑选食材最基本的原则，也是我们对顾客的尊重和负责。

好口碑，千金难买；好口碑，得来不易。我不相信速成，更不相信口碑可以通过营销团队策划出来。

曾经有品牌营销团队主动上门寻求合作，他们给出的方案是：如果有意向加盟商考察门店时，就请人伪装成顾客制造排队就餐的假象，意图给意向加盟商留下"刘一手门店生意兴隆"的印象。我严词拒绝了这些营销团队，并给企业下达了"刘一手永不与以作秀、造假为主要业务的营销团队合作"的指令。我坚信，一家餐饮企业靠作秀、造假带来的流量是不可取的。

重庆有一句民间俗语："把人做好了，到哪都有饭吃！"我主张先学做人，再学做事。人品好的人，必定言行一致、表里如一。**餐饮经营和人**

际交往是一样的，没有好的人品，即使口号再响亮也是"银样镴枪头"，注定走不远。

2.4 顾客定位：做给谁吃

餐饮定位的第四步是回答"做给谁吃"，即"餐饮差异化定位5W法"的第四个"W"——"Whom"。餐饮经营者回答"做给谁吃"的过程就是做顾客定位的过程。

在这里，我要对"顾客"和"客户"做一个说明，以免大家混淆这两个群体。对于只有一家门店的餐饮经营者来说，"顾客"就是进店就餐的人。对于像刘一手这样有加盟店的品牌餐饮企业来说，有"顾客"和"客户"之分。"顾客"是指进店就餐的人，"客户"是指企业的加盟商。

开餐饮门店，为什么你的门店装修精美、饭菜可口美味、服务周到，但门店总是人气不旺，营业额很难提高呢？

别急，这就像我们炒菜一样，不能一股脑地把所有佐料都放进去，而是要找准能让味道升华的"着力点"。同样，餐饮门店要想高效突破经营瓶颈，就要**找准着力点，服务好一小撮人**。

顾客定位有多重要？

如今，年轻一代已经成为消费的主力军，他们的消费观念与父辈相比有着显著的差异。此外，随着时代的变迁，商业逻辑也在不断刷新，餐饮行业必须跟上时代的步伐。

然而，许多老一辈餐饮经营者仍然是过去那种只关注商业模式和产品的思维，他们眼看着后辈不断超越自己，却将其归结为后辈运气好、善于玩弄营销手段，而忽视了真正的成功因素。实际上，后起之秀之所以能够成功，往往是因为他们在创业之初就以顾客为导向，针对目标顾客群体进行市场细分，为其设计场景、打造产品、创造体验。老一辈餐饮经营者往往就是输在对目标顾客群体洞察不足上。

精准的顾客定位是现代商业逻辑的核心，也是餐饮经营者经营餐饮门店或企业的关键一步。顾客群体定位准确，其余的选址、装修、菜单设计、营销等就是延伸。

只有"你的顾客"才是你应关注的服务对象

"你要做给谁吃？"对于这一问题，我听到最多的答案是："所有人都要吃饭，所有人都是我的顾客。"

现在，我要打破你关于顾客定位的第一个错误认知。当你认为所有人都是你的顾客时，等于没有顾客。不是所有到餐饮门店消费的人都是顾客，也不是所有想开餐饮门店的人都是你的客户。

举例说明。张女士是一位爱吃辣的人，平常吃得最多的是麻辣火锅。有一天，当她听说商场里新开了一家潮汕火锅后，好奇心驱使她去尝鲜。吃完后，张女士觉得潮汕火锅并不合她的口味，相比之下，还是吃麻辣火锅更过瘾。潮汕火锅和麻辣火锅的口味各有千秋，但很明显，张女士不是潮汕火锅的目标顾客。即使潮汕火锅的价格很优惠、服务很到位、产品品质很高，但对于喜欢吃辣的张女士而言，它的吸引力就是比不上重庆火锅。

这个例子清晰地说明了不同的餐饮门店有特定的目标顾客群体，而顾客的个人口味偏好对选择起着决定性作用。

因此，不是所有人都是你的目标顾客，也不是光顾过你的门店一两次的人就是你的目标顾客，**只有"你的顾客"才是你应关注的服务对象。**

说到这里，可能很多餐饮经营者要质疑："顾客不是越多越好吗？顾客越多，门店的生意就会越好，门店才能盈利。"

现在，我要打破你关于顾客定位的第二个错误认知——**顾客不是越多越好。弱水三千，只取一瓢饮。顾客不在于多，而在于精。**

原因很简单，**你的人力、财力和物力都有限，你的菜做得再好吃，也满足不了所有顾客；你提供的服务再完美，也满足不了所有客户。盈利来自最小投入、最大产出。在餐饮经营上，什么是"最小投入"？答案是：选择做给谁吃。**

餐饮经营者不要被餐饮门店里人潮涌动的"虚假繁荣"所迷惑。**当你把时间、精力和资源花在所有顾客身上，就不会有时间、精力和资源去服务自己的目标顾客。**这样的经营方式最终的结果必然是得不偿失，劳而无获。

有舍才有得。对于不是目标顾客的人群，餐饮经营者要懂得舍弃，千万不要试图满足所有人的需求。"二八定律"告诉我们，少即多，80%的利润往往来自 20% 的顾客。你要找到符合门店或品牌定位的目标顾客群体，然后集中所有资源满足他们的需求，以优质的服务赢得他们的信任与支持。

最后，总结一下刘一手进行顾客定位的核心理念。

- 不是所有的顾客都是你的上帝，只有"你的顾客"才是你应关注的服务对象。
- 顾客不是越多越好。弱水三千，只取一瓢饮。顾客不在于多，而在于精。

给顾客画像

在深入理解刘一手的顾客定位理念之后，现在我将进一步分享刘一手的顾客定位策略——给你的顾客画像。

"顾客画像"（见图2-4）是根据顾客的社会属性、生活习惯和消费行为等信息而提炼出顾客标签。

图2-4 顾客画像代表图

顾客画像就是来你的门店吃饭的人的标签的集合。餐饮经营者如何画出门店的顾客画像？刘一手总结了给顾客画像的四个维度，简称"四维画像"，如图2-5所示。

图 2-5 餐饮门店顾客的"四维画像"

第一个维度：顾客的身份。你的餐饮门店是做给什么人吃的？你希望吸引哪类顾客群体，是学生、白领还是商务人士，是男士、女士还是儿童？他们属于哪个年龄范围？

第二个维度：顾客的消费习惯。这些顾客集中在哪个区域？他们喜欢干什么？活动半径是多少？他们有哪些消费习惯？他们喜欢点外卖还是喜欢进店吃？你怎么能找到他们？

第三个维度：顾客的消费需求。这些顾客更倾向于麻辣还是清淡口味的产品？如果一条街都是竞争对手，他们是否仍会选择来你的门店消费？你具备哪些优势来吸引他们？

第四个维度：顾客的消费能力。这些顾客是否具备消费能力？他们一个月内能够光顾门店几次？他们一周内能够光顾门店几次？他们一般会选择哪一天、哪个时间段光顾门店？他们每次消费的金额是多少？

为了帮助大家更好地理解和应用"四维画像"，我将以刘一手重庆火锅旗舰店的顾客定位为例，为大家进行演示。

通过对刘一手重庆火锅旗舰店顾客身份进行分析，我们发现男性顾客光顾该店的频率较高，且以30多岁的男性为主。这些男性顾客主要从事商贸、文化创意、教育等工作。因此，我们可以认为刘一手重庆火锅旗舰店的顾客群体以从事商贸、文化创意、教育工作的30多岁的男性顾客为主。

根据对顾客消费习惯的分析，刘一手重庆火锅旗舰店将顾客群体细分为以下几类：喜欢吃→喜欢吃火锅→喜欢吃麻辣火锅。

通过对顾客消费需求的深入分析，刘一手重庆火锅旗舰店的顾客群体主要展现出较高的社会需求。他们热衷于追求味觉上的刺激，对辣味食物有着独特的偏好，这成为他们社交身份的一部分，也是他们展现豪爽性格的一种标志。同时，这个群体非常重视品牌效应，对就餐环境有较高要求。

通过对顾客消费能力进行分析，我们发现，刘一手重庆火锅旗舰店的顾客群体年收入约为30万元，这在重庆属于中等消费群体。他们的消费频次是每月1~2次，每年在刘一手的消费额为1800元~4800元。

通过上面的"四维画像"，刘一手重庆火锅旗舰店得出的顾客标签是：喜欢吃麻辣火锅的男性中等消费群体。这个标签就是刘一手重庆火锅旗舰店的顾客定位。

顾客定位明确之后，接下来就是聚焦人群。餐饮门店不可能讨好所有的顾客，专注服务好目标顾客即可。比如，你可以根据顾客画像，升级门店的装修、产品、服务等以满足目标顾客的需求。刘一手重庆火锅旗舰店的顾客以中年男性偏多，那么我们就在门店里尽量多布置一些男性喜欢的物件，从而提升他们对门店的认同感和满意度。

升级需求层级思考，降低需求层级开店

那么，我们继续思考：如何满足目标顾客？

在画完门店的顾客画像之后，你要学习一个理论：马斯洛需求层次理论。什么是"马斯洛需求层次理论"？

马斯洛需求层次理论是由美国心理学家亚伯拉罕·马斯洛提出的一种理论，他认为人类的需求可以归纳为五个层次，分别是生理需求、安全需求、爱与归属需求、尊重需求和自我实现需求。这些需求按照从低到高的顺序排列，其中生理需求是最基本的需求，而自我实现需求是最高级的需求。

马斯洛需求层次理论可以延展到一切以人为参与者的行业中，尤其是以服务为主的餐饮行业。餐饮行业马斯洛需求层次理论如图2-6所示。

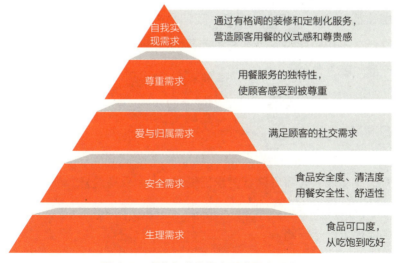

图2-6　餐饮行业马斯洛需求层次理论

大部分餐饮门店集中在满足顾客的生理需求、安全需求、社会需求和尊重需求这四个层次，少部分餐饮门店，比如可以实现高端定制的餐饮门店或者五星级餐饮门店能满足顾客的"自我实现需求"。

从上面五个不同的需求层次理论分析，我们可以得到一个结论：人均消费较高的餐饮门店能够满足更多的顾客需求，而人均消费较低的餐饮门店则满足的顾客需求相对较少，有的餐饮门店只是满足了顾客最基础的生理需求。

比如，一些高端定制类餐饮门店的人均消费较高，这些门店不仅满足了顾客的生理需求，更满足了顾客的尊重需求。在这些场所就餐，顾客可以感受到独一无二的就餐氛围，餐饮门店每位员工的服务态度能让顾客充分感受到自己被尊重。

弄懂了马斯洛需求层次理论在餐饮行业的运用之后，你可能会问："为什么要用它？"

现在的餐饮行业非常注重产品、服务、环境等方面。没错，这些确实是餐饮门店的核心元素。然而，我们是否深入思考过这些方面的"标准"是什么？也就是说，什么样的产品才能真正称得上是"好产品""合适的产品"呢？

此时，通过顾客画像和马斯洛需求层次理论的结合，我可以给你一个"标准"：**无论你开什么样的餐饮门店，你都可以站在"更高一层需求"的视角来配置门店的资源，比如产品、服务、装修等**。换句话说，你要"升级需求层级思考，降低需求层级开店"，只有这样，你才能更好地满足目标顾客的需求。我们经常听到的广告词"中档消费，高档享受"实际上也体现了这一策略。

试想一下，在与同类餐饮门店的竞争中，你的竞争对手只能满足顾客的生理需求、安全需求、爱与归属需求，而你的门店却能满足顾客的尊重需求和自我实现需求，那么顾客自然而然地会选择你。如此，你就赢得了自己的目标顾客。

餐饮经营者需要注意的是，**完成门店的顾客画像不是终点，只是起点，终点是赢得顾客，满足顾客的需求。**上述理念和方法是餐饮门店进行客户定位的基础逻辑，这些理念和方法并不受限于餐饮门店的面积、规模、位置等条件。

刘一手重庆火锅门店通常每三年进行一次装修以满足目标顾客不断升级的消费需求。我们在不同平台投放广告，旨在寻找目标顾客、刘一手重庆火锅门店的每一步行动都以上述理念为指导方针。

总结一下，给顾客画像的策略：**首先，你要通过"四维画像"，画出餐饮门店的顾客标签**；其次，你要通过马斯洛需求层次理论，站在"更高一层需求"的视角来配置门店的资源，满足目标顾客的需求。

2.5 选址定位：在哪里开店

餐饮定位的第五步是回答"在哪里开店"，即"餐饮差异化定位 5W 法"的第五个"W"——"Where"。餐饮经营者回答"在哪里开店"的过程就是进行选址定位的过程。

提到选址，你可以在网上看到很多关于"餐饮门店如何选址"的文章。比如，"选址三条秘籍""选址八大定律"等，这些内容大多从人流量、路况等方面告诉你如何选址。作为一位从业 25 年的餐饮人，我对这些内容十分反感，因为时代已经发生了翻天覆地的变化，而这些内容还停留在十几年前。

因此，餐饮经营者在选择门店地址的时候要保持清醒的头脑，理性评估该地址是否适合自己的餐饮门店，不要被一些华而不实的技巧所迷惑，而是要结合自己门店的定位和目标市场进行综合考虑。这样才能提高选址的准确性和成功率，为日后的经营打下坚实的基础。

重视选址，但不能视选址为一切

餐饮行业有一个通用的选址理论："3公里理论"。该理论的主要内容是以餐饮门店为中心，以3公里为辐射半径，只要在此范围内餐饮经营者能够充分开发顾客的消费潜力，就能把餐饮门店经营好。

"3公里理论"让很多餐饮经营者形成一个传统的选址理念："3公里"都定不好，何以定天下？因此，很多餐饮经营者在选址时视地址为一切，看重周边的人流量，企图通过吸引3公里范围内的顾客来提升餐饮门店的销售业绩。

10年前，餐饮行业对于选址的重视程度极高，几乎是"选址定生死"。然而，随着移动互联网时代的到来和数字化营销的普及，"3公里理论"已不再局限于物理空间，而是与品牌影响力和大数据分析紧密相连。现在即使你将餐饮门店开在穷巷陋室，也可以通过互联网营销、社交媒体营销、口碑营销等方式使餐饮门店的生意蒸蒸日上。

在重庆，我发现了一家独特的餐饮门店。这家餐饮门店位于小巷深处，对于初次光顾的顾客来说，没有一定的指引是很难找到的。我第一次到店用餐时，若不是有朋友的带领，肯定会迷失在那如迷宫般的小巷中。

你或许很难相信，在如此偏僻的地方，这家以做家常菜为主的餐饮门店生意竟然如此兴隆，甚至有人远道而来，只为了品尝这里的美食。这家餐饮门店人均消费在 200 元左右，价格并不亲民，但这并没有阻挡顾客前来就餐的热情。我品尝了这家餐饮门店的菜肴后发现其口味确实美味而独特。

斯是陋室，惟吾德馨。这家餐饮门店的地理位置不是很好，生意却依然红火的主要原因就在于餐饮经营者根据门店的定位洞察到了目标顾客的需求——想找一个安安静静且有格调的地方吃饭，让心灵进行短暂的放松。为了满足目标顾客的这一需求，这家餐饮门店从墙壁上的民间艺术作品到精心挑选的木质家具都弥漫着浓厚的文化气息。同时，这家餐饮门店注重烹饪的细节和产品的品质，让每款产品都成为美食艺术品。因此，这家餐饮门店吸引了越来越多的顾客前来光顾。

管中窥豹，可见一斑。选址对于现在的餐饮门店不是最重要的。**餐饮经营者要重视选址，但不能视选址为一切。**对餐饮经营者而言，并不是选择人流量多的地段就能保证经营成功。同样，选择人流量较少的地段也不一定意味着经营失败。**选址是否理想，并不是决定餐饮门店能否经营成功的唯一标准。**

我再举一个刘一手的例子来验证这一选址理论。

安徽省合肥市刘一手重庆火锅撮街店位于合肥城区边缘的撮镇镇，该地区以美食文化为主题，营造了"来撮街享受美食"的饮食氛围。

在刘一手重庆火锅撮街店开业之前我们进行了多轮深入的选址调研和评估，但一直未能做出决策。主要原因在于撮镇镇的整体商业运营情况不够理想，商业区招商情况不太好，仅有 10% 的商铺入驻率，周边住宅的入住率也不足 20%。唯一利好是商业区的优惠政策比较有吸引力：免租期时限为一年半。

后来，我们经过深入评估，决定在此地开店。实践证明，这一选址策略是正确的。开业半年以来，刘一手重庆火锅撮街店的生意取得了超出预期的良好业绩。

那么，刘一手重庆火锅撮街店为什么能在商业区运营不景气的情况下依然将门店经营得红红火火的呢？

原因主要有三点：第一，撮镇镇的商业定位和地理位置非常有特点，政府大力支持，被动产生的客流量稳定。第二，撮镇镇周边缺少火锅品类的餐饮门店，要想品尝火锅，顾客需要前往 6 公里外的吾悦广场。刘一手重庆火锅撮街店恰好解决了这一问题，它位于一个开放式的区域，不受商业区经营的影响，为顾客提供了方便的用餐选择。第三，刘一手在华东、华中地区积累了良好的品牌口碑。这三大原因共同促成了刘一手重庆火锅撮街店开业即火爆的局面，打破了"选址定生死"的魔咒。

作为刘一手重庆火锅门店选址工作的重要参与者，我深入参与了几百个地段的评估。我发现一个普遍存在的选址规律：**在餐饮门店选址这件事上，无论你投入多少时间和精力去寻找店址，都不可能找到一个完全满足所有条件的理想场所。** 大多数情况下，你需要在价格优惠、地理位置良好、无竞争和人流量高等因素之间进行权衡和取舍。

在这种情况下，作为餐饮经营者，你需要依靠经营策略来弥补不完美的地方以确保门店经营成功。直白地说，**这个世界上没有完美的地址，但有相对完美的经营策略。地址不好，经营来凑。**

刘一手选址策略

很多大型餐饮企业会根据自己的门店定位、品类定位、顾客定位等制定选址策略,刘一手也不例外。目前,刘一手重庆火锅门店的选址定位是以商超店与街边店为主,因此每家门店的生意都颇为火爆。那么,究竟是什么样的选址定位策略为刘一手重庆火锅门店的火爆生意奠定了基础呢?刘一手重庆火锅门店成功选址的背后又有哪些鲜为人知的奥秘呢?

1. 两条腿走路:商超店与街边店并行

刘一手最初是以街边店起家,随后逐渐将业务重心转移到商超店。需要特别注意的是,刘一手在向全球扩张的过程中在选址上并未完全放弃街边店,而是采取了两条腿走路的选址策略:商超店与街边店并行。这一选址策略是基于餐饮门店对盈利与亏损的审慎考虑。

以重庆渝中区的两家刘一手门店为例。刘一手首先在渝中区开了一家街边店。一年之后,又在距离该街边店 2000 米外的人流聚集区的广场开了一家商超店。令人惊奇的是,尽管距离如此之近,两家店的生意并未受到影响,反而街边店的营收增加了 15%。为什么呢?

首先,两家店的客群存在差异。商超店主要吸引的是逛街的女性顾客,而街边店则以男性聚会为主。其次,当商超店出现排队严重的情况时,许多顾客会选择到距离不远的街边店消费,从而在一定程度上促进了街边店的营收增长。

刘一手认为，**餐饮门店选址的重要性并非选址本身，而是在所选择地点上开店是否能够超越门店的盈亏平衡线，实现盈利。**选址时，过度追求所谓的"铺王"或"旺铺"，可能只是在赔本赚吆喝，无法为门店带来实质性的盈利。此外，一家生意不佳的"旺铺"不仅不能为品牌形象加分，反而可能会给顾客留下不良印象。商业的本质是以利益为驱动的，如果无法保证盈利，那么门店的发展又从何谈起。

2. 选址四招：蹲点、分析、沟通、评估

餐饮门店选址是一个涉及选择和分析的重要决策过程。如何做选址分析，刘一手梳理了一个关键打法，取名为"选址四招"——蹲点、分析、沟通、评估。这套选址策略只要你运用得当，就能保证选址不出错。

第一招：蹲点

开店选址时，蹲点是必不可少的环节。然而，很多餐饮经营者可能并不清楚如何蹲点。为了确保选址的准确性，我建议餐饮经营者对目标门店进行连续一周或更长时间的蹲点观察。在蹲点期间，你要注意观察工作日、周末以及一日早中晚等不同时间段内门店周围的人流量状况以及同类餐饮美食门店的生意状况。

此外，你还要考虑雨雪等特殊天气条件对门店周围人流量产生的影响。切忌在蹲点期间急于做出决定，以免因此而遭受损失。另外，在蹲点期间，请注意观察周围的竞争情况。若周围存在过多的同一品类门店，那么眼下的选取可能并不是一个理想的选择，因为这可能导致顾客分流。相反，如果周围没有太多相同品类的门店，这样的地址则是一个不错的选择。

蹲点不仅要求你坐在路边观察，而且需要你主动与当地居民或餐饮

经营者交流。通过这种方式，你可以更好地了解所关注区域的顾客消费能力，同时也能对同类型竞争者进行深入了解，包括它们的接待量、客流量等。

蹲点时，你需要做到：用眼睛——有洞察力；用嘴巴——多问多交流；用手——多记录且加深印象。

第二招：分析

在选址过程中，通过数据做分析是最关键的一步。这不仅包括对目标市场的深入了解，还包括对潜在顾客群体的研究和对竞争对手的分析。只有通过详尽的数据分析，你才能做出更明智的决策。

首先，你需要收集和整理大量的数据。数据包括人口统计数据、市场趋势数据、顾客行为数据等。这些数据可以来自各种公开的报告和研究，也可以来自你的调查和观察。收集到的数据越多，你的决策就越有依据。

其次，你需要使用数据分析工具对这些数据进行处理和分析。比如，你可以通过地图数据来研究地理位置的影响，通过社交媒体数据来了解顾客的喜好和行为习惯，通过市场调研数据来分析目标市场的需求和趋势。通过这些数据分析工具，你可以将大量的数据转化为有用的信息，从而更好地指导你制定选址策略。

最后，你需要将数据分析的结果应用到实际的选址过程中。这包括对不同类型的店址进行比较和分析，选择最合适的地点；也包括在店址确定后，根据数据分析的结果来制定更有效的营销策略和经营计划。

第三招：沟通

在选定特定区域后，与该区域内的相关人员进行深入的交流至关重要。通过与当地居民、物业管理人员、商业从业者等人群的交流，你可以更全面地了解该区域的物业状况、配套设施等详细信息。如果你选择的是商业区域，与物业人员进行沟通是必要的。在与物业人员沟通时，你可以了解该商业区是否具备有效的引流能力、招商实力以及宣传力度等关键信息。通过这些交流，你可以更全面地评估该区域是否符合自己的选址需求，从而做出明智的决策。

第四招：评估

在餐饮业的选址过程中，仅仅"眼见为实"是不够的。因为许多因素可能影响你对一个地址的准确判断。比如，一个看似热闹的街区可能只是因为在特定的时间段内有大量的行人，而那里并非是一个持续繁荣的商业区域。同样，一些商场的物业方可能会夸大其词。因此，你需要进行全面的调查和分析以确保自己的餐饮门店选址的合理性。

对于客流量的验证，这并非一件难事。你只需在实地考察期间，花费一两天的时间进行观察和分析。你可以统计特定时间段内的人流量，并留意人们是否在你的潜在店址周围停留或进店消费。此外，与当地居民进行沟通也是非常有帮助的，他们可以告诉你关于该区域的真实情况，包括日常的客流量、顾客的消费习惯以及该区域的商业氛围等。

除了客流量，你还需要考虑许多其他因素。比如，该区域的顾客群体是否与你的餐饮门店定位相匹配？该区域的竞争情况如何？你的店址是否易于顾客找到？这些因素都可能影响你的餐饮门店的运营情况和盈利能力。

在餐饮门店的选址过程中，你需要以理性的态度对待所收集的信息，并采取科学的方法进行评估。只有通过全面的调查和分析，你才能找到一个适合自己的餐饮门店的地址。

选址工具

选址不仅是"眼力活",更是"技术活"。餐饮经营者要对选址区域做出科学正确的评估,离不开选址工具。

下面,我分享两个选址工具给大家。

第一个选址工具是"刘一手开店选址万能模板",见表2-4。该工具将各项选址指标进行量化评分,并依据评分计算出最佳的地理位置。这一工具的应用有助于餐饮经营者更加严谨、理性地评估各个选址的优劣。

第二个选址工具是几款APP。比如"上上参谋""数位拓展""办界猎手"等。这些APP能够帮助我们找到最佳的商业选址,并分析其潜在的商业价值和市场趋势。

"上上参谋"是一款综合性的商业选址工具,它提供了丰富的商业数据和情报,包括人口统计、交通情况、竞争分析、市场趋势等。你可以通过简单的操作获取有关选址的详细信息,从而更好地评估所选地址的商业价值和潜在风险。

"数位拓展"则是一款专注于数字营销的选址工具,它可以帮助你了解目标市场的数字营销趋势和顾客行为,并提供定制化的营销策略和建议。此外,该APP还提供了有关数字广告和社交媒体的最新趋势和信息,使你能够更好地把握市场变化和商业机会。

表 2-4 刘一手开店选址万能模板

序号	名称	5分	3分	2分	分数	备注
1	周边商业形态	闹市旅游区、美食观光一条街、大型商场	居民区	新开发楼盘		
2	周边人群结构	18~35岁居多	35~55岁居多	55岁以上居多		
3	周边人流量情况	300人次/分钟	200人次/分钟	100人次/分钟		
4	当地城市常住人口	10万人以上	5万~10万人	5万人以下		
5	意向门店位置	十字路口	双行道	单行道		逆行的单行道不考虑
6	意向门店性质（前期经营）	火锅、日餐、韩餐	其他餐饮	非餐饮，可改装		
7	固定停车位	10个以上	5~10个	1~4个		
8	门头或广告牌可视度	200米以外可见	50米以外可见	20米以外可见		
9	门店面积	300~400平方米（不含400平方米）	200~300平方米（不含300平方米）	400~500平方米		
10	楼层分布	一楼	二楼	三楼及以上		地下室不考虑
11	店内面积使用率	90%以上的使用率	80%~90%的使用率	70%~80%的使用率（不含80%）		使用率低于60%的不考虑
12	室内空间布局	方正、无柱头、内部空间可视度强，层高3米以上	狭长形，层高3米以上	异形，层高3米以上		层高低于3米不考虑

（续）

序号	名称	5分	3分	2分	分数	备注
13	下水道排污情况	良好的排污效果，管道直径大于160厘米	需要调整后达到排污标准	排污效果勉强		排污效果差不考虑
14	消防系统	消防设备完备	消防设施经调整后完备	消防设施具备		无消防系统不考虑
15	排烟与新风情况	良好的排烟与新风	需要改装后达到良好条件	勉强具备		排烟效果差不考虑
16	能源（水电气）	容量充足	可扩充	勉强具备		
17	房租与周边门店比较情况	便宜	一般	贵		租金成本占整体营业额15%以上的不考虑
18	租金递增情况	5年内不递增	每年递增5%	每年递增5%~10%		
19	意向门店方圆3公里内竞争对手的数量	2~3家	4~5家	5家以上		
20	就餐高峰期竞争对手上桌率	100%以上	80%~100%	60%~80%（不含80%）		低于60%不考虑

注：1. 分数在90分以上，地址优秀。
2. 分数在80~90分，地址良好。
3. 分数在70~80分（不含80分），需考虑该地址是否有特别的优势。
4. 分数在70分以下，不选择该地址。

"办界猎手"则是一款针对办公室选址的工具，它提供了有关办公场所的详细信息和评价，包括办公环境、租金水平、交通便利性等。你可以通过该 APP 搜索合适的办公场所，并获取有关潜在租户和竞争对手的信息。

这些选址工具的使用可以帮助你更加准确地评估商业选址的风险和机会，从而做出更加明智的决策。

最后，我想与大家分享刘一手总结的"餐饮门店选址的七大注意事项"。这些注意事项包括：

- 避免在马路过宽的车道两侧开店。
- 避免在"阴阳街道"的阴面（一侧生意很好，另一侧门店很少）开店。
- 避免在餐饮店门前有其他大型建筑的地段开店。
- 避免在被同行都认可的地段开店。
- 避免在业态颠覆性较大的地段开店（比如，在服装一条街开餐饮门店，或在建材一条街开餐饮门店）。
- 避免在靠近电梯处开店。
- 避免在下坡或者高台阶处开店。

工具　餐饮定位落地工具

为了更好地检验自己是否已经掌握"餐饮差异化定位 5W 法",你可以使用餐饮定位落地工具,见表 2-5。

表 2-5　餐饮定位落地工具

餐饮差异化定位	你的答案
Why:顾客为什么主动到我的门店吃饭	
What:我打算做哪方面的餐饮生意	
Who:我是谁	
Whom:做给谁吃	
Where:在哪里开店	

高转化率菜单设计
一本万利

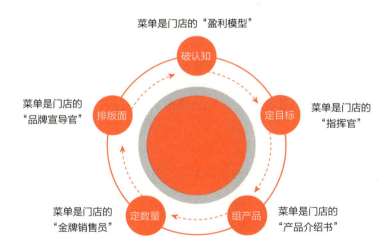

高转化率菜单设计"五步法"

3.1 破认知：菜单是门店的"盈利模型"

同样一道红烧肉，做法一样，为什么别的门店卖得风生水起，你的门店却无人问津？

为什么有的门店的小龙虾盖浇面可以净赚3元，你的门店却要倒贴2元？

门店开业初期生意红火，三个星期过后，为什么一位顾客也没有？

为什么产品口味不错，服务和装修也无可挑剔，门店却毫无利润？

……

出现以上问题，餐饮经营者一般会从营销策略、产品质量上找原因，却很少从菜单上找原因。菜单看似是简单的一张纸、一个顾客点餐的辅助工具，实则产生的价值是不可估量的。菜单如果设计得好，能让门店利润大幅上升；菜单如果设计得不好，很可能会拖垮门店。

如图3-1所示，这是某日式烤肉店的菜单，我们一起来"找茬"，看看菜单上有哪些问题。

首先，从门店的品类定位来看，该门店的品类定位为日式烤肉，但我们在菜单上看不到几款具有代表性的日式烤肉。这就像一家定位为"重庆火锅"的门店，却没有麻辣火锅一样，让人感觉"文不对题"。这种定

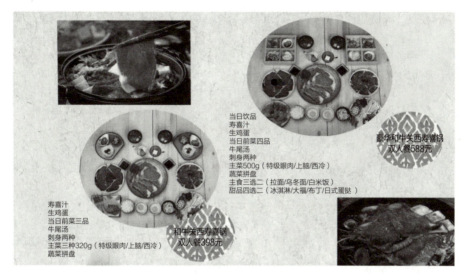

图3-1 某日式烤肉店的菜单

位模糊的情况可能导致门店难以吸引到目标顾客,并给顾客留下不专业的印象。

其次,从菜单的产品结构来看,这份菜单没有将门店的招牌产品或特色产品呈现出来。这会导致顾客在点餐时感到迷茫,不知如何点餐。因此,顾客点餐的时间可能会延长,进而降低门店的翻台率。

最后,从菜单的版面设计来看,这份菜单的版面设计不够美观,产品图片也缺乏吸引力。若菜单无法在视觉上吸引顾客,可能导致门店的复购率较低或几乎没有复购率。

一份分类清晰、重点突出、排版得当的高转化率菜单是门店的"盈利模型",对外关联消费场景,决定顾客的人均消费和复购率,是顾客体验满意度的源头;对内关联门店的经营成本,决定门店的盈利水平,是门店成本结构的源头。

那么，餐饮经营者如何设计出一份高转化率菜单呢？

在设计一份高转化率菜单时，餐饮经营者需要过"三关"，即认知关、功能关和方法关。

菜单只是点餐工具吗

认知关，是指你对菜单的认知在什么层次。

我在与餐饮经营者或加盟商交流时，经常会问他们两个问题。这两个问题就像两块"试金石"，能够快速地检测出他们对菜单的认知层次。

- **第一个问题直截了当："你怎么看待菜单？"**
- **第二个问题充满挑战："你是先设计菜单还是先开店？"**

有趣的是，大多数餐饮经营者的答案如出一辙，他们会轻松地说："菜单就是一个点餐的工具。""当然是先开店再设计菜单。"这两个观点反映了在大多数餐饮经营者的认知中菜单被视为一个基本的点餐工具。

如果你目前仅将菜单视为点餐工具，认为菜单不重要，那么请你务必认真阅读本章内容，提升对菜单的认知层次，顺利迈过认知关。

要打破你对菜单的认知，核心是让你知道菜单上有什么。我以刘一手重庆火锅门店 2022 年的菜单为例，与大家分享一份高转化率菜单上应该有什么，如图 3-2 所示。

看到刘一手重庆火锅门店 2022 年的菜单图片，不知道你是否有垂涎欲滴的感觉？如果没有，那说明刘一手重庆火锅门店的菜单还需要继续升级。

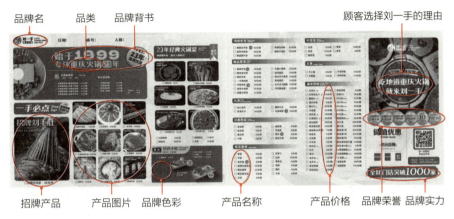

图 3-2　刘一手重庆火锅门店 2022 年的菜单

我们可以从图片上清晰地看到，菜单上有品牌名、品类、招牌产品、产品名称、产品图片、产品价格、品牌背书、品牌色彩、品牌荣誉、品牌实力、顾客选择刘一手的理由等元素。品牌名和品类直接反映了品牌的定位；产品名称和产品图片呈现出产品的特点和品质。这些元素共同构成了刘一手的"第二张脸"，传递出刘一手的品牌内涵。

当我们把菜单拆解后发现，原来菜单上有如此多的经营要素。此时，你还认为菜单只是一个点餐工具吗？

菜单不只是一个点餐工具，它是餐饮经营的本质。

菜单能解决哪些问题

功能关是指你是否明确菜单能解决哪些问题。

要设计一份高转化率菜单重点在于你要重新认识菜单的功能——菜单不只是点餐工具，还是什么呢？

1. 菜单是顾客点餐的"指南针"

顾客点餐时有"三怕"。

- **一怕品太多**。菜单上琳琅满目的产品可能会让顾客感到目不暇接，从而影响用餐体验。对于一些顾客来说，过多的选择可能导致其选择困难，这会进一步降低用餐的舒适度。
- **二怕无重点**。菜单上全部都是招牌产品、特色产品，顾客找不到重点，增加点餐难度。
- **三怕无逻辑**。菜单版面设计没有逻辑，菜品、饮品和主食的排版顺序混乱，会增加顾客点餐的时间。

一份高转化率菜单一定不会让顾客产生上述"三怕"情绪。顾客点餐的难度和经营难度成正比，顾客看着菜单越难点餐，门店的生意就越难做。一份产品结构合理、重点突出、逻辑清晰的菜单是顾客点餐的"指南针"，能够帮助顾客快速做出选择，使顾客在轻松愉悦的氛围中完成点餐这个动作，获得良好的就餐体验。

2. 菜单是餐饮门店经营的"总纲领"

为了满足顾客的需求，餐饮门店需要根据菜单上列出的产品种类，有针对性地配置厨师和服务人员，从而确保产品的品质和服务的专业性。此外，餐饮门店还要根据菜单采购食材和配料，确保食材的新鲜度和质量。

除了对人员配置和采购有影响，菜单还对餐饮门店的装修风格和餐具选择有影响。如果菜单上的招牌产品是重庆麻辣火锅，那么餐饮门店的装修风格也需要体现出重庆特色，让顾客感受到浓郁的地方风情。同时，餐饮门店选择的餐具也需要与菜单上的产品相匹配，从而提高顾客的用餐舒适度和整体体验。

菜单是餐饮门店经营的"总纲领"，它不仅决定了门店的产品结构，也决定了门店的人员配置、装修风格和餐具选择等方面。因此，菜单设计在先，开店在后；菜单设计是本，开店是末。餐饮经营者切不可舍本逐末。

3. 菜单是餐饮门店运营的"总枢纽"

菜单作为餐饮门店运营的核心环节，不仅直接关系到门店的经营策略和产品选择，还涉及前厅、厨房、采购等多个环节的协同运作。为了确保餐饮门店的稳定运营，餐饮经营者必须以菜单为依据，合理分配人力、物力、财力等各项资源。如果菜单这个"总枢纽"无法顺畅运行，那么将导致门店工作混乱，前厅服务效率下降，进而影响顾客的用餐体验。

4. 菜单是餐饮经营者手中先胜后战的"行军作战图"

菜单是餐饮经营者在竞争激烈的市场环境中取得成功的关键，它扮演着"行军作战图"的角色。行军作战靠的是主帅如何布局兵力、如何知己知彼、如何奇袭等，强调的是战略布局和策略，而策略则包含餐饮经营者对产品做分析、组产品、定数量和排版面等。通过精心策划和布局，制定一份具有吸引力、竞争力且符合自身定位的菜单有助于餐饮经营者实现商业目标，提升门店形象和市场占有率。

5. 菜单是餐饮门店的"利润助推器"

作为服务顾客的重要工具，菜单也是门店销售的有力武器。产品盈利水平的高低，取决于餐饮经营者如何设计菜单的产品结构。一份产品结构合理、版面设计美观的菜单，能够提升顾客的用餐体验，从而提高顾客的复购率和转介绍率。

无论从顾客的角度还是从餐饮经营者经营门店的角度，菜单都有重要的功能，即菜单是顾客点餐的"指南针"、菜单是餐饮门店经营的"总纲领"、菜单是餐饮门店运营的"总枢纽"、菜单是餐饮经营者手中先胜后战的"行军作战图"、菜单是餐饮门店的"利润助推器"。总结菜单的这些功能，我用四个字概括为**"一本万利"**。

- **"一本"，指一份高转化率菜单是餐饮门店经营的立命之本，它可以改善门店的利润结构，从而提升门店利润。**
- **"万利"，指一份高转化率菜单可以利万物——利顾客（提升顾客体验）、利员工（高效工作）、利门店（提升门店利润）、利社会（创造更多的社会效益）。**

当你对菜单的功能有更深入的了解后，你会明白将决定餐饮门店命运的菜单设计随便交给一家设计公司来完成是何等的草率。这可能会成为你在餐饮事业中犯下的最大错误。

我再给大家算一笔经济账。战略、定位需要你投入时间和精力进行思考，同时还需要配置相关的资源。比如，根据定位重新对门店进行装修，这一过程会耗费你大量的时间成本和资金成本。相比之下，优化菜单的投入较少，但能获得较大的经营效果。因此，从经济成本的角度考虑，优化菜单也是更具性价比的选择。

刘一手在菜单设计上一直在迭代升级，我们通过规划菜单上的核心经营要素实现经营效率的最大化。我把总结出来的方法归纳为高转化率菜单设计"五步法"，如图 3-3 所示。

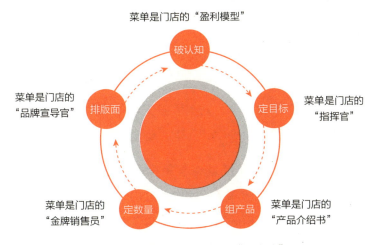

图 3-3 高转化率菜单设计"五步法"

高转化率菜单设计"五步法"类似飞轮的旋转过程，它具有迭代升级、持续上升和永续经营的特点。因此，高转化率菜单设计不是一次性的短期行为，而是一项需要长期持续进行的任务。随着时代的变迁和社会的发展，即使当前门店的菜单设计看似合理，但当顾客和市场环境发生变化时，菜单也要因时、因势而变，及时更新迭代。

刘一手的三代菜单

菜单代表着一家餐饮门店或企业的经营思维和产品结构。一份高转化率菜单一定是不断优化的结果。刘一手从单店到百店，从百店到千店，经历了三代菜单升级。每一代菜单的升级，升级的不仅是菜单上的产品，还有背后的经营策略和理念。下面就让我们一起看一下刘一手的三代菜单。

第一代菜单：菜单只是点餐工具

由于年代久远，刘一手重庆火锅门店创业初期的菜单（第一代菜单）现在已经找不到了。但我记得，刘一手重庆火锅门店的第一代菜单只是简单地列举了产品和价格，缺少设计元素，略显粗糙。

彼时，我和刘松只是单纯地将菜单视为一个方便顾客点餐的工具。在菜单设计上，我们就近选择了一家设计公司，将门店的店名、产品和价格等信息告知对方，对方根据这些信息制作了一份简单的菜单。当时，许多餐饮经营者和我们一样，并未足够重视菜单。然而，即使如此，门店的生意依然红火。

现在回想起来，刘一手重庆火锅门店在创业初期的菜单设计存在显著缺陷，是完全不合格的。尽管我们在创业之初完成了资源的原始积累，但这种成功很大程度上得益于时代红利，而非我们自身的经营策略。随着时代的变迁，顾客的需求也在持续演变，餐饮行业已从过去的粗放经营模式逐渐转向精细化经营。在这样的背景下，餐饮经营更需要专业化、精细化的经营理念。

第二代菜单：一增加一优化

2005 年，此时的刘一手已经在中国 5 个省市成功开了 130 余家加盟店，每年的总营业额超过 5 亿元。在发展壮大的过程中，通过不断学习和试错，我们的认知也在不断提升。此时，我们意识到菜单不只是一个点餐工具，更是展示门店形象、吸引顾客、增加利润的经营策略。因此，我们需要的是一份设计感十足且具有销售力的菜单，能够让顾客一眼就看到我们的特色和优势，从而激发他们的食欲和购买欲望。

在这样的认知下，我们对刘一手的菜单进行了全面的优化和升级。刘一手的第二代菜单如图 3-4 所示。

图 3-4　刘一手重庆火锅门店的第二代菜单

总结起来，刘一手的第二代菜单在以下两个方面进行了升级和优化，简称"一增加一优化"。

增加品牌元素。当刘一手推出第二代菜单时，正值企业全球扩张的关键时期。此时，刘一手的品牌定位已经基本确立。因此，在优化和升级菜单的过程中，我们着重增加了与品牌定位相关的元素。比如，我们增加了"麻辣无界，全球共享"的品牌口号，这一口号充分体现了刘一手重庆火锅的独特魅力和全球化的发展战略。同时，我们也增加了刘一手的品牌标识和品牌名以进一步突出品牌形象。这些举措不仅强化了刘一手的品牌定位，也塑造了其经典的重庆火锅品牌形象。

优化产品结构。此次菜单优化，我们把重点放在优化产品结构上。刘一手要做的第一件事就是选出一款能够代表门店的招牌产品，然后借其实现单品突破。从数百款产品中选出一款既在重庆火锅中有代表性，又适合单品突破的产品不是一件容易的事。选来选去，我们最终决定用"极品毛肚"作为门店的招牌产品。

除了招牌产品，刘一手还对其他产品进行了优化。在第二代菜单的主体部分，左侧以"一刘九绝"为主题，集中展示了刘一手的招牌产品、引流产品等。这九款产品都是经过刘一手精心研发并深受顾客喜爱的。这样的菜单设计使顾客能够一目了然地了解刘一手的特色产品，从而更方便地进行选择。在菜单的右侧，我们对所有产品进行了详细的分类，从肉类、蔬菜到小吃等都有涵盖。

此外，为了优化产品结构，刘一手将原有的几百款产品减少了一半，压缩至 99 款产品。这样的调整旨在提高产品的质量和效率，为顾客提供更加优质的服务。

刘一手使用第二代菜单后获得了显著的成功。直接的表现是，门店的产品周转率显著提高，顾客满意度也随之提升。此外，门店的客流量也开始呈现上升趋势，与之前相比，整体营业额有了显著的增长。同时，刘一手的品牌知名度也得到了提升。

值得反省的是，在刘一手第二代菜单优化过程中，我们也犯了一个错误。我们对菜单的重视程度还不够，将菜单的版面设计全权委托给设计公司来完成。虽然设计公司会在菜单付印前提供样稿，但因各方意见不统一，往往需要多次修改。在某些情况下，由于时间紧迫，对于菜单上需要调整的地方只能推迟到下一次再修改。这样的过程耗费了我们大量的时间和精力，最后的结果还是不满意。尤其是在刘一手快速发展时期，这样的设计效率显然拖了后腿。

第三代菜单：塑形象＋突招牌＋减产品

刘一手发展的步伐一直没有停下，菜单升级的动作也一直没有停下。2022年年初，通过复盘，我们发现刘一手的第二代菜单存在三大问题：一是招牌产品未得到有效推广；二是顾客在选择产品时缺乏明确的指导，无法掌握重庆火锅的最佳吃法；三是门店的食材准备流程较为烦琐，导致门店运营效率低下，盈利能力差。

为了有效解决上述三大问题，刘一手对菜单又一次进行大刀阔斧的升级，推出了第三代菜单，如图3-5所示。

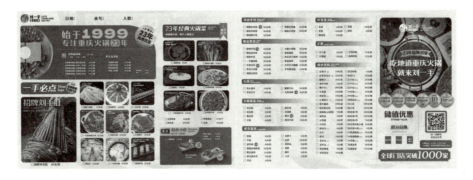

图3-5　刘一手重庆火锅门店2022年的第三代菜单

刘一手的第三代菜单在大数据平台的支持下，运用商业智能（Business Intelligence，简称BI）工具进行波士顿矩阵产品分析。通过分析产品销售结构和产品组合，我们深度洞察了顾客的消费规律。基于科学严谨的数据分析，我们为菜单升级提供了有力的依据，确保菜单升级的合理性和科学性。总结起来，刘一手的第三代菜单主要在以下三个方面进行升级。

塑形象。在刘一手的第三代菜单上，我们以产品矩阵为载体，优化视觉设计，强化刘一手重庆火锅的品牌形象。具体表现在以下两个方面。

一是在菜单上增加了品牌视觉效果。比如，菜单上红油锅底的图片和鲜嫩的"招牌刘毛肚"的图片，从视觉上让人们垂涎欲滴，让顾客更加期待品尝刘一手重庆火锅的美味，从而增加他们的购买欲望和忠诚度。

二是在菜单上注入了品牌故事。比如，"始于1999，专注重庆火锅23年"，这句话对品牌故事进行高度提炼，让顾客感受到品牌的沉淀和专注；"吃地道重庆火锅，就来刘一手"，这句话让顾客明确刘一手的核心价值；"全球门店突破1000家"，这句话给顾客讲述品牌扩张的故事；"中国餐饮百强企业""中国火锅代表品牌"等给顾客讲述品牌荣誉的故事。

这些品牌故事在菜单上的呈现不仅丰富了菜单的内涵，更拉近了顾客与刘一手品牌的距离，让顾客在品尝美食的同时也能感受到刘一手独特的品牌魅力和文化底蕴。

突招牌。刘一手的第二代菜单没有突出招牌产品，招牌产品、特色产品与引流产品在菜单版面上平分秋色。在第三代菜单中，我们将招牌产品"招牌刘毛肚"放在菜单最突出的位置，并配以解释性文字"一手必点""优质牛毛肚，天然草料饲养"。千万不要小瞧这次调整，表面看起来这只是在菜单上突出了门店的招牌产品，但门店的盈利结构已经发生了变化。经过调整后的菜单主次分明，突出了"招牌刘毛肚"的主角地位，同时其他产品也得到合理搭配，这样将更方便顾客进行选择。

减产品。在刘一手的第三代菜单中，我们采取了更为严谨和理性的策略，对产品数量进行了进一步的优化和精简。这一决策并非轻率之举，我们减少产品数量的主要依据是确保每一款产品都能完美匹配重庆火锅锅底。重庆火锅的核心在于其独特的锅底，产品则是服务于锅底的。因此，我们严格筛选，只保留那些能够与锅底完美融合的产品，为顾客提供最佳体验的产品。

经过优化，刘一手的第三代菜单将门店主营库存量单位（SKU）从130款缩减为94款。产品数量上的精简使门店的产品结构更加清晰，这有利于门店实现盈利。同时，精简后的菜单也为顾客提供了更加优质和个性化的用餐体验。

刘一手的第三代菜单为门店的经营带来了什么样的效果呢？我们通过以下数据来佐证。

- **产品周转效率大幅提升**。刘一手重庆火锅门店的主营库存量减少到94款，相较于原先的130款产品，产品平均周转效率提高了40%。
- **销售额增长**。与前两代菜单相比，刘一手第三代菜单的推出使门店的销售额显著增长——毛利提升6%，营业额增长9%。
- **顾客满意度提升**。通过调查和反馈收集，我们发现刘一手第三代菜单的推出提升了顾客的满意度。顾客对产品的口感、品质和多样性表示满意，其有助于增强顾客忠诚度，并促进口碑传播。
- **品牌影响力提升**。刘一手第三代菜单注重品牌表达，我们在菜单上体现了品牌价值，使顾客通过菜单就能够理解刘一手品牌的内涵。这一举措进一步提升了刘一手品牌的知名度和影响力。

刘一手的第三代菜单在经营方面产生了积极的效果，包括销售额增长、顾客满意度提升以及产品创新与市场竞争力提升。这些数据充分证明了刘一手的第三代菜单对门店经营的贡献。

回顾刘一手的三代菜单升级历程，从认知关、功能关到方法关，每一次菜单的调整不仅是产品数量的减少，也是对产品结构、供应链结构和后厨效率进行的全面优化，这背后体现了刘一手对经营策略的优化和品牌的重塑。

刘一手的三代菜单升级所带来的显著效果有目共睹。在充满挑战的商业环境中，持续调整和进步以适应市场变化是每家餐饮门店或企业生存的关键。刘一手深知这一点，因此不会因为取得了一些成就而满足于现状，停止菜单升级的步伐。随着刘一手的持续发展，相信未来还会继续推出第四代菜单、第五代菜单，甚至第 100 代菜单。

一份高转化率菜单不仅是餐饮经营者精准分析和周密思考的产物，更是餐饮经营者主动革新的结果，看似是菜单升级，其实是门店盈利模式的升级。希望刘一手的三代菜单升级历程可以为餐饮经营者揭示菜单设计的底层逻辑。

3.2 定目标：菜单是门店的"指挥官"

高转化率菜单设计"五步法"的第二步是定目标。

目标定得好，门店生意好。一个明确且可实现的目标可以帮助门店制订计划、分配资源，并激励员工朝着共同的方向努力。目标不仅是对结果的期望，更是对过程的指导。一个好的目标能够引导餐饮经营者在设计菜单时关注关键环节，从而创建出门店的盈利模型。

有了明确的目标，你就能有针对性地设计菜单，让菜单成为门店的"指挥官"，通过菜单拿到经营结果。

在制订菜单目标时，餐饮经营者至少要制订的核心目标是毛利额目标。什么是餐饮门店毛利额？

门店毛利额 = 门店营业额 − 原材料成本

餐饮经营者为什么不选择以门店营业额作为菜单目标呢？

主要原因有两点。一是**餐饮门店的营业额并不能直接反映门店的盈利能力**。餐饮门店的营业额只是销售额，而门店的盈利还受到成本、价格、折扣等因素的影响。如果餐饮门店的成本过高，即使营业额很高，也可能无法实现盈利。二是**营业额与菜单设计不直接相关**。菜单设计需要考虑多个因素，比如产品价格、食材成本等，而营业额只是其中一个因素。因此，将菜单设计目标设定为营业额并不能直接指导菜单设计。

餐饮经营者在制订菜单目标时应将毛利额作为首要目标以确保餐饮门店的长期稳定发展。只要毛利额能够保证，即使毛利率稍低一些，也不会对整体经营产生太大影响。实际上，这种策略是**通过最小的投入创造最大的收益**。

现在，请你拿起笔，在下面的横线处写下门店的毛利额目标比。

门店的毛利额目标：＿＿＿＿＿＿＿＿＿＿＿＿＿＿＿＿＿＿＿＿＿

3.3 组产品：菜单是门店的"产品介绍书"

高转化率菜单设计"五步法"的第三步是组产品。

什么是"组产品"？组产品是指设计门店的产品结构，对产品进行排列组合。

在影视作品的表演中，主角、配角、反派和丑角等角色默契配合才能演绎出扣人心弦的剧情。同样，在餐饮门店的经营中，不同的产品扮演着不同的角色，承担着不同的职责。餐饮经营者只有合理搭配产品，才能使门店经营得有声有色。

打仗讲究排兵布阵，菜单设计同样也讲究"排兵布阵"。这里的"兵"指的是产品，"阵"指的是产品结构。餐饮经营者要像一位将军一样，对产品的排列和调度进行周密的计划，从而使每款产品都能够发挥出自己的优势和作用，只有这样才能打胜仗，才能取得经营的成功。

一家餐饮门店的产品结构是否合理，直接决定了其盈利能力的高低。产品结构合理的菜单，如同一目了然、重点突出的"产品介绍书"，能够有效地指导顾客做出选择。那么，餐饮经营者如何设计出合理的产品结构，排好兵布好阵呢？

这里我们要用到一个神奇的矩阵——波士顿矩阵。波士顿矩阵是由美国著名的管理学家、波士顿咨询公司创始人布鲁斯·亨德森于1970年研究得出的一种管理工具。波士顿矩阵解决的是如何在产品结构中优化配置资源，保证企业在激烈的市场竞争中盈利的问题。简单来说，波士顿矩阵是一种规划产品组合的分析方法。

波士顿矩阵图以产品毛利和销量为横纵坐标，划分为四个象限，分别是明星产品、金牛产品、幼童产品、瘦狗产品，如图3-6所示。

从波士顿矩阵图中我们可以看出：一家运营良好的餐饮门店应该至少有一个"主角"——明星产品。除此之外，门店还有幼童产品、金牛产品和瘦狗产品三大"配角"，这些产品共同构成了一家餐饮门店的产品结构。

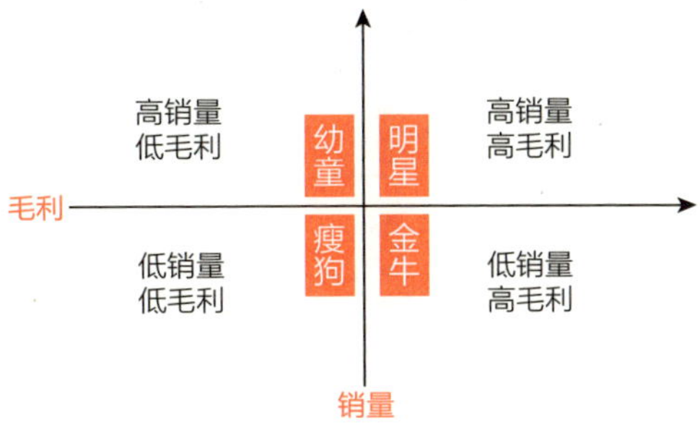

```
        高销量        ┃        高销量
        低毛利   幼 明  ┃        高毛利
             童 星
    毛利 ━━━━━━━━━━━━━━╋━━━━━━━━━━━━━━━▶
             瘦 金
        低销量   狗 牛  ┃        低销量
        低毛利        ┃        高毛利
                    ┃
                    ▼
                   销量
```

图 3-6　波士顿矩阵图

招牌产品：门店的"镇店之宝"

什么是"明星产品"？

"明星产品"是指餐饮门店里销量最高、毛利最高的产品。通俗地讲，"明星产品"就是大家所熟知的"招牌产品""拳头产品""尖刀产品""战略大单品"。鉴于大多数餐饮门店把明星产品称为"招牌产品"，为了让大家简单直接地了解这一核心产品，下面我把"明星产品"统一称为"招牌产品"。

招牌产品担任餐饮门店里的"前锋"，永远在"冲锋陷阵"的第一线，是门店的"镇店之宝"。在大部分情况下，招牌产品的营业额占门店营业额的 25% 以上。

之所以称招牌产品为"镇店之宝"，源于它有四大价值，如图 3-7 所示。

| 吸引顾客 | 优化资源配置 降本增效 | 建立竞争壁垒 | 占领品类市场 |

图 3-7　招牌产品的四大价值

如果你有一家经营了几年的餐饮门店，现在，请你问一下你的员工，他们知道门店的招牌产品是什么吗？问一下你的顾客，他们知道门店的招牌产品是什么吗？最后别忘了问一下自己，你知道门店的招牌产品是什么吗？

如果上面三个问题的答案不一致，那么说明你的招牌产品不是真正的招牌产品。即使你的战略目标宏大且定位准确，如果门店没有招牌产品，或者招牌产品缺乏竞争力，那么所有执行动作的成效都将等于零。

一款招牌产品成就了一个品牌，这一现象在餐饮行业中屡见不鲜。"老坛子酸菜鱼"帮助太二酸菜鱼成为中国酸菜鱼品牌的领军者；喜家德的虾三鲜水饺在一天内最高销售量可以达到3万盘以上；刘一手的"招牌刘毛肚"做到了桌桌必点，日售万份以上。

对餐饮门店而言，招牌产品就是门店的"定海神针"，就是品牌的"护城河"。

很多餐饮经营者存在这样一个困惑：为什么顾客不点门店菜单上列出来的招牌产品呢？

原因只有一个：你的招牌产品不够招牌。对顾客来说，门店的招牌产品不够招牌等于门店既没招牌又没特色。餐饮经营者一定要明白，招牌产品不是说出来的，而是做出来的。不是你推荐这一产品为"本店招牌"，它就是招牌产品；也不是你在菜单上写"厨师长推荐"，顾客就会按照推荐去点菜。

那么，什么样的产品才能称为招牌产品呢？我给大家一个"招牌产品四看法"，帮助你选出真正的招牌产品。

1. 看顾客——复购率

餐饮门店中的招牌产品一定是复购率最高的产品。复购率反映的是顾客对产品的认可度和忠诚度。因此，顾客的选择决定了产品的"命运"。

2. 看产品——营业额和利润率

产品的价值体现在能够为餐饮门店贡献多少营业额、提升多少利润率上。营业额代表销量，利润率代表核心竞争力。

3. 看对手——差异化

餐饮经营者在选择招牌产品时不仅要向内看，还要向外看，看竞争对手。比如，你有一款招牌产品，竞争对手也有类似的产品，你是在品质上胜他一筹，还是在价格上低他一等呢？我们要以己之长，攻人之短，打造出招牌产品的差异化价值。

4. 看数量——少而精

很多餐饮经营者问过我这样一个问题：一家门店有多少种招牌产品合适呢？

这个问题其实没有标准答案。招牌产品的数量需要根据餐饮门店的规模、性质和发展战略等决定。但有一点可以肯定的是，**招牌产品不需要很多，一家门店可以只有一款招牌产品，也可以有一个系列的招牌产品。招牌产品一定要"少而精"。**

基于"招牌产品四看法"的综合分析，餐饮经营者可以确定自己门店的招牌产品。在此，我建议你运用"招牌产品四看法"来评估现有门店菜单上的产品。如果菜单上已有招牌产品，请对其进行实际评估，确保其名副其实；如果菜单上尚未设置招牌产品，则应考虑添加合适的招牌产品。

餐饮门店的招牌产品确定后不能轻易变动，要保持相对稳定。这就像将军带兵打仗一样，可以频繁更换士兵，但将军的位置必须保持稳定。因为招牌产品选出来后需要投入大量的资源进行宣传和推广，如果轻易更换，将对门店的经营造成损失，也会影响顾客的信任度和忠诚度。

在实际经营中，餐饮经营者最担心的是自己门店的招牌产品地位不稳，这种担忧源于市场竞争的激烈和顾客口味的不断变化。为了保持招牌产品的吸引力，餐饮经营者需要不断创新和改进招牌产品以满足顾客的需求，使招牌产品始终保持"招牌"地位。

需要"敲黑板"的是，**招牌产品的强化和招牌产品的系列化是做好招牌产品的最好方法，而不是重新去选择招牌产品。**要知道，在面对新事物时，人们的接受过程通常会较为困难。因此，与其强行推广一款全新且对顾客来说完全陌生的招牌产品，不如对已有的招牌产品进行优化和升级。

引流产品：门店的"流量之王"

什么是"幼童产品"？

"幼童产品"是指餐饮门店里销量高但毛利较低的产品。在餐饮行业，幼童产品也被大多数餐饮人称为"引流产品"。为了方便读者理解，下面我将"幼童产品"称为"引流产品"。

**引流产品担任门店的引流角色，核心目的是吸引流量，提升门店人气，促进顾客关联消费和复购，是门店的"流量之王"。

流量时代，引流产品发挥的作用不可小觑。美团点评、饿了么之所以会掀起"补贴大战"，本质就是在抢夺顾客的流量。在当下的餐饮市场中，规模较大的餐饮企业都在通过引流产品争夺顾客，争夺市场份额。

以刘一手为例，自 2017 年起，刘一手就开始构建自己的会员系统，搭建私域流量体系。我们通过公众号、扫码点餐、储值、排队和支付等方式逐步积累会员。如今，我们的会员数量已达 604.14 万。不难想象，庞大的会员容量将成为我们增收的新机遇。

以我们精心研发的"一手朋友圈"为例，该产品巧妙结合了顾客在店内的用餐体验与社交需求。它具备吸引顾客的多种属性，包括满足需求、引发话题、适合拍照以及促进互动等。

"一手朋友圈"倡导"吃刘一手火锅，结天下朋友"的社交理念。产品设计为圆形，"圆"在中国人的观念中寓意团圆、相聚、美满。产品精选肥牛、现切吊龙等，并针对不同地域的饮食习惯提供了定制化的吃法建议。

为了让这款产品真正实现引流，我们在刘一手 24 周年庆之际精心策划了一场主题为"与世界交朋友"的活动。此活动通过在全国范围内推出"一手朋友圈"系列，以地域特色食材吸引不同地区的顾客。比如，"老铁的朋友圈"（代表祖国北部）的特色为手切羊肉；"老友的朋友圈"（代表祖国南部）突出鲜切牛肉三拼；"兄弟伙的朋友圈"（代表祖国西部）则主打麻辣牛肉。此外，我们还推出了国际版"bro 的朋友圈"，将来自世界各地的食材巧妙结合，象征着天南地北的朋友紧密相连。

活动结束后，经过统计，"一手朋友圈"在公域平台的累计销售量已经突破 10 万，这一成绩不仅有效带动了顾客到店消费，更在刘一手的目标顾客市场中建立了深刻的品牌印象。

通过以上案例，我们可以窥见引流产品对门店主要有两大价值。

- **吸引顾客**。引流产品是"诱饵"，是触发羊群效应的按钮。
- **积累顾客数据**。引流产品能够积累大量顾客数据，形成门店的私域流量池，为门店今后进行精准营销打下坚实的顾客基础。

现在，请你思考一下：你的门店里是否有引流产品？如果有，那么恭喜你，你是一位有流量思维的餐饮经营者；如果没有，那么请你按照以下方法选择门店的引流产品。

餐饮经营者在选择引流产品时要看四个维度，我把它总结为"引流产品四看法"。

1. 看产品——高黏性和高复购率

提到引流产品，很多人的第一印象就是它为免费或者不值钱的产品，这是一种偏见。虽然免费或低价的产品确实能够给门店带来流量，但这样的流量是不会长久的。真正对餐饮门店有价值的引流产品一定是能够产生高黏性和高复购率的产品，而这样的产品必然是高价值的产品。

所谓高价值产品，就是不以价格为主要吸引力，而是以产品的实际价值为驱动力的产品。高价值产品的价值从哪里来？从产品的口感、外观和体验等多个方面来。

刘一手有一款引流产品叫"香豆腐"。"香豆腐"的特点在于厨师将豆腐做成麻花形状，里面塞有鸡肉和香菇，顾客吃起来有豆腐的嫩、鸡肉的鲜和香菇的香。当时我们隐约觉得这款产品不走寻常路，而且味道很好，具备成为引流产品的潜力。果真，市场验证了我们的判断，"香豆腐"一炮而红。后来我们还将刘一手的品牌标识雕在了豆腐上，更加强调了这款引流产品的独特。

"香豆腐"之所以能够成功，离不开我们对顾客心理的洞察和对产品赋予的高价值。首先，我们认为顾客吃惯了和火锅相关的产品后一定想尝试一款爽口别致的小菜，豆腐是不错的选择；其次，豆腐是很普通的家常食材，到处可见，但我们通过变化外观、丰富内里，使豆腐既是豆腐又不是豆腐，在外观和口感上给了顾客出乎意料的惊喜，从而使"香豆腐"快速出圈。

2. 看价格——低价格高品质

几乎每家餐饮门店都有这样一款产品：它成本低、定价低，但品质高。对于这款产品，餐饮经营者可以赋予其差异化价值，以"成本定价法"进行销售，从而成为门店的引流产品。

比如，豆腐的成本较低，"外婆家"就把麻婆豆腐定价为3元，并将其作为门店的引流产品，起到了叫好又叫座的作用。

再比如，"酸囧酸菜鱼"曾推出一款定价为3元的"洛神玫瑰花茶"。这款花茶有颜值，口感也不错，颇受女性顾客的欢迎。加之3元的价格远远低于饮品店的花茶价格，因此，进店就餐的顾客几乎人手一杯，甚至有人就冲着这款花茶而选择在此就餐。

3. 看价值——极致性价比产品

何为极致性价比产品？就是低于成本价的产品。餐饮门店通常不靠极致性价比产品盈利。那这样的引流产品有价值吗？我用一个例子来证明这种引流产品的价值。

有家烧烤店推出了一项"20元买100瓶啤酒"的活动。20元买100瓶啤酒,这样的价格远远低于进货价。烧烤店的经营者之所以推出这样的活动,是醉翁之意不在酒。如果顾客购买了100瓶啤酒用于5人左右的聚餐,那么喝完这100瓶啤酒大约需要到店消费5次,以人均消费80元计算,每次5人的消费为400元左右。这样算下来,烧烤店的经营者用"20元买100瓶啤酒"这个活动换来了顾客2000元左右的消费。

4. 看免费——赠送产品

在餐饮门店里还有一款产品可以作为引流产品,即门店里的免费产品。把产品以免费的方式赠送给顾客,其引流作用将被进一步放大。

通过以上"引流产品四看法",我们归纳出四款可以作为餐饮门店的引流产品,餐饮经营者可以在以下四款产品中选出一款或两款作为门店的引流产品,见表3-1。

引流产品是每家门店必须有的一款产品类型,它既可以是门店的招牌产品,作为长期引流产品存在,也可以是辅助产品或超值赠品,作为阶段性引流产品存在。引流产品存在的核心目的是吸引流量,提升门店人气,促进关联消费和复购。

表3-1 餐饮门店引流产品的特征

引流产品	特征
高价值产品	高黏性和高复购率
低价格高品质产品	成本与价格低,但品质高
极致性价比产品	低于成本价
赠送产品	免费

特色产品:门店的"狙击之王"

什么是"金牛产品"?

"金牛产品"是指餐饮门店销量较低但毛利高的产品。在餐饮行业,很多餐饮人也把"金牛产品"称为"狙击产品""特色产品"。为了方便读者理解,下面我将"金牛产品"称为"特色产品"。

特色产品在门店中扮演着"狙击手"的角色,其主要目的是针对竞争对手的产品进行精准打击,从而赢得市场份额。特色产品是门店的"狙击之王",其具备强大的竞争力和稳定的盈利能力。

那么,餐饮经营者如何选择既能带给门店利润,又能狙击同一条街上竞争对手的特色产品呢?

餐饮经营者在选择特色产品时可以遵循"特色产品选择六部曲",如图 3-8 所示。

图 3-8 特色产品选择六部曲

第一步:做调查

餐饮经营者在选择特色产品时要对餐饮门店周边 3~5 公里范围内的竞争对手进行调查。如果你要开一家火锅店,首先要选定周边具有代表性的三家火锅店,然后实地考察并研究它们的产品结构,从而得出一份初步的产品信息调查表,见表 3-2。

表 3-2　火锅门店信息调查表

门店	酱料数量/定价	汤底数量/定价	荤菜数量/定价	素菜数量/定价
A				
B				
C				

第二步：找差距

当你收集了竞争对手的产品信息后，接下来就要对竞争对手的产品线进行分析，找到你与竞争对手的差距。举例，通过分析，你得出的结论是：

A 门店的产品线最为丰富，有 7 种酱料、4 种汤底、16 种素菜和 16 种荤菜，价格也最贵，人均消费为 100 元左右。

B 门店的产品线在三家中处于居中位置，人均消费为 80 元左右。

C 门店的产品线较为简单，产品数量较少，人均消费为 60 元左右。

对竞争对手的产品线进行分析后，你要结合自己门店的定位分析你的产品构成情况，得出竞争对手对比分析表，见表 3-3。

表 3-3　竞争对手对比分析表

门店	核心产品	基础搭配价

第三步：锁对象

通过对竞争对手进行分析和找差距后，你就可以锁定狙击对象。从逻辑上来说，A、B、C三家门店都是你的狙击对象，但因为B门店与你的品类定位一致，所以B门店是你的主要狙击对象。

第四步：选特色

锁定狙击对象后，接下来你就可以规划特色产品了。规划特色产品的原则是"人有我优，人优我新，人新我奇，人奇我真"。根据这一原则，你可以对特色产品进行规划。

第五步：优产品

规划好特色产品后，接下来你要把这一产品做出来。如果你的门店以前有类似的产品，那么可以根据竞争对手的产品进行优化、迭代，并从食材成本的角度重新定价。如果你的门店以前没有这种产品，那么你要与厨师沟通，挖掘特色产品。

第六步：换菜单

选择好特色产品后，最后一步就是升级你的菜单，并对特色产品进行有针对性的营销，让顾客看见它，这也是市场验证的过程。

综合上述"特色产品选择六部曲"，餐饮经营者就可以选出门店的特色产品。

餐饮门店设置特色产品的作用是狙击竞争对手，但这不是最终目的。**不管什么样的特色产品，其核心目的只有一个：提升门店的毛利额**。要达到这一目的，特色产品需要和门店的招牌产品、引流产品组合在一起，互为补充，发挥各自的功能，从而提升门店利润。

对于中小餐饮门店，建议**将招牌产品直接定位为特色产品，这样可以实现成本最低、效率最高、效果最好的经营优势**。比如，费大厨辣椒炒肉、炊烟小炒黄牛肉、阿五黄河大鲤鱼、北京全聚德烤鸭、天津狗不理包子等，都是将招牌产品直接打造成特色产品的成功案例。

瘦狗产品：要么淘汰，要么转型

什么是"瘦狗产品"？

"瘦狗产品"是指餐饮门店里销量最低且毛利最低的产品。

瘦狗产品在门店中扮演着"丑角"的角色，虽然表面上看似对门店的盈利没有直接贡献，但几乎每家门店都离不开它。

餐饮经营者对门店的瘦狗产品只有两个处理方案：淘汰或者转型。

1. 淘汰

哪类瘦狗产品要淘汰？

对原材料成本高、人工成本高且销量低、毛利低的产品，餐饮经营者应该立刻采取淘汰策略，在菜单上取消此类产品。

比如，我在一家餐饮门店看到一款名为"口福鳝鱼"的产品，询问店员得知，这款产品的点单率很低，但因为菜单上有这款产品，后厨又要时常采购鳝鱼。鳝鱼不仅原材料成本高，厨师处理起来也较为麻烦。对于原材料成本高、人工成本高且销量低、毛利低的产品，餐饮经营者要果断淘汰。

2. 转型

哪类瘦狗产品可以转型？

一类是成本低且有特色的瘦狗产品。比如，酸辣土豆丝属于家常菜，原材料成本和人工成本较低，餐饮经营者可以赋予其差异化价值，将其作为门店的特色产品保留下来。

另一类是发展潜力大的瘦狗产品。发展潜力大的瘦狗产品如果采取正确的策略，可以发展为招牌产品。比如，有一家餐饮门店的盐焗大虾口味独特，但价格较高，影响了销量。针对这种情况，餐饮经营者可以在维持成本的基础上适当降价，从而增加销量。

餐饮产品与其他行业的产品一样也具有生命周期，其通常会经历推出、成长、成熟和衰退四个阶段。瘦狗产品往往处于生命周期的衰退阶段。这类产品的出现是有征兆的，比如点单率下滑、库存产能过剩等。这意味着它即使是门店的招牌产品和特色产品，但随着市场趋势的变化和产品周期的变化，也有可能沦为瘦狗产品。

对此，餐饮经营者一定要"该断就断，该弃就弃"，因为门店所有的选择都是成本。**如果菜单不变"瘦"，利润就会变"瘦"**。

好的阵法，不战而胜。到此为止，关于如何组产品已经分享完毕，为了方便大家阅读与落地实践，我总结出了产品组合方法论，见表3-4。

表3-4 产品组合方法论

产品类型	特征	角色	价值
招牌产品	销量最高 毛利最高	镇店之宝	营业额占门店营业额的25%以上
引流产品	销量高 毛利较低	流量之王	吸引流量，提升门店人气
特色产品	销量较低 毛利高	狙击之王	狙击竞争对手
瘦狗产品	销量最低 毛利最低	丑角	淘汰或者转型

3.4 定数量：菜单是门店的"金牌销售员"

高转化率菜单设计"五步法"的第四步是定数量。这里的"数量"指产品数量。

产品太多，吃亏的是成本

为什么设计高转化率菜单，需要定产品数量？

答案很简单：**产品太多，吃亏的是成本。**

从顾客的角度来看，餐饮门店提供的产品越多，顾客选择的难度就越大，就餐体验感也会很差。

我曾接触过一份极为独特的菜单，其厚度堪比一本书。当我询问该餐饮门店的经营者为何要制作如此厚的菜单时，他给了我一个颇为幽默的答复："菜单越厚，顾客会认为我们门店的产品种类越丰富，吸引的顾客就越多。"然而，当我进一步询问他："这本如同书籍一般的菜单是否真的帮助你吸引了更多的顾客？"他无奈地挠了挠脑袋，露出了一丝尴尬的微笑。

由此可见，菜单的厚度与产品的多样性并不能直接为餐饮门店带来更多的顾客。正如我们在面对过多的选择时，通常也会感到困惑和迷茫，无从下手，即使在众多的选项中反复挑选也难以做出真正令自己满意的选择。因此，适度的选择是关键，过多的选择反而可能导致无从选择。

从经营餐饮门店的角度来看，门店提供的产品越多，你就越无法聚焦某一款产品。别忘了，你的时间和精力是有限的，你到处挖沟，就没时间掘井了。你要是把产品做得又多又全，最后肯定会变成一团糟。若你只是选择横向发展，而不是一门心思纵向追求产品品质和顾客价值，那么你无法拥有自己的核心竞争力。

要知道，餐饮门店的核心竞争力来自顾客的体验和口碑。产品越多，成本就越高。比如，后台操作成本、品控成本、服务成本等。在成本上升的情况下，产品品质却没有得到提升，你就会失去顾客，如此你的门店就无法盈利。

因此，**产品不是越多越好。产品太多，吃亏的是成本。**假设餐饮门店只提供最少数量且符合顾客需求的产品，那么顾客可以迅速选择所需产品，餐饮门店也能以最少数量和最高效率进行准备。此时，菜单发挥了"金牌销售员"的作用，通过"用最少创造最多"的方式，可以有效节省门店的时间成本、服务成本和产品成本等。

所以，我的建议是：专注。餐饮经营者要专注于自己最擅长的核心产品，并将其做深做透，切忌眉毛胡子一把抓。简而言之，菜单越薄，利润越厚。

顾客反映产品太少，怎么办

虽然菜单越薄，餐饮门店的利润越厚，但在实际经营中，餐饮经营者经常会产生两个困惑：一个困惑是顾客会不会觉得菜单上的产品太少；另一个困惑是菜单上的产品数量不多，顾客会不会很快就吃腻了。

当顾客抱怨门店的产品太少时，我们要从深层次来理解顾客为什么会抱怨产品少。顾客希望菜单上面的产品都是自己想吃的。如果顾客没有在菜单上找到满足他们需求的产品，即使菜单上满满当当罗列了很多产品，对他们而言，产品数量还是少。没有在菜单上找到满足需求的产品，对顾客而言就是少。

顾客在乎的不是产品的数量，而是产品的质量。当顾客觉得菜单上产品数量少的时候，其实是向餐饮经营者传递了这样一个信号：门店的产品没有特色，没有独一无二的吸引力。

这时，餐饮经营者需要在产品的特色和品质上下功夫，而不是盲目地增加产品数量。

对于"产品数量少，顾客会不会很快就吃腻了"这个困惑，其实餐饮经营者是杞人忧天。

回忆一下，即使是你经常光顾的一家餐饮门店，你会把菜单上的所有产品都尝一遍吗？大概率不会。

再回忆一下，你频繁地光顾同一家餐饮门店，是因为这家餐饮门店有一款让你吃过后念念不忘的特色产品，还是因为这家餐饮门店不断有新产品出现在菜单上呢？我想答案应该是前者。

如果一家餐饮门店的产品质量、口感足够好，并且足够有特色，那么即使产品数量少，也会吸引顾客频繁光顾。因为人们往往会因为某款自己钟情的产品而选择去特定的餐饮门店，而不是因为这家餐饮门店的菜单上有很多款产品。

在当今餐饮市场品类如此丰富的情况下，顾客并不需要门店不断地推出新产品，因为顾客想要换口味可以选择其他餐饮门店。比如，顾客想吃正宗的杭帮菜，他们可以选择专门做杭帮菜的餐饮门店，而不是在主营川菜的门店中去点杭帮菜。

因此，餐饮经营者不必担心产品数量少会导致顾客吃腻了的问题。因为顾客选择一家餐饮门店，往往就是因为它的某款产品是独一无二的。这正是一家餐饮门店区别于竞争对手的核心竞争力。餐饮经营者经营门店的重点应该是深化产品的差异化价值，不断提高产品的质量和性价比。

"十八罗汉护卫"

那么，问题又来了，菜单上到底有多少款产品才能既满足顾客的选择需求，又能给门店带来较高的利润呢？

刘一手的答案是："十八罗汉护卫"（火锅门店可参考，其他餐饮品类门店可借鉴），如图 3-9 所示。

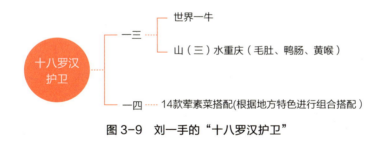

图 3-9　刘一手的"十八罗汉护卫"

"十八罗汉护卫"是由"一三""一四"共同组合而成。

"一三"所涵盖的产品可分为两大类：一类是刘一手的招牌产品"世界一牛"，刘一手将招牌产品放在牛肉上，现阶段刘一手的招牌产品是"招牌刘毛肚"；另一类是刘一手的引流产品和特色产品，包括毛肚、鸭肠、黄喉，因为这三款产品均需以冰水浸泡，在视觉上会呈现出山水特色，故名"山（三）水重庆"。

"一四"指的是刘一手的 14 款荤素菜组合。组合的标准配置为：10 款地方特色菜 +4 款刘一手特色菜。刘一手将依据时节变化，对 4 款特色菜进行恰到好处的调配。

为了突出刘一手的招牌产品，我们不仅把"招牌刘毛肚"放在菜单的显眼处，还打上"一手必点"的标签以强调其独特性和重要性。此外，我们还在菜单上标注了该款产品的销量以证明"招牌刘毛肚"的受欢迎程度。这样的菜单设计能够快速吸引顾客的注意力，并让他们对"招牌刘毛肚"产生浓厚的兴趣。

招牌产品的数量大多是绝对的。正如一支军队往往只有一位统帅一样，一家餐饮门店的招牌产品最好只有一种。因为招牌太多，往往意味着没有招牌。

"十八罗汉护卫"是刘一手菜单设计成功的关键之一。通过刘一手的精心设计和推广，招牌产品可以成为门店里顾客的必点产品，从而增加门店的营业额。通过合理的搭配和组合，招牌产品与引流产品、特色产品相辅相成，增加了菜单的多样性，满足了不同顾客的需求，这会进一步提升顾客的满意度和忠诚度。同时，"十八罗汉护卫"策略也帮助刘一手重庆火锅门店更好地管理库存和成本，避免库存积压和浪费，也可以根据市场需求和顾客反馈进行调整和优化，确保产品的品质和口感始终保持最佳状态。

最后，再强调一下：菜单越薄，门店的利润越厚。**餐饮经营者要用做减法的思维设计菜单，切勿贪多贪全。**

3.5 排版面：菜单是门店的"品牌宣导官"

高转化率菜单设计"五步法"的第五步是排版面。这里的"版面"，是指菜单的版面设计。版面设计是指菜单的版面布局和视觉呈现。这一步是将前四步的工作成果具体化，通过对文字、图片、产品名称、颜色等元素进行排列组合，形成一份具有高转化率的实物菜单。

你是如何进行门店菜单的版面设计的？

在现实的餐饮门店运营中，很多餐饮经营者往往不会在菜单的版面设计上投入过多的时间和精力。他们通常会就近寻找一位设计师，或者自行将产品图片放置在菜单上，便完成了菜单版面的制作。殊不知，一着不慎，满盘皆输。即使你的产品组合得再完美，产品数量再合适，如果最终呈现在顾客面前的实物菜单没有起到画龙点睛的作用，那么都将拖经营的后腿。

这时，有些餐饮经营者可能会抱怨："我又不是专业的设计人员，对排版设计一窍不通，难道为了做好菜单的版面设计，我还得从头去学习排版工具如何使用吗？"

如果你这样想就大错特错了。专业的设计人员就像是"魔法师"，他们能够根据你的要求和描述，将你的菜单变成一份视觉上的艺术品。你需要做的就是为自己的菜单设定明确的主题、鲜明的品牌风格和品牌表达重点。你要清楚自己想要什么样的菜单，设计人员起到的只是将你的想法以一份完美的菜单版面呈现出来。

那么，菜单版面设计的核心逻辑是什么？

刘一手的答案是：品牌表达。

在物理形态上，菜单只是一张纸或手机上的一个界面，但它却是一家门店最直观的品牌表达，是门店的"品牌宣导官"。

餐饮经营者若想让顾客一目了然地了解你的品牌与门店，菜单是一个最好的媒介，为什么这么说呢？因为菜单每天都会展示在顾客面前，而且它是与顾客接触最为紧密的媒介。它就像门店的一个"品牌宣导官"一样，对每一位前来就餐的顾客不遗余力地做着品牌宣导。

品牌表达"六个一"

顾客拿到菜单后至少会停留 3~5 分钟，这期间是展示餐饮门店或品牌形象的黄金时间。那么，如何用菜单表达出你的品牌内涵，让这短暂的几分钟发挥出"品牌宣导官"的价值呢？

刘一手总结了菜单品牌表达的"六个一"，如图 3-10 所示。

图 3-10　菜单版面设计上的品牌表达"六个一"

1. 一个名字

你的菜单上要出现品牌名或门店名。以刘一手的第三代菜单为例，在菜单的左上角呈现了刘一手的品牌名与品牌标识。

如何在菜单上呈现品牌名更能达到传播品牌的作用呢？

以下是帮助你在菜单上呈现品牌名的五大要点。

要点一：突出品牌名。为了确保品牌名在菜单上突出，你可以使用大字体和醒目的颜色，使顾客一眼就能看到你的品牌名，从而增加品牌知名度。

要点二：保持一致性。在菜单上使用与品牌标识相同的字体和颜色以保持品牌形象的一致性。这有助于顾客将菜单上的品牌名与你的门店或品牌联系起来。

要点三：添加标志或图标。在菜单上添加品牌标识，可以进一步增强品牌识别度。这有助于顾客在众多品牌中快速找到你的品牌。

要点四：提供简洁的描述。在菜单上为品牌名添加简洁的描述，可以帮助顾客更好地理解你的品牌和产品，从而在点餐时做出更明智的选择。

要点五：位置显著。将品牌名放在菜单的顶部或显眼位置，确保顾客能够一眼看到你的品牌。你可以考虑将品牌名放在菜单的封面上以增加品牌曝光度。

总之，在菜单上呈现品牌名需要注重可读性、易记性和一致性，同时提供简洁的描述并确保位置显著，这将有助于提高品牌知名度和顾客忠诚度。

2. 一个品类

你的菜单上要出现品类。你要让顾客知道他们是来吃什么的。通过清晰的标注和描述，确保顾客能够准确理解他们所选择的产品，从而增加顾客满意度和忠诚度。同时，在菜单上标注品类也有助于提高门店的效率和准确性，降低顾客对品类产生误解的可能性。

如何在菜单上呈现品类，更能达到传播品牌的作用呢？

以刘一手的第三代菜单为例，菜单的整个版面设计都体现出"重庆火锅"这个品类，从锅底到食材，再到调料，都围绕着火锅展开。比如，我们在菜单的设计中采用品类的标志性元素，如重庆火锅特有的牛油、红辣椒等，用此来突出品类的特点。同时，我们也在文案中强调品类的独特之处，如"专注重庆火锅23年""23年经典火锅菜"等，用此来吸引顾客的注意力。此外，我们还在图片的选择上注重展示品类的细节和特色，让顾客在视觉上感受到重庆火锅的魅力。

3. 一个承诺

你的菜单上要出现品牌承诺。品牌承诺就是一个品牌给顾客的保证。品牌向顾客承诺什么反映出一家门店或企业的经营理念。品牌承诺包含产品承诺，又高于产品承诺。比如，同仁堂的"炮制虽繁必不敢省人工，品味虽贵必不敢减物力"，这就是典型的品牌承诺。海尔的品牌承诺是"品质保障"，为了兑现这个承诺，当年张瑞敏做出了砸冰箱的举动。

餐饮经营者在提炼品牌承诺时一定要避免因夸大而无法兑现的情况。品牌承诺是顾客对品牌产生信任和认可的基础，如果餐饮经营者过于夸张地宣传自己的品牌，却无法兑现承诺，那么这种信任和认可就会受到损害。因此，餐饮经营者在提炼品牌承诺时需要谨慎、诚实，了解自己的品牌定位和目标顾客群体，以便制定出可信、可实现、有针对性的品牌承诺，为顾客提供更好的服务。

言出必行是品牌承诺的关键。 比如，刘一手在第三代菜单上的品牌承诺是"23年品质沉淀"，刘一手一直以产品质量为第一原则，从食材的选择到产品的制作都经过严格的筛选和把控。我们相信，只有最好的食材才能做出最好的产品，只有最用心的服务才能赢得顾客的满意。因此，刘一手向顾客承诺的不仅仅是美味的食物，更是一种对品质的坚守和追求。

言出必行，行必有果。与诸君共勉。

4. 一个口号

你的菜单上要出现品牌口号。当满大街都是开创者、领导者时，我们不会说"刘一手是火锅领导者或开创者"。你真正需要的是一句独特而专属的口号以彰显品牌的独特性和不可替代性。

什么样的口号是好的品牌口号呢？品牌口号要"两讲"。

第一，**要讲人话**。品牌口号要讲人话，就是要让人能看明白，能听懂，能记住，这也是我们常说的口口相传。

第二，**要讲文化**。一个好的品牌口号应准确地传达品牌的价值观、使命和目标，激发顾客的共鸣和认同。

比如，刘一手的使命是"重庆火锅，全球传播，一手引领"，愿景是"中国火锅产业文化全球传播第一平台"，目标是"有华人的地方就有刘一手"。刘一手的品牌口号是"一手麻辣，共享全球"，这正是对使命、愿景、目标的完美诠释。这一品牌口号向顾客传达了刘一手致力于将中国火锅文化传播到全球各地的决心和承诺，表达了刘一手希望通过自己的努力，让全球各地的人们都能享受到正宗的中国重庆火锅，同时也让更多的人了解和认识中国火锅文化。同时，这一品牌口号也体现了刘一手的自信和决心，相信自己能够引领中国火锅产业的发展，成为全球传播中国火锅文化的第一平台。此外，这一品牌口号也向顾客传递了刘一手的热情和真诚，希望与全球各地的人们共享美食的快乐。

5. 一个故事

你的菜单上要出现品牌故事。品牌故事可以展示你的品牌历史、文化、价值观和特色，让顾客更好地了解你的品牌，增加他们对品牌的信任和忠诚度。

在菜单上出现品牌故事，你可以通过图片、文字、视频（用于电子菜单）等多种形式来展示。比如，你可以在菜单的封面或背景上添加品牌文案，让顾客一眼就能认出你的品牌。你还可以在菜单上添加品牌的历史、文化、价值观等介绍，让顾客更好地了解你的品牌。

在刘一手重庆火锅门店的第三代菜单里，我详细地和大家分享过刘一手是如何通过菜单给顾客讲故事的。比如"始于 1999 年，专注火锅 23 年"，这是给顾客讲述了一个品牌故事，让顾客感受到品牌的沉淀和专注。

6. 一个颜色

你的菜单上要出现品牌颜色。品牌颜色应该出现在菜单的每一个角落，从背景色到字体颜色都应该保持一致。这样可以让顾客看到这一颜色立刻联想到你的品牌，增加他们对品牌的忠诚度。同时，品牌颜色也可以让菜单更加具有视觉吸引力。

如何在菜单上呈现品牌颜色，让顾客看到这一颜色就能联想到你的品牌呢？

以刘一手重庆火锅门店的第三代菜单为例。首先，选择一个与你的品牌形象相符的颜色。这个颜色应该是你的品牌标识的一部分，或者与你的品牌形象有很强的关联性。比如，刘一手采用了红色作为菜单的主体颜色。红色不仅代表了热情和活力，与刘一手品牌的形象相得益彰，还与重庆火锅的麻辣特点相辅相成。

其次，不要过度使用品牌颜色。过度使用色彩可能会让顾客感到视觉疲劳，反而影响品牌形象。

现在，请你拿起门店的菜单，检查一下你的菜单上是否有品牌表达"六个一"，如果没有，请你将它融入你的菜单。

一份好菜单，利润翻一番

在菜单的版面设计上，除了要有品牌表达，餐饮经营者还要站在顾客的角度做版面设计。每一位餐饮经营者要知道菜单不是给自己用的，而是给顾客用的。只有顾客认为是好菜单才是真正的好菜单。

那么，什么样的菜单才是顾客眼中的好菜单呢？

在菜单的版面设计上，兼具功能性表达和艺术性表达的菜单，才能成为顾客眼中的好菜单。

1. 菜单的功能性表达

菜单的功能性表达主要体现在文案和版面整体布局上。

先来说说文案。优秀的产品文案能够迅速吸引顾客的注意力，拉近与顾客的距离，并建立起顾客对餐饮门店或品牌的信任。通过使用优美的字词来描述产品能够很好地引起顾客的兴趣。有数据表明，对产品进行描述的菜单能够使门店的营业额提高 27%。因此，为了提高餐饮门店的营业额和吸引更多的顾客，餐饮经营者应该注重菜单上产品文案的撰写，产品文案一定要做到清晰明了、卖点突出。

在刘一手重庆火锅门店的第三代菜单上，你能看到很多引人注目的文案。比如"吃地道重庆火锅就来刘一手""23 年经典火锅菜""地道重庆味，重庆人都爱点"……这些文案不仅突出了菜单上的产品特点，还让顾客对刘一手的火锅品质产生了信任。

同时，刘一手的菜单设计也非常注重细节。每一款产品下面都有简短的文字描述，让顾客能够更好地了解产品的特点和口感。这种设计不仅让顾客更加方便点餐，还增加了菜单的可读性。

再来说说版面的整体布局。餐饮经营者一定要将招牌产品放在菜单的最前面，以便顾客能够迅速做出选择。餐饮经营者还应该对门店的必点菜、特色菜、荤菜、素菜、凉菜、小吃、饮品等进行分类排列，使顾客能够清晰地了解产品的分类，并快速做出点餐决策。另外，考虑到大多数人的阅读习惯是从左到右，**餐饮经营者可以将门店主推的产品放置在菜单最左侧的位置以增加顾客选择这些产品的概率。**

2. 菜单的艺术性表达

在这个关注颜值时代，顾客吃饭的流程是先用眼睛"吃饭"，再用手机"吃饭"，最后才用嘴巴吃饭。所以，菜单的版面也要有艺术性表达。

菜单的艺术性表达主要体现在图片上。在顾客前来就餐时，他们主要依靠图片和文案来了解尚未上桌的产品。相较于文字描述，具有清晰度、逼真感和吸引力的图片更能激发顾客的点餐欲望。在排版时，你需要注意招牌产品、特色产品和普通产品的图片大小，要做到主次分明。同时，照片的尺寸和颜色等元素应与菜单整体风格保持协调。

以刘一手重庆火锅门店的第三代菜单为例。你可以看到菜单的左上角放大了麻辣牛油锅底的图片，左下角则放大了招牌产品"招牌刘毛肚"的图片。这种设计经过了反复测试，旨在通过视觉刺激增加顾客的食欲。

事实上，这种设计确实为刘一手重庆火锅门店带来了显著的经营效果。

首先，麻辣牛油锅底是重庆火锅的经典口味之一，放大其图片可以更好地吸引喜欢辣味的顾客。同时，通过展示锅底的制作过程和食材，可以让顾客更加了解麻辣牛油锅底的特色和品质。

其次，"招牌刘毛肚"是刘一手的招牌产品，日售万份以上，这也证明了其受欢迎程度和品质的可靠性。放大这一图片可以让更多的顾客了解这款产品的特点和优势，从而增加其销售量。

此外，菜单的设计也需要考虑顾客的阅读习惯和心理感受。通过合理的排版和色彩搭配，可以增加菜单的易读性和美观度，从而提升顾客的用餐体验。

综上所述，兼具功能性表达和艺术性表达的菜单构成了顾客眼中的好菜单。一份好菜单，利润翻一番。现在，请你看一下自己门店的菜单，这两点你做到了吗？

工具　菜单面世五部曲

当你按照以上高转化率菜单设计"五步法"设计出菜单后，为确保其顺利面世并实现预期效果，需要进行一系列测试和检查，我将其称为"菜单面世五部曲"。

（1）**测试出菜速度。**在高峰时段，后厨需要能够快速、准确地出菜。因此，在菜单面世前，餐饮经营者应进行实际操作测试，确保出菜速度满足要求。

（2）检查服务人员对菜单的了解情况。服务人员是菜单销售的重要环节。因此，餐饮经营者应确保他们熟悉新产品，并能够熟练地进行销售解说。对于新菜单，餐饮经营者应对服务人员进行充分的培训和指导。

（3）试菜。餐饮经营者可以邀请不同的顾客对新产品进行试菜以了解他们对新产品的接受程度和意见。

（4）检查细节准备。在忙碌的状态下，各个环节的细节准备至关重要。因此，在菜单面世前，餐饮经营者应对各个环节进行检查，确保细节准备到位，并在忙碌的状态下能够有条不紊地进行。

（5）确定菜单上市时间。在推出新菜单时，餐饮经营者需要谨慎选择合适的时机，并进行全面的检查和准备工作。此外，餐饮经营者还需动员全体员工，让其营造出一种充满期待和兴奋的氛围。这不仅可以让顾客对新的菜单充满期待，也能激发餐饮门店内部员工对新菜单上市的热情。

为了帮助你做好菜单面世前的检查工作，送你一个工具：菜单面世检测表，见表3-5。你可以通过其中各项要素的审核与检查，避免新菜单正式推出后出现顾此失彼与乱作一团的情况，确保新菜单的顺利推出，实现预期效果。

表3-5 菜单面世检测表

检测要素	是	否
新菜单的推广时间和方式是否确定		
服务人员是否掌握了新菜单的操作方式		
服务人员是否能够熟练地介绍新菜单		
老顾客是否认可新菜单		
菜单上产品的出餐速度是否能满足顾客的需求		
在忙碌的状态下各个环节是否能有条不紊地进行		
门店是否做好应急策略		

04

营销"三板斧"
做餐饮要有"锅气儿"

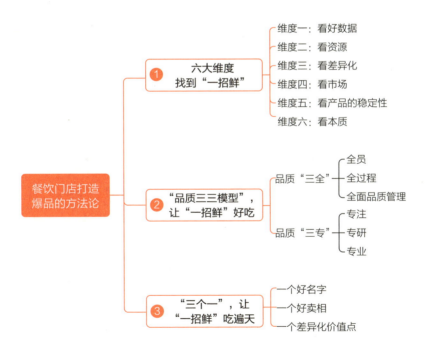

餐饮门店打造爆品的方法论

4.1 大品牌：营销成就大基业

做餐饮，营销是刚需，这是业界的共识。如果你现在仍然靠"酒香不怕巷子深"的逻辑做餐饮，那么我劝你还是转行吧，餐饮业可能并不适合你。

"营"为主，"销"为辅

什么是"餐饮营销"？

在很多餐饮人的理解中，营销不过是一个点子或一种套路。在这种理解下，很多餐饮经营者一提到"餐饮营销"，就会围绕优惠活动、产品促销（比如打折、礼品赠送）等动作开展。

这些营销动作对餐饮门店有两大促进作用：一是促进门店取得较大的短期销量；二是促进门店关门。营销能够促进门店取得较大的短期销量容易理解，但营销会促进门店关门是为什么呢？

因为以促销为手段的营销会让餐饮门店陷入恶性循环：门店生意不好→产品打折促销→门店业绩暂时上升→门店利润降低→产品恢复原价→门店生意不好，最终走向关门歇业。

因此，餐饮经营者应慎重对待促销活动，不可随意进行。若餐饮经营者频繁采用打折促销的手段吸引顾客，无异于饮鸩止渴，最终只会自毁长城。

很多人之所以将"促销"理解为"营销"，是因为没搞清楚二者之间的区别。促销主要是餐饮门店通过短期优惠活动吸引顾客；营销则是餐饮门店一种长期且系统性的战略，旨在建立餐饮门店或企业的品牌形象、提高市场份额。**营销的目的是造就大品牌，成就大基业。**

请大家记住这句话：**餐饮是集现场加工、现场销售、服务体验、场景体验四大特性为一体的特殊行业**。同时具备这四大特性的行业比较少见。因此，餐饮行业具有一定的特殊性。

基于餐饮行业的四大特性，餐饮营销必然与其他行业有所不同。要想做好餐饮营销，餐饮经营者必须全面兼顾餐饮行业的四大特性，而不能仅仅依靠单一的点子或套路。

请大家不要误会，我并非否认营销套路的重要性。如果你想让门店的生意暂时红火，可以适当运用一些营销套路。但是，套路仅仅是营销的一种手段，并非营销的全部内容。它只能在短期内起到引流的作用，而无法解决门店长久经营的问题。

现在，我再来回答"什么是餐饮营销"。

"营销"的"营"，是经营的"营"。经营不好，谈何营销？在餐饮营销的核心内容中，**90%的工作是"营"，只有10%的工作是"销"**。因此，"营"为主，"销"为辅。

"餐饮营销"用一个公式表达是：

餐饮营销＝餐饮门店经营＋产品销售

现在，请你自我审视，你的门店的营销行为是单纯的促销活动还是营销策略？

营销的本质：人

做餐饮，营销是一门技术活。餐饮行业品类千差万别，顾客和渠道都有所不同，如何做好餐饮营销，看起来很复杂，其实也有规律可循。

那么，餐饮营销的规律是什么？

答案是：人！人为餐饮之本，人是营销之根。

过去我们总是说，餐饮人要有匠心精神——把味道做好，就能天下无敌，稳赚不赔，甚至一度把"好味道"看作是餐饮行业的核心竞争力。现在看来，餐饮经营者要想把餐饮事业做大做强，产品的好坏、味道的优劣只是基本条件。换句话说，这只是餐饮经营者进入餐饮行业的门槛，并不稀奇。如果你连这些基本条件都满足不了，建议你趁早改行。

那么，在当前的餐饮行业中，什么才是餐饮行业的核心竞争力？人！这里的"人"指的是顾客，更具体地说指的是顾客的体验。这意味着，顾客体验就是餐饮营销的本质和起点。

"顾客体验"包罗万象，你要从哪里着手才能做好餐饮呢？刘一手总结出"三心体验"——让顾客得到全心、贴心、放心的体验。

"三心体验"的核心实质上是倒逼餐饮经营者开发餐饮门店的社交属性，而不仅仅是满足顾客的基本需求。社会是由众多个体组成的，而经营社交圈本质上就是对人的经营。因此，我们需要在做餐饮的每个环节中为顾客提供"三心体验"，使顾客选择这家餐饮门店、坐在桌前、手持筷子，不仅仅是为了满足其基本的饮食需求，更是为了得到别样的体验，寻找分享的题材，甚至有机会结识新朋友或邂逅浪漫情缘。

以当前流行的网红餐饮门店为例，在销售特色产品的同时，网红门店的餐饮经营者往往会在门店引入一些别具一格的元素来增强对顾客的吸引力。比如，餐饮门店通过充满文艺气息的店面装修，为顾客提供一个打卡拍照的场所；或者餐饮门店在顾客就餐时引入互动性强的活动，比如撸猫、桌游甚至现场演唱等，提升顾客的参与感和体验感。这些网红餐饮门店通过体验式经营理念，不仅满足了顾客对"品尝美食"的基本需求，而且还将顾客的就餐过程融入更加多元、丰富的生活场景之中。

因此，你需要意识到：**做餐饮营销，不只是味蕾营销，还包括视觉、听觉、感觉等多种感官体验。**

以店面装修为例，我常常看见很多餐饮经营者纠结："店面装修是现代风格好看，还是古典风格好看？"你看见了吧，他们的思维卡在了设计本身，而且带有强烈的主观视角。

真正被他们忽视的是店面装修背后的逻辑：**店面装修是为餐饮经营服务的，只是好看远远不够，它是餐饮门店的"大喇叭"，承载着营销的重要使命。**店面装修的目的是激发顾客的消费欲望。因此，餐饮经营者在装修店面时，要从顾客的体验出发，为顾客提供满足"三心体验"的功能场景，使店面的装修设计成为吸引顾客到店消费的重要因素，这才是餐饮装修的最高境界。

所以，单就装修这一维度看，餐饮经营者必须自始至终具备营销的思维方式。从店面装修延伸开来，其实餐饮营销无时不在、无处不在，餐饮经营者应该时刻谨记"三心体验"，并将其融入餐饮经营的各个环节。

"锅气儿"营造"三板斧"

当你打开这本书的这一章时，我相信你期待看到一些"餐饮营销干货"。这些所谓的"干货"可能是引人瞩目的活动营销策略，可能是打造网红餐饮门店的秘诀，也可能是提升产品销量的黄金法则，等等。我相信，一个诱人的标题，比如"营销必杀技，让你的门店人气爆棚"，一定比我现在的标题更加能够吸引你的眼球。我也曾看过众多营销类文章、书籍，听过很多营销课程，每次初听、初学的时候觉得收获满满，但在实际的营销操作中却感觉效果不尽如人意，仿佛进入了"一看就会，一用就废"的困境。

在 25 年的餐饮实践中，我终于明白，要做好餐饮营销首先要认识到**营销不是"万金油"，别想着学个一招半式就能让门店或企业起死回生，就能让产品销量翻番。**

为什么那些"营销大师"有很多拥趸呢？这让我不禁想起一个故事，亚马逊创始人贝佐斯曾向巴菲特请教："既然赚钱真像你说的那么简单，长期价值投资永远排在第一位，那么请问为什么那么多人赚不到钱？"巴菲特深思后回答："**因为人们不愿意慢慢变富。**"

说到这里，可能有人会对我的观点提出质疑："你说得不对。我曾目睹很多初创餐饮品牌仅凭一篇文章、一次事件营销便声名鹊起。"

对此，我并不否认，因为这种现象确实存在。然而，我们需要明白，这并非普遍现象。真正能够一夜成名的餐饮品牌实属罕见，这种一夜成名的概率与中彩票头奖相差无几。

因此，**餐饮经营者要想做好餐饮营销，从放弃不切实际的营销幻想开始。**

餐饮经营者如何做好餐饮营销？

单店经营者和中小餐饮企业的餐饮经营者在营销上面临的最大问题是：预算少，资源少。但是好的营销不一定需要投入大量的资金，我们要学会花小钱办大事。

餐饮经营者如何花小钱办大事，做好餐饮营销？我送你一个概念："锅气儿"。

什么是"锅气儿"？它不是通常我们说的"在炒菜过程中，各种食材与佐料在锅中发生的一系列反应，从而使菜肴产生一种特殊的鲜香味道"。

"锅气儿"，简单来说，是一种环境氛围的体现，它蕴含着浓厚的"烟火气"。俗话说"人间烟火气，最抚凡人心"，中国人过日子最讲究烟火气。因为烟火气往往代表着人气，是热闹和温情的象征。**做餐饮营销其实就是在营造门店独特的"锅气儿"。**

"锅气儿"是餐饮经营者根据门店或品牌定位和顾客群体的特点营造出来的一种专属门店的气味、气色和气质。比如，顾客走进刘一手重庆火锅门店，马上就能感受到那种独特的"刘一手锅气儿"。

刘一手的"锅气儿"是如何营造的呢？刘一手以顾客体验为出发点，以品牌定位为核心，在产品营销、视觉营销、价格制定和新媒体推广等环节，一直不遗余力地营造浓浓的"锅气儿"。图 4-1 展示的是刘一手重庆火锅门店的产品推广图，我们在设计上着重突出了热气腾腾、红红火火的视觉效果，目的是直观地向顾客传递出刘一手的"锅气儿"——**红红火火、欢声笑语、其乐融融。**

图 4-1 刘一手重庆火锅门店的产品推广图

餐饮经营者如何营造"锅气儿",做好餐饮营销?

刘一手总结出"锅气儿"营造"三板斧"。第一板斧是做爆品,第二板斧是视觉锤,第三板斧是定价格,如图 4-2 所示。

第一板斧:做爆品　　　第二板斧:视觉锤　　　第三板斧:定价格

图 4-2 "锅气儿"营造"三板斧"

在具体介绍之前,我再叮嘱一句:从顾客看到门店的那一刻起,所有映入顾客眼帘的场景和顾客体验都是餐饮营销的一部分。因此,餐饮营销远不只是一个点子、一种方法或一种套路,它是经营与销售相结合的经营策略。

4.2 做爆品：一招鲜，吃遍天

打造"锅气儿"的第一板斧是做爆品。

餐饮不缺产品，缺的是爆品。 爆品带来流量，流量带来生意，生意带来利润，餐饮市场有很多这样的例子。比如，刘一手的"招牌刘毛肚"、太二的"老坛子酸菜鱼"、费大厨的"辣椒炒肉"等。**一款爆品能够带火一个品牌，成为品牌在市场中"攻城略地"的"利器"。** 产品与爆品之间的区别见表4-1。

表4-1 产品与爆品之间的区别

产品类别	市场前景	行业影响力	品牌影响力
产品	深陷价格战 产品卖不掉	无影响力	几乎无影响力
爆品	一款爆品能支撑一家门店或一个品牌	颠覆一个行业	建立品牌势能 提升品牌影响力

从上表我们能看出，无论是市场前景还是行业和品牌影响力，爆品与产品相比，有"一骑绝尘"的优势。那么，真正的"爆品"是什么？

从字面意思来看，"爆品"二字中，"爆"有"引爆""爆发"之意，"品"有"产品""品质"之意。如果把"爆"和"品"比作营销和产品，那么"品"是"爆"的基础，"爆"是"品"的结果；**"爆"是果，"品"是因。**

为什么这么说？因为产品品质好会自带营销力，具备了"爆"的先天条件；如果产品品质不好，餐饮经营者即使做了很多营销动作，也只可能昙花一现，无法持续引爆市场。

做餐饮 25 年，我曾见过很多餐饮人通过高明的营销手段将品质低劣的产品包装成所谓的爆品推向市场，刘一手从来不这样做。我们坚信，夸大其词的营销手段是对顾客的欺骗，与刘一手所坚持的营销理念背道而驰。在刘一手的营销理念中，所有的营销策略都应该围绕产品品质展开。

在我的认知中，真正的爆品绝对不是"出道即巅峰，巅峰即陨落"的流星，而是持续发光发热的恒星；真正的爆品不是为了迎合市场和顾客而追赶潮流的产物，而是符合品牌定位、增加品牌势能、传播品牌口碑的载体；真正的爆品能够做到左手引流，右手留存；真正的爆品可以让门店或品牌"一招鲜"吃遍天。"一招鲜"指的就是爆品。

刘一手在发展的过程中，凭借对食材的深刻理解成功打造出多款爆品。比如，"招牌刘毛肚""刘派九绝""一米肥牛"和"闹海虾滑"等。据我们统计，"招牌刘毛肚"的日售量已超过万份，成为刘一手重庆火锅门店的真正爆品。刘一手的爆品成功率高达 80% 以上，这意味着我们推出的产品每十款中有八款能够成为顾客喜爱的爆品。这种爆品成功率几乎达到了桌桌必点的程度。

刘一手是如何打造桌桌必点的爆品呢？

刘一手在打造爆品过程中提炼出一套适合餐饮门店的方法论，取名"一招鲜，吃遍天"，如图 4-3 所示。

六大维度，找到"一招鲜"

餐饮门店要想实现"一招鲜，吃遍天"，第一步是找到自己的"一招鲜"产品，这是打造爆品的起点，也是能否将爆品打造成功的核心关键。选对爆品，事半功倍；选错爆品，事倍功半。

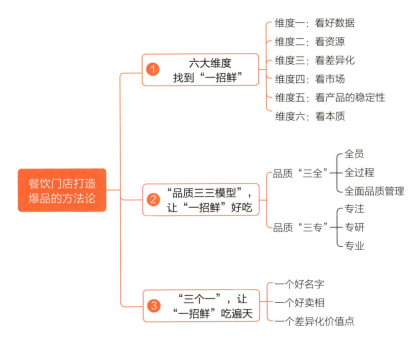

图 4-3　餐饮门店打造爆品的方法论

刘一手作为中国火锅品牌，在锅底和配菜上做了大量尝试，沉淀出"经典麻辣锅""经典麻辣锅+"系列锅底以及"招牌刘毛肚""刘派九绝""闹海虾滑"等众多招牌产品和引流产品。那么，如何选择最合适的产品作为爆品呢？刘一手通过以下六大维度找到了自己的"一招鲜"。

- **维度一：看好数据**。看刘一手重庆火锅门店一年来产品的点击率、毛利额、复购率等数据，找出排名前三的产品。
- **维度二：看资源**。看刘一手自身基因及资源优势。
- **维度三：看差异化**。看产品是否具有差异化价值。
- **维度四：看市场**。看产品的市场容量和市场趋势。
- **维度五：看产品的稳定性**。看产品在出品和供应链上的稳定性。
- **维度六：看本质**。在餐饮行业中，产品的本质是"好吃"。如果一款产品符合前面五个维度,但不好吃,那么一切等于零。

通过对刘一手重庆火锅门店的产品进行上述六大维度的研究和分析,我们决定将"招牌刘毛肚"作为刘一手的"一招鲜"产品。

在选择爆品的六大维度中,刘一手提炼出三个核心要素,即"十二字诀":顾客惦记、好吃不贵、供应稳定。这"十二字诀"共同构成了餐饮经营者选择爆品的关键准则。

"品质三三模型",让"一招鲜"好吃

在你通过六大维度选出了餐饮门店的"一招鲜"产品后,它还不能被称为"爆品",只能说其拥有爆品的基因和潜力。接下来,你要将选出来的"一招鲜"的品质做到极致。品质是爆品的基础。

什么是"极致"?在餐饮行业,将产品做到极致的标准就是好吃。做爆品,玩噱头死路一条,好吃才是王道。

为了确保"招牌刘毛肚"拥有极致的品质,刘一手经过实践经验,总结出了一套"品质三三模型",如图4-4所示。此模型不仅适用于打造爆品,还可以应用于餐饮门店的所有产品以确保产品品质的稳定和提升。

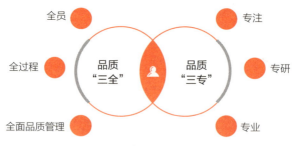

图4-4 "品质三三模型"

1. 品质"三全"

极致的产品来自"三全",即全员、全过程、全面品质管理。

- **全员**。极致的产品来自一家餐饮门店或企业的全体员工,包括经销商、代理商、加盟商等整个产业链的共同努力。
- **全过程**。极致的产品来自从采购、制作、出品到销售、服务等一以贯之的精心打磨。
- **全面品质管理**。极致的产品来自一家餐饮门店或企业以顾客为中心的全面品质管理体系。

2. 品质"三专"

极致的产品来自"三专",即专注、专研、专业。

- **专注**。餐饮经营者要集中时间、精力和资源只做一件事。
- **专研**。餐饮经营者要推陈出新,这是一个不断学习和改进的过程,只有这样,才能真正将"一口井打深"。
- **专业**。餐饮经营者要在自己的专业领域内具备深厚的专业知识和技能,从而成为该领域的专家。

为什么刘一手的爆品成功率如此之高?为什么刘一手的爆品能够桌桌必点?关键因素之一在于刘一手对产品的"三全"和"三专"理念。刘一手是如何实现品质"三全"的呢?

在刘一手,我们坚信**品质是企业的"生命线"**。为了确保每一位员工都能充分认识到品质的重要性,我们采取了自上而下的品质宣传教育策略。从我个人开始,到集团总裁,再到各部门中高层管理者、集团行政人员,以及门店厨师和服务人员,我们都将品质摆在第一位。

刘一手具体是如何做的呢？

对于新员工，刘一手有一套严格的品质教育和考核机制。在入职之初，每一位新员工都会接受系统的品质培训，了解刘一手的品质标准和要求。我们会详细讲解产品制作过程中的每一个细节，让员工明白品质的由来和重要性。此外，新员工还需要经过严格的品质考核，只有合格者才能正式上岗。

对于老员工，刘一手也没有放松对品质的要求。我们定期组织品质竞赛，通过"比学赶帮超"的方式，激发员工对品质的追求和热情。在竞赛中，员工们可以展示自己的技能和成果，同时也可以看到自己的不足和他人的优点，从而不断提升自己的品质意识和操作技能。

除了竞赛，刘一手还会邀请行业内的专家和学者为员工进行品质培训和分享，让员工了解行业内的最新动态和技术创新。通过这些培训和分享，员工可以不断更新自己的知识和技能，更好地服务顾客。

在产品的全过程管理中，刘一手深知，**一款产品品质的好坏，不仅仅体现于最终的成品，而是贯穿于整个生产流程。**从采购原材料开始，到制作、出品、销售、服务，每一个环节都至关重要。一旦中间任何一个环节出现问题，无论之前多么努力，产品品质都将受到严重影响，甚至大打折扣。

在产品制作过程中，由于刘一手重庆火锅门店遍布全球，受地域和风土人情的影响，刘一手的产品核心技术在实际操作中容易出现不同程度的改变和偏差。这种变化导致各地门店的标准化程度不一，影响了顾客的体验。为解决这一问题，刘一手进行了深入的调查和研究，推出了《刘一手技术标准》4.0版本。该版本旨在统一全球范围内的产品技术标准，确保在任意一家刘一手重庆火锅门店就餐的顾客都能享受到一致的高品质体验。

在《刘一手技术标准》4.0版本中，我们明确了刘一手的锅底、汤料熬制、手工菜制作等各项产品的技术标准，从而确保产品质量和口感的稳定性。以"招牌刘毛肚"为例，我们对毛肚的选材、清洗、切割、摆盘、上菜、服务等各个环节都制定了严格的标准。同时，为了确保口感的稳定性，我们还制定了详细的调味标准，使每一份"招牌刘毛肚"都能呈现出一致的风味。

除了原材料的采购、产品制作环节，刘一手还制定了一套严谨的《产品质量管理标准》。该标准主要包括产品质量验收标准、产品的加工标准、产品的出品标准、产品的储藏标准。为了做好产品的全面品质管理，刘一手的每一位员工都必须遵守《产品质量管理标准》，并在生产过程中进行自我检查和互相检查，确保每一个细节都符合标准。

以上是刘一手在品质"三全"上的具体落地。那么，刘一手又是如何实现品质"三专"的呢？

以爆品"招牌刘毛肚"为例，为了使"招牌刘毛肚"拥有极致的品质，我们抵挡住了市场的各种诱惑，将企业的大部分人力、物力都聚焦于"招牌刘毛肚"的优化和升级上，坚决不盲目扩张产品线。这种专注和坚持，使我们在产品研发、原料采购、生产工艺、品质监控等各个环节都能力求做到最好。

在"招牌刘毛肚"的每一个细节上，我们追求的不是"差不多"，也不是"够好了"，而是"再努力努力，能不能更好"。过去有句话叫"高标准，严要求"，而刘一手对"招牌刘毛肚"是"**始终更高标准，玩命更严要求**"。

在当今时代，餐饮行业竞争激烈，为了满足顾客日益多样化的需求，我们在"招牌刘毛肚"上不断钻研，力求在食材搭配上推陈出新。为了实现这一目标，我们投入大量时间和精力研究新的食材搭配。每当有新的食材搭配出炉，我们都会邀请企业内部的管理者进行试吃。试吃过程中，每位管理者都会根据自己的体验对产品进行打分和评价，如果得分低于 100 分，我们会立即改进，直至最终打造出所有人都认可的产品。我们坚信，只有坚持每天进步 1% 的原则，才能实现产品品质的螺旋式上升。

以上就是刘一手在"品质三三模型"上的具体落地运用，也是刘一手打造爆品的成功之道。品质是爆品的基础，这一点，餐饮经营者一定要牢记。

"三个一"，让"一招鲜"吃遍天

当你通过六大维度找到了餐饮门店的"一招鲜"，通过"品质三三模型"让"一招鲜"好吃，接下来你要做的是让"一招鲜"吃遍天。"吃遍天"的关键是塑造"一招鲜"的价值力，把你的"一招鲜"传播出去，让顾客看到、听到、吃到并且传播你的"一招鲜"。

如何让"一招鲜"吃遍天呢？刘一手的"三个一"打法分享给你，如图 4-5 所示。

图 4-5 让"一招鲜"吃遍天的"三个一"

1. 一个好名字

让"一招鲜"吃遍天的第一个"一"是为它取一个好名字。

产品名如人名,好的产品名会使产品锦上添花,对产品营销起到立竿见影的效果。餐饮经营者如何给"一招鲜"取名,让它能够被口口相传呢?

刘一手教你三个"一招鲜"取名小技巧。

第一招,直截了当。最直截了当、不费脑筋的"一招鲜"的取名方法是:叠加食材以及店名(品牌名)。

比如,刘一手的爆品"招牌刘毛肚","刘"字代表了"刘一手"品牌,这是对品牌的直接展示,使顾客在第一时间就能联想到刘一手品牌。品牌的形象和口碑,对产品的销售和顾客的认可度有着至关重要的影响,因此,"刘"字的使用,无疑是对刘一手品牌的一种强化。

"毛肚"是重庆火锅中的热门食材,加上"刘"字,这款产品的名称十分清晰地表达了刘一手品牌和主要食材。这款产品名的成功使"招牌刘毛肚"成为刘一手火锅的代表,人们在提及刘一手时就能联想到美味的毛肚。同时,这款产品名简洁易记,富有特色,使刘一手在顾客心中留下了深刻的印象。

第二招,略有变化。餐饮门店的"一招鲜"如果是推出的新产品,那么在取名时可以在"直截了当"的基础上略有变化,通过"门店(品牌)名+多种食材"组合的方式取名。

比如,刘一手将九种最常见的重庆火锅食材拼在一起,并给它取了一个新名字,叫"刘派九绝",与之前的"蔬菜拼盘""菌菇拼盘"等常规的产品名字进行了有效区分。

"刘"字代表了"刘一手"品牌;"派"字代表了"风格",凸显了刘一手独特的风格和口味;"九绝"二字代表着产品的丰富性和多样性,顾客可以通过一款产品享受到九种滋味。这样的产品名可以使顾客在购买时,清楚地知道这一款产品的特点和差异化优势。

第三招,创意十足。 给"一招鲜"取一个创意十足的名字是每一位餐饮经营者的梦想。最简单的创意取名法是图个喜庆、听着顺耳。

比如,有的餐饮门店给烤翅取名为"比翼双飞",给狮子头取名为"红运当头",给甲鱼烧鸡取名为"霸王别姬",等等。有的餐饮门店会给产品取一个比较文艺的名字以满足顾客的审美需求。比如,"蒂芙尼的早餐"其实是牛奶布丁;"当伊丽莎白遇上拿破仑"其实是英式下午茶套餐。

如何给"一招鲜"取一个创意十足的名字?我给大家一个"取名工具",见表4-2。

表4-2 爆品取名工具

取名角度	案例
以传说、民俗、典故命名	"鲤鱼跃龙门""桃园三结义""佛跳墙""贵妃凤翅"等
以人名命名	"东坡肉""麻婆豆腐""西施豆腐""乾隆白菜"等
以动物命名	"鸳鸯蛋""蝴蝶肉""凤凰腿"等
以地名命名	"北京烤鸭""金陵丸子""西湖醋鱼"等
以物产命名	"琥珀核桃""翡翠银牙""珊瑚白菜"等
以味道命名	"五香牛肉""辣子鸡丁""咖喱土豆"等
以喜庆命名	"全家福""八宝菜"等
以水果命名	"樱桃肉""石榴虾""荔枝带鱼"等

2. 一个好卖相

让"一招鲜"吃遍天的第二个"一"是让它有一个好卖相。

在餐饮行业中,产品的"好卖相"包括色彩搭配、器皿选择、摆盘方式和上餐动作等多个方面。

卖相顶尖,销售冒尖。产品有一个好卖相,可以让顾客食欲大增,从而提高产品销售量。如何使"一招鲜"有一个好卖相呢?刘一手是从"五觉"来挖掘产品卖相的,如图 4-6 所示。

图 4-6　让"一招鲜"有一个好卖相的"五觉"

视觉。产品的色彩、形状、大小、摆盘等直接影响到顾客的视觉感受。餐饮经营者应该注重产品的色彩搭配、形状设计、产品的摆放和餐具的选择,营造出令顾客愉悦的视觉效果。

嗅觉。产品的香气能够激发顾客的食欲。因此,餐饮经营者应该注重产品的烹饪方式、香料的选择、门店内的空气流通和环境氛围,营造出令顾客愉悦的嗅觉效果。

味觉。产品的味道是顾客能直接感知到的,也是他们判断产品好坏的重要标准。因此,餐饮经营者应该注重食材的选择、烹饪技巧的运用、调料的搭配和口味的独特性,营造出令顾客难忘的味觉体验。

触觉。产品的口感和温度等触觉感受也能影响顾客的用餐体验。因此,餐饮经营者应该注重食材的烹饪方式和餐具的材质,营造出令顾客舒适的触觉效果。

听觉。餐饮门店的环境音乐和其他声音也会影响顾客的用餐体验。因此,餐饮经营者应该注重环境音乐的搭配、音量的控制、服务人员的沟通语调,营造出令顾客愉悦的听觉效果。

在产品的视觉和嗅觉呈现上,刘一手的"招牌刘毛肚"经过精心构思和设计,实现了毛肚色彩、形状和质地的艺术化呈现。比如,在产品摆盘上,我们将毛肚摆放成花朵造型,中间点缀一两朵鲜花,如图4-7所示。这种设计不仅能让顾客感受到花的香气,还利用食材的纹理和变化创造出令人垂涎欲滴的效果。当"招牌刘毛肚"被服务人员端到顾客面前,这款产品呈现出一种"忽闻海上有仙山,山在虚无缥缈间"的意境。

图4-7　刘一手"招牌刘毛肚"的出品

在产品的味觉和触觉体验上,"招牌刘毛肚"精心选用新鲜的毛肚以确保食材的口感鲜美,每一口都能让顾客感受到毛肚的细腻和鲜美,令人回味无穷。为了确保食材的新鲜和口感,刘一手还提供了多种不同口味的火锅底料,让顾客可以根据自己的口味选择。同时,我们也会向顾客传授煮毛肚的最佳吃法——七上八下,确保顾客能够充分感受到"招牌刘毛肚"的味觉魅力。

在产品的听觉体验上,刘一手重庆火锅门店会营造出充满烟火气的场景,顾客的谈笑声、锅底的沸腾声、食材下锅的呲呲声共同构成了一首美妙的交响曲。顾客在刘一手重庆火锅门店，不仅可以享用美食，而且可以感受到热气腾腾的烟火气息。

3. 一个差异化价值点

让"一招鲜"吃遍天的第三个"一"是让它有一个差异化价值点。

很多餐饮经营者在打造爆品的过程中有这样的困惑：一直在优化爆品的味道、色泽，甚至精细到餐具的样式、上餐的方式，但为什么顾客就是不买账呢？为什么你尝试了很多宣传手段，爆品还是不声不响呢？

核心原因之一就是你的爆品没有差异化价值。因此，爆品在有了一个好名字、一个好卖相之后，还要有一个差异化价值点。

爆品之所以能成为爆品，本质在于具有顾客可感知的差异化价值点。差异化价值点既可以是产品本身的价值，比如味道、食材、工艺、价格等，也可以是顾客可感知的价值点，比如稀缺、专属、定制等。

顾客可感知的差异化价值点如何提炼？在这里，我给你一个刘一手提炼顾客可感知产品价值点的公式：

爆品差异化价值点 = 基础价值 + 功能价值 + 精神价值

（1）基础价值 = 好吃 + 超值

爆品要确保顾客感知到"好吃"。具体来说，爆品要让顾客产生"心心念念"的感受，使他们一看到爆品便想品尝，品尝过后又期待再次体验。餐饮经营者可以在门头、店内墙面和菜单上展示出具有吸引力的高清爆品图片以刺激顾客的味蕾，激发他们的食欲。

此外，爆品要让顾客感到"超值"。超值并不一定意味着要低价，但必须确保性价比高，让顾客感到物有所值，从而产生强烈的满足感。餐饮经营者需要注意的是，做爆品时不能仅仅追求量大实惠，而是要根据产品的特点确定合理的分量，确保顾客既能享受到恰到好处的实惠，又不会感到过量。

（2）功能价值 = 好食材 + 真工艺

每家餐饮门店都声称自己选用的是优质食材，然而，如何让顾客切实感受到食材的优良品质并建立信任，这无疑对餐饮经营者的营销策略提出了挑战。要让顾客真切地感知到食材的优异品质，餐饮经营者需要通过精确的文字表达，凸显产品的独特价值。

比如，刘一手为了突出"招牌刘毛肚"的食材优质，在推广上采用这样的描述："源自四季长春的天然牧场，新鲜直供，去除边角，切成比巴掌还大的形状，分量十足，叶片大而厚，毛刺多，韧劲儿足……"这些文字描述突出了"招牌刘毛肚"的稀缺性和独特性，使顾客直观地感受到食材的价值。

此外，产品的制作工艺在价值塑造方面具有很大的潜力。以"招牌刘毛肚"为例，我们在工艺方面的宣传文案为："无毛肚，不火锅。七上八下十五秒，口感脆嫩化渣。"

（3）精神价值 = 有故事 + 易传播

产品故事讲一讲，日进黄金千万两。"故事性"会让产品自带"传播性"。《舌尖上的中国》之所以成功，就是因为这档节目在提及每一款产品的同时都会讲述产品背后的故事，使观众产生共鸣，并乐于分享这些产品故事。

卖大米的直播间很多，你为什么会选择在东方甄选直播间听了董宇辉的讲解后购买大米？橙子的种类有很多，你为什么会选择购买褚橙？很多时候，你买的不仅是产品，还有产品背后那些吸引你的故事。故事赋予了爆品灵魂，使爆品在基础价值和功能价值之外，具有了精神价值。

"说"好产品与"做"好产品同样重要。那么，我们应该如何使爆品"说话"，讲出一个个动人的故事？

以刘一手为例，我们会通过菜单、营销活动、服务人员等向顾客讲述"招牌刘毛肚"的产品故事。我们在菜单上，用"一手必点"的文案向顾客讲述了一个所有顾客都在吃"招牌刘毛肚"的故事；用"优质牛毛肚，天然草料饲养"的文案，向顾客讲述了"招牌刘毛肚"的产品质量故事。

关于讲好产品故事的方法，刘一手还在不断学习与升级中。所以，我现在无法给出切实有效的方法。为了不误导读者，我建议大家可以通过购买相关书籍、寻找讲故事的优秀人才等方式来学习如何讲好爆品故事。

虽然刘一手讲故事的能力有待提高，但在推广传播上却有着独特的优势。我们善于运用各种新媒体平台，将爆品以生动有趣的方式呈现给更多的人。比如，我们会在"刘一手"服务号上开展产品营销活动、直播预热以及新品发布等宣传工作。目前，"刘一手"服务号已经吸引了超过 200 万粉丝关注。

如何做好爆品的宣传推广？我给大家一个工具——"爆品推广五个一工程"，如图 4-8 所示。

图 4-8 "爆品推广五个一工程"

做爆品从来不是一件简单的事，而是一个从 0 到 1，再从 1 到 100 的过程。在餐饮行业，一款成功的爆品会经历三个阶段的洗礼：前期爆流量，中期爆品质，后期爆创新。餐饮经营者要想实现"一招鲜，吃遍天"，既要"有眼光"，通过六大维度找到"一招鲜"；还要"有决心"，通过"品质三三模型"让"一招鲜"好吃；更要"有方法"，通过"三个一"，让"一招鲜"吃遍天。

4.3 视觉锤：把你的门店或品牌"锤"入顾客心中

打造"锅气儿"的第二板斧是视觉锤。

大多数餐饮人在看到这三个字时可能感到有些懵，不知道它是什么意思。那么，我们先来弄懂什么是"视觉锤"。

"视觉锤"是指在商业竞争中，通过视觉元素，比如形象、意象、符号等，将品牌信息"钉"进顾客的心智空间。运用到餐饮行业，我的理解是：餐饮经营者通过设计门店或品牌的视觉形象，比如颜色、包装、门头、室内装修等，对顾客进行视觉上的反复"捶打"，从而抢占顾客心智。

在现实中，很多人容易混淆标识和视觉锤，因此会提出疑问：品牌有标识就够了，为什么还要提出视觉锤的概念？

因为标识和视觉锤是两个不同的概念，它们之间的区别见表4-3。

在充分理解视觉锤的定义以及视觉锤和标识的区别之后，餐饮经营者设计视觉锤的价值和意义也就变得明晰了：视觉锤设计得好，能够大幅提升品牌识别和传播的效率，达到事半功倍的效果。

表 4-3　标识和视觉锤之间的区别

概念	标识	视觉锤
应用范围	标识属于视觉锤 举例：被咬掉一口的苹果是苹果公司的商标标识，也是苹果公司的视觉锤	视觉锤不仅包含标识，还包含形象、意象等视觉元素 举例：可口可乐的弧形瓶是视觉锤，但它不是可口可乐的商标标识
视觉冲击力	有一定的视觉冲击力，相比视觉锤没有那么醒目	视觉锤比标识更加醒目

大家可以思考一个问题：为什么加多宝和王老吉有"红罐之争"？

核心原因是红罐属于视觉锤，而视觉锤属于品牌资产。在顾客心智中有两类品牌资产：一种是语言类的，包含品牌名、广告语；另一类是视觉类的，包括包装、符号、颜色等。

为什么日本、美国的餐饮品牌连锁率很高，而中国的餐饮品牌连锁率只有日本的 1/5、美国的 1/7？

造成这一现象的原因可能是中国的餐饮品牌大多缺乏视觉锤。**视觉锤是餐饮门店或品牌最直接、最具杀伤力的营销方法**。那么，什么样的视觉锤才能真正发挥效力，将你的门店或品牌"锤"入人心呢？

自刘一手成立以来，我们投入了大量时间和精力在视觉锤的打造上，并逐渐形成了独具特色的"刘一手火锅设计美学"。鉴于视觉锤在餐饮门店或企业中的应用涉及多个环节，一一阐述难免烦琐。尤其是对餐饮门店或中小餐饮企业而言，无须全面应用视觉锤，只需掌握视觉锤的三大核心元素，以及如何设计具有高流量的门头，便能创造出令顾客过目不忘的视觉锤。

视觉锤三大元素

做餐饮，打造视觉锤主要考虑三个元素：符号、颜色和 IP 形象。

1. 符号

视觉锤的第一个元素就是**独特且简洁的品牌符号（也称品牌标识）**。这些符号通常来源于日常生活，经过艺术加工后，成为建立顾客对门店或品牌认知的关键标识或标志。

品牌符号是设计视觉锤最有效的方法。如图 4-9 所示，耐克的品牌符号看似是一个简单的"√"，其实代表的是胜利女神舞动的翅膀，其蕴含的力量、速度、动感与"运动"相契合；苹果公司的品牌符号是"被咬了一口的苹果"，充满想象力和创新力，并且与苹果公司的名称高度统一；海底捞的品牌符号是充满设计感的"Hi"，这个单词既和"嗨"同音，有"你好"的意思，又指"海底捞"的"海"，一语双关；刘一手的品牌符号是"竖起的大拇指"，这是一种世界公认的通用手势，有"好、高、妙"等含义，这个符号不仅具有很强的视觉冲击力，还能够引起顾客的情感共鸣。

图 4-9　耐克、苹果、海底捞和刘一手的品牌符号

餐饮经营者在设计品牌符号时，应从两个关键维度进行考虑。

- 首先，品牌符号是否来源于日常生活，是否为大多数人所熟知。
- 其次，品牌符号是否能与品牌产生关联。

通过这两个维度的考量，餐饮经营者就可以评估出该品牌符号是否具有吸引力，是否带有视觉锤效果。

为了帮助大家设计出带有视觉锤效果的品牌符号，我给大家一个工具——"品牌符号四大设计法"，见表4-4。

表4-4 品牌符号四大设计法

方法	操作	举例
文字符号	文字应被大多数人认识	海底捞
数字符号	尽量使用阿拉伯数字	9久享吃 黄金鸡柳·炸鸡
图形符号	和品类关联性强	刘一手 重庆火锅 LIU'S CHONG QING HOT POT
生物符号	比如，树叶、花瓣等植物，以及猫、狗、熊、鱼等动物	牛师傅

餐饮经营者在运用"品牌符号四大设计法"时，需要基于自身的品牌定位进行设计。你可以参考以下公式来寻找设计灵感：

品牌符号 = 生活符号 + 品牌认知基因

在品牌符号的设计过程中，餐饮经营者应遵循"大道至简、少就是多"的理念，确保品牌符号形成视觉锤。

2. 颜色

视觉锤的第二个元素是颜色。

颜色是视觉元素中最具情感和象征意义的元素之一。不同的颜色可以传达不同的情感和信息。比如，红色通常代表激情、爱情和力量，而蓝色则代表平静、信任和稳定。在视觉锤中，颜色可以强化品牌的形象和信息，使顾客更容易记住和识别品牌。又如，可口可乐的红色包装已经成为品牌形象的重要标志，它代表快乐、活力和激情，与可口可乐的品牌形象相符合。

因此，在视觉锤中，颜色的选择和使用是非常重要的，它能够有效地传递品牌的情感和信息，增强品牌的识别度和记忆性。

在餐饮行业，大多餐饮品牌的门店颜色也会大面积地使用单一的颜色。比如，巴奴毛肚火锅门店的门头选用了大面积的黄色，被称为"巴奴黄"；刘一手重庆火锅门店的门头选用了大面积的红色，被称为"刘一手红"，如图 4-10 所示。

餐饮经营者可以通过选择单一颜色作为自己的门店或品牌色彩，并通过场景呈现，让品牌的视觉锤更加突出和引人注目。这种选择不仅有助于增强品牌的辨识度，还可以在顾客心中形成独特的印象。

对刘一手而言，我们的品类定位是重庆火锅，重庆火锅的特色是麻辣口感。麻辣会让顾客联想到辣椒，而辣椒是红色的。因此，刘一手选择红色作为品牌色，旨在使顾客目睹红色便能自然联想到刘一手重庆火锅。

图 4-10　刘一手重庆火锅解放碑旗舰店的门头

选定了品牌色之后，餐饮经营者还要通过场景呈现使品牌的视觉锤更加突出。在餐饮行业中，场景呈现是非常重要的，它可以让顾客更好地感受到品牌的氛围和特点。因此，餐饮经营者可以通过场景呈现来展示品牌色彩，比如在餐饮门店的墙壁、桌椅、餐具等方面使用品牌色彩，让顾客在用餐过程中不断强化对品牌色彩的接受度和认可度。

3. IP 形象

视觉锤的第三个元素是 IP 形象。

IP 形象是重要的品牌形象，具有独特的重要性。它是一个品牌的具象化表现，通过设计独特的形象，传达品牌的价值观和特点，强化顾客对品牌的认知。**相比文字，人们更容易记住图形。因此，IP 形象更容易抢占顾客的心智空间。**成功的品牌 IP 形象能够成为品牌资产的一部分，还可以延伸出很多周边产品，诸如玩偶、文创产品等。

品牌 IP 形象不能随意设计，餐饮经营者在设计 IP 形象时需要充分考虑品牌定位、目标受众以及市场环境等因素，从而创造出具有吸引力、亲和力和辨识度的形象。同时，IP 形象的设计也需要与品牌的理念和核心价值相符合，以确保其能够准确传达品牌信息。

那么，餐饮经营者该如何设计品牌 IP 形象？我总结了四大方法供大家参考。

方法一：动物拟人化。 目前，动物拟人化的品牌 IP 形象比较多。比如，刘一手为了更好地贴近年轻一代，助力品牌新势能，在 2020 年推出全新 IP 形象——五款瑞兽，其寓意心想事成、万事如意、岁岁平安、牛气冲天、好运连连，IP 形象推出后深得顾客喜爱，如图 4-11 所示。

图 4-11　刘一手 2020 年推出的全新 IP 形象

方法二：人物卡通化。 卡通人物通常具有简单、可爱、呆萌的特点，比如老娘舅中式快餐的"老娘舅"形象，如图 4-12 所示。

方法三：餐具或食材拟人化。 餐饮门店里用到的锅碗瓢盆、土豆、番茄、辣椒食材等都可以进行拟人化创作。比如，意面品牌"面豪斯"就用面条和刀叉的意象设计了一个可爱的 IP 形象，如图 4-13 所示。

图 4-12　老娘舅中式快餐的品牌 IP 形象　　图 4-13　"面豪斯"的品牌 IP 形象

方法四：历史人物 IP 化。 我们可以借用家喻户晓的历史人物或者文学形象，赋予自己的餐饮品牌不一样的内涵。比如，摇滚三国麻辣烫就借用了刘备、关羽和张飞的形象，如图 4-14 所示。

图 4-14　摇滚三国麻辣烫的品牌 IP 形象

在这里我要提醒餐饮经营者，**品牌 IP 形象要有创意，但创意要有底线**。因此，在设计品牌 IP 形象的时候不要恶搞、不要低俗，要坚守住底线。

好门头自带流量

当你通过符号、颜色和 IP 形象打造视觉锤后，接下来，就要使视觉锤发挥作用，将品牌"锤"入顾客的心智。

顾客到店就餐，第一眼看到的是什么，什么就是视觉锤发挥作用的第一战场。显而易见，**餐饮门店的门头是呈现视觉锤的第一战场**。

餐饮门店的门头是与顾客进行直接沟通的工具，更准确地说，是与流动客群进行沟通的工具。一个精心设计的门头会通过文字、图形和颜色鲜明地告诉顾客"我是谁"。反之，如果门头设计得遮遮掩掩、含含糊糊，顾客看到后需要花时间去想这家门店是做什么的。**顾客思考的时间越长，门店对他的吸引力越小。**

好门头自带流量，能够使顾客"一见钟情"。那么，餐饮经营者如何打造自带流量的餐饮门店的门头呢？

1. 基本要素：品牌名或门店名 + 品类名 + 品牌口号

一家合格的餐饮门店的门头通常包括三个基本要素：品牌名或门店名、产品品类与品牌口号。**品牌名是让顾客知道"我是谁"；品类名是告诉顾客"我卖的是什么"；品牌口号则是告诉顾客"我与众不同的优势是什么"。**

餐饮经营者将这三个基本要素呈现在门头上，就相当于在最显眼的地方贴了张名片，言简意赅地介绍了自己。

以刘一手重庆火锅解放碑旗舰店的门头为例。品牌名是"刘一手"；品类名是"重庆火锅"；品牌口号是"一手麻辣，共享全球"。这样的门头鲜明地告诉顾客刘一手的特色是麻辣火锅，而且面向全球发展。

然而，对大多数餐饮品牌来说，**门头是吸引顾客的第一步**。如果门头没有品类名和口号，顾客可能会对品牌所卖的产品感到模糊，从而影响进店率。因此，如果你想让自己的门店或品牌在市场上快速打响知名度，门头上的三个基本要素是必不可少的。

2. 加分项：让门头更吸引人

具备三个基本要素的餐饮门店的门头只是一个合格的门头，要想使门头更加吸引人，离不开以下四个加分项。

加分项一：贴合定位

餐饮经营者使门头更加吸引人的第一个加分项是贴合定位。

如果餐饮门店定位为高端，那么门头设计也应该体现高贵、大气。门头可以采用高档的材质、精致的装饰和优雅的字体来营造出一种高端的氛围。这样的门头设计能够吸引那些追求品质和格调的顾客，让他们感受到门店的专业和品质。

如果餐饮门店定位为中低端，那么门头设计则应该以简洁、明快为主。过于奢华的门头设计可能会让顾客产生"这里的产品肯定很贵"的感觉，因此望而却步。定位为中低端的餐饮门店的门头，可以采用简洁的线条、明亮的色彩和清晰的字体营造出一种平价、实惠的感觉。这样的门头设计能够吸引那些追求性价比和口感体验的顾客，让他们感受到门店的实惠和美味。

刘一手走的是中高端路线。以刘一手重庆火锅解放碑旗舰店的门头为例，其充满了独特的创意和精致的细节。首先，刘一手重庆火锅解放碑旗舰店的门头的颜色采用了红色和金色，这种颜色组合既彰显了中高端品牌的尊贵与大气，又给人一种温馨与舒适的感觉。深红色为主色调，沉稳而不失热情；金色作为点缀，增添了几分奢华和高贵。

其次，在刘一手重庆火锅解放碑旗舰店的门头造型上，我们采用了中国传统建筑中的元素，比如飞檐和斗拱等，使门头充满了中式古典的美感。同时，刘一手的门头设计也十分注重现代感的体现，采用简约的字体和线条，以及现代化的照明设备等，使整个门头既具有传统的韵味又不失现代的时尚感，符合刘一手"中国火锅产业文化全球传播第一平台"的企业愿景。

加分项二：数字加持

餐饮经营者使门头更加吸引人的第二个加分项是数字加持。

数字是最具说服力的证据。这里的数字，既可以是门店的创立时间，也可以是连锁门店的数量。

对于一些成立时间久远的门店，在门店的门头上体现创立时间，能够直观地告诉顾客这家门店或品牌的悠久历史。在餐饮市场竞争日益激烈的今天，很多新兴的门店或品牌如雨后春笋般涌现，但能够持久经营下去的却寥寥无几。因此，如果顾客在门头上看到一家门店或品牌已经存活了十几年或几十年，会产生一种天然的信任感，这种信任感源于对门店或品牌品质的认可。

对于一些连锁餐饮企业，在门店的门头上体现连锁店的数量是一种对实力和品质的无声"炫耀"。在餐饮业中，品质和信誉是至关重要的。能够开连锁门店的餐饮企业，必定有着严格的质量控制和卓越的口碑。

以刘一手重庆火锅解放碑旗舰店的门头举例，刘一手在门头上标明"全球门店突破 1000 家"，展示出刘一手的发展规模，使顾客从门头上就能感受到刘一手的实力。

加分项三：字体选择

餐饮经营者使门头更加吸引人的第三个加分项是字体选择。

字体的选择也是门头设计中非常重要的一环。合适的字体不仅能够突出店名，也能够让顾客更容易地识别和记忆。一般来说，简洁明了的字体更适合用于门头设计，而过于花哨的字体则不太适合。此外，字体的大小和排版也是需要考虑的因素，要根据门头的整体设计和实际情况来选择合适的字体和排版方式。

以刘一手重庆火锅解放碑旗舰店的门头举例，"刘一手重庆火锅"选用比较传统的字体，"一手麻辣，共享全球"选用稍有变化的字体，在整体风格上呈现出一种"一动一静"的效果。

加分项四：灯光运用

餐饮经营者使门头更加吸引人的第四个加分项是灯光运用。

在门头设计中，灯光运用是一个至关重要的环节。合适的灯光设计，不仅能够让门头更加醒目、亮眼，还能有效地吸引顾客的注意力。

首先，**明亮度是灯光设计中需要考虑的重要因素**。一般来说，餐饮门店的门头需要采用较为明亮的灯光，让顾客在远处就能看到。过于昏暗的灯光会使门头显得不起眼，甚至让人觉得这家店不太可靠。

其次，**灯光的颜色也是设计中需要考虑的因素**。不同的颜色会给人们带来不同的感受。因此，餐饮经营者在选择灯光颜色时需要考虑餐饮门店的定位和目标顾客的需求。如果餐饮门店的目标顾客是年轻人，可以选择较为时尚、前卫的灯光颜色；如果餐饮门店的定位是温馨、舒适，可以选择柔和、温暖的灯光颜色。

以刘一手重庆火锅解放碑旗舰店的门头举例，竖起的大拇指选择了明亮的灯光，使品牌标识更加显眼，顾客可以一眼就看到刘一手。

刘一手火锅设计美学

在本节前面的内容里，我和大家分享了"刘一手火锅设计美学"中通用的打造餐饮门店视觉锤的方法。这些方法不仅具有很高的实用价值，而且具有广泛的适用性。无论你是火锅店、快餐店还是咖啡馆，只要你能将这些方法灵活运用到门店的视觉设计中，就能打造出具有强烈辨识度和吸引力的餐饮空间，把你的门店或品牌"锤"入顾客心中。

接下来，我将进一步结合刘一手打造视觉锤的具体历程，深入挖掘"刘一手火锅设计美学"背后的核心理念和故事，希望能给广大餐饮经营者带来一些启示。

1. 创业期：让顾客认识刘一手

1999年，刘一手开了第一家餐饮门店。与大多数开第一家店的餐饮创业者一样，我和刘松当时并不知道什么是"视觉锤"，甚至连听都没听过。

在那个时期，"设计"在餐饮行业中的影响力微乎其微。在重庆江北区观音桥的建北市场周边有很多工人手举纸牌，纸牌上面用毛笔写着"打木架""制家具""刷墙""水电工"等字样。餐饮经营者在装修门店时可以根据施工进度找相应工种的工人，全无设计可言，门店装修出来的效果如何与工程质量如何全靠运气。

昔日，众多重庆火锅门店的经营者在门店装修方面能简则简，能省就省。部分门店简单装修一下，摆放几张餐桌便草草开业。当时业界的普遍认知是，只要火锅口味出色，其他方面皆可忽略。

庆幸的是，在创业阶段我和刘松对门店装修的认知程度高于大多数同行。我们深知，独具特色的门店外观和氛围对吸引顾客有多重要。我们认识到，对于一家新店来说，第一步要做的就是让顾客认识你。那么，如何让顾客认识你呢？最直接有效的方式就是设计一个与众不同的门头。门头是餐饮门店的招牌，是顾客对门店的第一印象，也是引导顾客进入门店的关键。

因此，在第一家门店的装修过程中我们把重点放在了门头设计上。我们为门店起了一个简洁明了的门店名，还精心挑选了富有特色的字体和颜色，目的就是让顾客远远就能看到"重庆刘一手毛肚火锅"门店，一眼认出我们并记住我们。刘一手第一家餐饮门店的门头，如图4-15所示。

图4-15 刘一手第一家餐饮门店的门头

在创业初期，我们以"让顾客认识刘一手"为设计目标，通过在门店的门头上突出店名和品类成功地吸引了众多顾客的注意，使刘一手的第一家门店在众多竞争对手中脱颖而出，也为刘一手后续扩张和品牌发展奠定了基础。

2. 连锁发展期：让顾客了解刘一手

在接下来的五年时间里，刘一手凭借产品独特的味道和卓越的品质在全国范围内飞速发展。在全国各区域，刘一手的门店数量迅速增长，达到了 130 余家，分布全国五个省市，年总营业额超过 5 亿元。凭借迅猛的发展势头，刘一手成为国内火锅行业的佼佼者。在这一阶段，刘一手在视觉锤的打造上也有了新的变化。2005 年刘一手重庆火锅永陵店、草堂店、战旗店的门头如图 4-16 所示。

永陵店

草堂店

战旗店

图 4-16　2005 年刘一手重庆火锅的不同门头

当刘一手进入连锁发展期后，我和刘松通过学习，已经有了视觉锤的概念。我们意识到，**要想在激烈的市场竞争中脱颖而出，就必须打造一套独特的视觉识别系统，让顾客了解刘一手。**

因为我和刘松对装修设计一窍不通，为了使刘一手的门店设计不落窠臼，我们选择了当时在商业室内空间设计领域颇具实力的设计师夏刚。他当时以酒店装修设计为主，按照他的设计标准与规格，我们的门店装修成本会较高。他也婉转地提醒了我们，但我和刘松认为：秉持高标准设计，资金问题无须担忧。

在设计师夏刚的助力下，刘一手有了自己的视觉识别系统，主要包括以下两方面。

- **统一品牌视觉元素**。在连锁发展期，保持品牌视觉的一致性至关重要。我们精心设计了刘一手的品牌标识（竖起的大拇指），确定了品牌色彩（红色）、品牌字体等视觉元素，并将这些品牌元素运用到门头设计、店内装潢、员工服饰、广告宣传等多个方面，确保品牌形象的一致性。比如，在门头设计上，我们采用了简洁大方的竖起的大拇指图案，搭配上品牌名，快速吸引顾客的注意力。

- **强调品牌特色**。通过创意设计，我们将重庆火锅元素巧妙地融入门店装修，让顾客一走进店内就能感受到浓郁的火锅氛围。比如，我们在墙壁上悬挂具有地域特色的重庆风光画作，搭配火红色的灯光，营造出热辣的氛围。此外，我们还在餐桌和椅子上加入火锅元素，比如使用辣椒、牛油等图案，使顾客在享用美食的同时也能感受到品牌的文化内涵。

当然，一个成功的品牌形象不仅仅依赖于视觉锤，还需要品牌内涵的支撑。刘一手在不断打造视觉锤的同时也没有忘记修炼内功。我们严格把控食材来源，确保顾客品尝到的每一款产品都是美味佳肴。同时，我们积极倾听顾客意见，不断优化产品口味和服务质量，使顾客满意度持续提升。

在这一阶段，刘一手也找到打造视觉锤的两大标准：

- **一是门店设计要符合重庆火锅的品类定位。**
- **二是门店设计要创造实实在在的利润。**

我们之前讲过，门店设计要符合定位。那么，门店设计如何创造利润呢？我举个例子来说明。在两家火锅店位置相近、口味相似的情况下，顾客往往更倾向于装修较为精致的那家火锅店。这就是好的视觉锤为门店吸引顾客，从而直接创造利润的体现。如果门店的视觉锤设计不佳，会在后续经营过程中出现各种隐形问题，需要餐饮经营者不断投入资金、人力进行弥补。

刘一手在有了自己的视觉识别系统后更加具有吸引力和辨识度,这使顾客在众多餐饮品牌中一眼就能认出刘一手,从而为刘一手的海外扩张奠定了坚实基础。

3. 全球化发展期:让顾客喜欢刘一手

自 2010 年起,刘一手在全球范围内开启了国际连锁业务。首家海外分店"刘一手重庆火锅迪拜店"的成功开业,标志着刘一手迈出了走向全球化的第一步。从此,刘一手重庆火锅店开遍了 15 个国家,如图 4-17 所示。

图 4-17 刘一手在国外的部分连锁店

当刘一手进入全球化发展期后,如何打造具有国际影响力的品牌视觉锤成为我们关注的焦点。在这一阶段,刘一手在视觉锤的打造上主要有三大举措。

举措一:明确品牌定位。这是打造视觉锤的基础。刘一手通过品类定位、目标顾客群定位、升级菜单等动作进一步明确品牌形象。比如，在品牌视觉锤的应用过程中，如餐饮包装、广告、宣传资料等，统一使用红色作为主色调的同时标注品牌名、品牌标识等，从而强化品牌印象。

举措二：强化品牌视觉锤的传播。刘一手通过举办各类活动、线上线下联动等方式，让刘一手品牌的视觉锤深入人心。比如，在重大节日或庆典活动中，刘一手推出限定版包装，将品牌文化融入其中，吸引顾客关注。

举措三：保持品牌视觉锤的一致性。在全球化进程中，我们需要确保刘一手的品牌形象在不同国家和地区的视觉表现形式保持一致。为此，我们制定了一套完整的视觉锤规范——"刘一手火锅设计美学"，明确各种视觉元素的使用场景和规范，确保品牌形象的统一。

"刘一手火锅设计美学"对刘一手重庆火锅门店的各个细节都有明确的标准。我挑几个细节和大家分享。

在门店的光源设计方面，"刘一手火锅设计美学"秉持"明厨"原则，提倡采用"功能性光源"与"层次感光源"。通过巧妙运用光线，使得空间层次分明、错落有致，从而有效缓解火锅店的油腻感和杂乱氛围。

当初，设计师夏刚提出在刘一手重庆火锅门店安装水晶灯的想法时，堪称惊世骇俗。一方面是因为一盏品质优良的水晶灯的成本不低；另一方面是因为火锅店内悬挂水晶灯，不久便会被油烟熏染得油腻不堪、黯淡无光，既耗费财力又不实用。所以，刘一手内部很多人认为在火锅店安装水晶灯实在没有必要。

然而，在夏刚阐述了水晶灯对塑造重庆火锅门店视觉锤效果的优势之后，我们最终同意了这个方案。

水晶灯的安装为刘一手重庆火锅门店带来了全新的视觉效果。在水晶灯光的映衬下，门店显得更加宽敞、明亮，营造了一种浪漫、温馨的氛围。顾客在品尝火锅时，不仅能够大快朵颐，还能在此环境下感受到一种别样的就餐体验。这种改变使刘一手重庆火锅受到了越来越多顾客的青睐。

在门店的护墙效果方面，昔日大部分火锅店为降低油烟影响，普遍会在墙面上张贴彩色玻璃纸。这些纸张斑斓各异、光彩耀眼，可谓"脏眼睛"（指某种情况让人一看就觉得不舒服、不满意、不想看）。

为了呈现卓越的视觉锤，我们与设计师多次探讨，最终确定了实木护墙的设计方案。然而，这一方案的实施需要人力确保木墙的洁净度。但刘一手对该方案的支持态度很坚决。

在实木护墙安装过程中我们注意到，为保证安全性，需要同时安装防火性能卓越的防火板，并在防火板上铺设实木。这一做法无疑又增加了成本。然而，刘一手的态度依然是：顾客满意至上。

在门店的排风系统上，刘一手采用了无烟桌食火锅以减轻顾客就餐时火锅气味的困扰。无烟桌食火锅锅内的水蒸气和油烟在烧开后可被高效净化过滤并转化为水，吸烟率高达 95% 以上。然而，使用无烟桌食火锅需要每月人工换水，费时费力。尽管如此，仍有 5% 的烟气溢出。

为解决烟气溢出的问题，刘一手将门店空间挑高，并增设排风系统，从而促进空气流通，减少剩余 5% 的烟气。但此举导致在炎热的夏天普通空调难以满足顾客的制冷需求。因此，刘一手将原本的 10 匹空调更换为 20 匹。

安装这样一套排风系统的成本在几万元。尽管许多餐饮人认为这一举措并无必要，但我们坚定地认为投资这套排风系统是明智之举。我们需要明确排风系统在餐饮门店中所发挥的关键作用，它不仅能够有效解决厨房油烟和异味问题，为顾客营造舒适的就餐环境，还能降低火灾风险，确保顾客有一个安全的就餐环境。

尽管投资较高，但排风系统在门店运营过程中的回报是显而易见的。良好的空气质量能吸引更多顾客，提高顾客的就餐体验，从而提升门店的口碑和生意。此外，排风系统还能降低门店的运营成本，节省空调能耗，降低室内温度。

窥一角而知全貌。刘一手的视觉锤打造渗透在每一个细节里。从色彩搭配到材质选择，从线条勾勒到整体构架，刘一手不断提高顾客的就餐体验。在我们看来，细节决定成败，只有将每一个细微之处做到极致才能让视觉锤发挥价值。

正是这份执着和热爱，让刘一手的视觉锤在业界树立了良好的口碑，赢得了广泛的认可，这也是"刘一手火锅设计美学"形成的重要阶段。

4. 高质量发展期：让顾客爱上刘一手

2021年，刘一手面临市场竞争和内部管理的双重挑战。这是一个关键时刻，我们意识到刘一手需要进行一次全面的改革以适应市场的变化和未来的高质量发展。

经过企业的多次战略会议讨论，我们明确此次刘一手改革的目标是全面升级品牌，使之更具市场竞争力。此次品牌升级不仅包括优化产品和服务，还包括对内部管理进行调整以提高企业运营效率。

在进行全面品牌升级之际，我们深入思考：什么样的品牌价值能让顾客爱上刘一手？经过对市场调研与顾客需求的深入洞察，我们找到了关键切入点，那就是"文化"。

唯有文化生生不息。**文化的传承与创新是推动企业实现高质量发展和可持续发展的基石**。那么，如何把品牌文化融入视觉锤的打造中，成为这一阶段刘一手思考的重点。

为了将品牌文化融入视觉锤的打造中，刘一手主要从以下三方面着手。

第一，升级企业文化。这是视觉锤打造的基础，我们对刘一手的企业文化进行深入挖掘，升级了企业的愿景、使命、价值观等方面，将这些元素进行整理和提炼，使之成为视觉锤的核心内容。

第二，创新文化表达方式。刘一手运用数字化技术，将传统饮食文化与现代审美相结合，打造独具特色的视觉形象。同时，通过研究目标顾客的喜好和需求，刘一手巧妙地将文化元素融入产品包装、广告宣传等方面，使视觉锤更具吸引力和辨识度。

第三，视觉锤的传播与推广。刘一手充分利用互联网平台，结合短视频、社交媒体、自媒体等多种形式，扩大视觉锤的影响力。同时，通过直播增加品牌与顾客的互动，让更多的人了解和认同刘一手的品牌文化。

在视觉锤的实际应用方面，我们对门店的门头设计、色彩和品牌口号等方面进行了全方位的规划。关于这些内容，我们在前面内容中已有详细阐述，此处不再赘述。

通过以上三个方面的努力，刘一手成功地将品牌文化融入视觉锤的呈现中，为顾客展示了一个更具文化内涵和价值的品牌形象。然而，就在这一切看似步入正轨之时，疫情的暴发给全球带来了前所未有的冲击，各行各业都受到了深远的影响，对餐饮行业的影响尤其显著。

面对这样的困境，加盟商对投资餐饮业产生了极大的疑虑，他们担心高昂的装修成本难以收回。因此，他们在按照刘一手的高标准装修门店时变得格外谨慎，甚至产生了抵触情绪。

此时，我们采取的措施是一边和加盟商沟通，一边加强对加盟商的管理和培训。我们主要做了以下四方面的工作。

第一，使加盟商明确文化视觉锤的重要性，让加盟商深刻理解文化视觉锤对品牌形象的独特价值。 我们通过举办加盟商研讨会、培训课程等形式，提高加盟商对文化视觉锤的认识和运用能力。

第二，加强了加盟商之间的沟通与交流。鼓励他们分享在实际运营过程中的成功案例和经验，以激发其他加盟商的积极性。 我们建立了一个加盟商交流平台，让加盟商在平台上互相学习、互相鼓励，共同提升文化视觉锤的实施效果。

第三，制定了一套完善的加盟商评估和激励机制。鼓励加盟商在打造文化视觉锤方面做出突出业绩。 通过对加盟商的文化视觉锤实施情况进行定期评估，对表现优秀的加盟商给予奖励和表彰，激发他们持续投入文化视觉锤的打造。

第四，注重与加盟商的长期合作。建立稳定的合作关系。 通过不断优化品牌形象，持续提升文化视觉锤的影响力，使加盟商能够从中获得长期稳定的收益，从而增强他们打造文化视觉锤的积极性。

从 2021 年到 2023 年，经过三年的宣传、推广和运用，如今刘一手以文化为抓手的视觉锤落地取得了不错的效果，在顾客心中形成了潜在的文化认同感。

二十五载春华秋实，见证了刘一手从最初重庆一家不起眼的街头小店，发展到如今全球拥有 1500 家店的辉煌历程。**刘一手的视觉锤打造历程也是品牌的发展历程。**

餐饮经营者可以借鉴刘一手打造视觉锤的整个历程，根据自身门店的发展阶段，针对性地运用视觉元素，提升门店或品牌形象和知名度。

不过，餐饮经营者需要明确的是，视觉锤打造的起点并非文化层面，尤其是初创阶段的门店，将视觉锤的目标放在文化层面无疑是浪费时间和成本，甚至可能给门店带来额外的负担。因此，我们需要找到一个更适合初创阶段的餐饮门店打造视觉锤的策略。

对于初创阶段的餐饮门店，视觉锤打造策略我总结为十六个字："**找准定位、简化设计、持续优化、融入文化**"。

找准定位。餐饮经营者首先要明确自己门店的市场定位，包括目标客户群体、产品特色和经营理念等。这些都是塑造品牌形象的重要依据。通过对市场和目标客户群体的研究，餐饮经营者找到符合自身特色的视觉元素，使之与目标顾客产生共鸣，从而提高品牌知名度。

简化设计。餐饮经营者各方面的资源有限，因此在视觉设计上要力求简洁、明了，避免使用过多的复杂元素，以免给顾客带来困扰。简单大方的视觉设计既能降低成本，又能快速传达品牌信息。

持续优化。随着门店的发展和市场的变化，视觉锤也需要不断调整和优化。这不仅包括视觉元素的更新，还包括品牌形象的升级。在这个过程中，餐饮经营者要密切关注市场动态和顾客反馈，从而确保视觉锤始终与门店发展保持同步。

融入文化。当门店逐渐走向成熟，餐饮经营者可以尝试将企业文化融入视觉锤，通过视觉元素传达企业的价值观、经营理念和精神风貌，进一步提升品牌形象，形成独特的品牌标识。此时，视觉锤已经不仅仅是一个简单的视觉符号，更是企业文化的体现和传承。

你需要牢记：**在正确的时间，做正确的事，才能有正确的结果。**

4.4 定价格：最低成本的营销手段

打造"锅气儿"的第三板斧是定价格。

在刘一手创立之初，我曾向一位在餐饮界颇有声望的前辈请教"如何成功经营一家餐饮门店"。他赠予我一条宝贵的建议："产品分量要充足，价格要亲民。"这句"开店箴言"不仅我在创业之初奉为圭臬，也是众多餐饮经营者开店的重要原则。

直到我经营刘一手几年后，发现刘一手已经做到了"产品分量要充足，价格要亲民"，却始终突破不了增长瓶颈。刘一手的产品和服务没有问题，战略和定位也没有问题，问题出在哪里呢？后来，我在一次学习中找到了问题的症结：是产品的定价出了问题。这一次学习，不仅使我找到了突破餐饮瓶颈的利器，还颠覆了我对产品定价的认知。

定价即餐饮经营

定价，对做餐饮意味着什么？

定价定战略：不同的产品定价决定了餐饮门店不同的资源配置。一款定价 15 元的产品和一款定价 55 元的产品需要配置的出品标准、采购标准、服务标准、营销资源等是完全不同的。一家门店的产品定价最能反映门店的战略侧重点。

比如，刘一手集团旗下除了刘一手重庆火锅，还有重庆刘一手心火锅、六十一度牛杂火锅馆、刘口水耙牛肉火锅、流口水火锅小面等，这些品牌各具特色，分别有不同的战略和定位，能够满足不同顾客群体的需求。战略和定位的不同决定了每个品牌的产品定价也不同，同时门店的装修、服务和产品等方面也各具特色。

定价定顾客：产品的定价决定了目标顾客群体。产品定价策略反映出门店的顾客是高端、中端还是低端，这是顾客定位的重要体现。不同的产品定价决定了你的顾客到底是谁，你在哪个领域和谁竞争，以及你的市场大小。

定价定利润：产品的定价决定了餐饮门店的收入和利润。餐饮门店的利润来自哪里？餐饮门店利润的计算公式是：

$$利润 = （价格 \times 销量） - 成本$$

通过门店利润的计算公式我们可以得出一个简单的结论：如果你想提升门店的利润，只有以下三条途径。

- **提高产品销量**。如果你想通过提高门店产品的销量来提升门店利润，那么你必须投入至少一倍的时间、精力和资源。而且，单纯的量变并非立即见效，而是需要经过一段时间的积累。

- **降低经营成本**。如果你想通过降低门店的经营成本来提升门店利润，那么可能会出现产品品质下降等情况。如果你想在不降低产品品质的情况下降低成本，则需要对门店的人效、品效、坪效进行优化，然而这一过程同样无法在短期内实现。

- **提高产品价格**。通过前两条提升门店利润途径的分析，你发现只有通过调整产品价格来提升门店利润，才能起到立竿见影的效果，并且成本最低。

古希腊物理学家阿基米德说："给我一个支点，我就能撬起整个地球。"这句话揭示了杠杆原理的巨大力量。同样，定价也具有杠杆的威力，能够显著提升门店的利润。

定价定营销：定价是做餐饮成本最低的营销手段。定价是营销中非常重要的一环。餐饮门店所有的营销活动都要通过定价来体现。营销的好坏、成败最终反映在价格和利润上。"现代营销学之父"菲利普·科特勒在《营销管理》一书中说过："营销不是通过价格出售产品，而是在出售价格本身。"

在日常生活中顾客往往通过价格来评判一款产品的价值，因为价格是产品品质最直观的体现。正如中国的一句老话所说，"人不识货钱识货"，正是对这一现象的生动描述。因此，价格本身就是产品的一个重要特性。在某些情况下，产品的价值决定了价格；而在另一些情况下，价格则决定了产品的价值。

"日本经营之圣"稻盛和夫在著名的《经营十二条》中提到**"定价即经营"**。延伸到餐饮行业，定价即餐饮经营。这也证实了定价对餐饮经营的重要性。合理的产品定价不仅关乎餐饮门店的盈利能力，更会对门店的战略规划、资源配置、目标顾客群体和营销策略产生深远影响。所以，**当你决定了产品售价的那一刻，门店或企业的定位和未来的命运似乎也就注定了**。

六大定价法

餐饮门店的产品定价是一件让餐饮经营者头疼的事。**产品价格定高了，产品卖不出去，门店赚不到钱；产品价格定低了，门店利润太薄，依旧赚不到钱。**那么，什么样的产品定价策略才能既抓住顾客的心，又能让餐饮门店盈利呢？

结合刘一手的定价策略，我给大家介绍适用于餐饮行业的六大定价法。

1. 随行就市定价法

这是餐饮行业中一种非常实用的定价法。随行就市定价法分为以下两个步骤。

第一步：收集和分析周边餐饮门店的产品价格。餐饮经营者可以通过对比和分析周边餐饮门店的产品价格，深入了解市场同类产品的价格区间，同时也能更好地评估顾客的购买能力和消费水平。

第二步：结合门店具体情况拟定产品价格。餐饮经营者要根据门店的具体情况，比如成本、利润空间和市场竞争等因素来定价格。

此外，随行就市定价法还可以通过不断调整和优化价格来提高营销效果。比如，你可以根据门店销售数据和市场反馈等信息调整产品价格和品质，从而满足顾客的需求和提高门店营业额。

随行就市定价法可以避免餐饮经营者将产品的价格定得过高或过低。采用这种定价策略，既可以避免顾客因价格过高而无法购买，也可以避免因价格过低而使顾客对产品品质产生怀疑。

餐饮经营者在运用随行就市定价法时需要对搜集来的信息进行筛选。对于生意不好的餐饮门店和品类相差太远的餐饮门店,不适合将其作为产品价格的参考对象。

2. 本、量、利综合分析定价法

本、量、利综合分析定价法指的是餐饮经营者根据产品的成本、销售情况和盈利要求进行综合定价。餐饮经营者在使用本、量、利综合分析定价法时应将产品按照销量和成本进行分类。餐饮门店的产品分类及定价法见表4-5。

表4-5 餐饮门店的产品分类及定价法

产品分类	定价策略
高销量、高成本	加适中毛利
高销量、低成本	加较低毛利
低销量、高成本	加较高毛利
低销量、低成本	加适中毛利

本、量、利综合分析定价法以**"成本越高,毛利越高;销量越大,毛利越低"**为定价原理,综合考虑了产品的销量、成本和利润之间的关系,是一种比较全面的定价法。

餐饮经营者需要注意的是,这种定价法的短板是没有考虑市场均衡价格,没有向外看。因此,餐饮经营者在使用本、量、利综合分析定价法时,除了要向内看,关注产品的销量、成本和利润,还要向外看,看竞争对手的产品定价,既不要高于市场价太多,也不要低于市场价太多。

3. 招牌产品定价法

我在前面的章节中提到过，餐饮门店一定要有自己的招牌产品。餐饮门店的招牌产品往往意味着门店有独特的配方或者有优势的供应链，是其他餐饮门店难以模仿的。

为了充分发挥招牌产品的价值，餐饮经营者可以采用招牌产品定价法。这种方法的核心是将招牌产品的价格定得高于其他产品，从而确保餐饮门店获得足够的利润。

餐饮经营者在采用招牌产品定价法时需要注意的是，高定价的招牌产品不能没有，但也不能全都是高定价的招牌产品。如果门店的产品全都是招牌产品，那就意味着没有招牌产品。

为确保餐饮门店的经营效益，我的建议是：

- 高利润产品的占比为 20%。
- 中等利润产品的比例可适当提高，占比为 70%。
- 低利润产品的主要作用在于吸引顾客，占比为 10%。

4. 系数定价法

如果你想把门店的成本控制在一定范围内，采取系数定价法比较合适。

以产品的原材料成本乘以定价系数，即为产品的销售价格。定价系数取决于餐饮经营者对成本的控制。比如，餐饮经营者打算将产品的成本控制在 40%，则定价系数为 1÷40%=2.5。

假设一盘酸辣土豆丝的成本为 2 元，按照定价系数为 2.5 来计算，这盘酸辣土豆丝的售价应该为 2×2.5=5 元。

系数定价法要想使用得当，餐饮经营者需要严格控制成本率，而且要与时俱进，使定价系数与物价水平保持一致，这样才不会导致门店经营亏损。因此，**系数定价法更适合有一定经验的餐饮经营者使用，不太适合餐饮创业者。**

5. 亏本价定价法

亏本价定价法是餐饮行业一种有效的营销策略，餐饮经营者通过挑选一些产品作为特价产品，吸引顾客上门。特价产品的价位一定要足够低，让顾客一看就有购买的冲动，但同时也要保证其他产品的价格相对合理以保证门店整体盈利。亏本价定价法的目的是通过特价产品吸引顾客，增加门店的营业额和知名度。一旦顾客被吸引到店里，他们可能会购买其他产品或成为回头客。

在亏本价定价法中，你的首要目标是吸引顾客进店。开店做餐饮，人气最重要。然而，你需要注意控制特价产品的推广数量。**每天只推出一款产品是最佳选择，**这样可以保持顾客的新鲜感。

6. 尾数定价法

尾数定价法是指餐饮经营者在确定产品价格时采用接近整数的定价方法。这种定价方法在超市中尤为常见，我们经常可以看到商品标价为 9.9 元、12.8 元、49.9 元等。尾数定价法通过在价格上保留一定的尾数，使顾客在心理上产生价格较低的错觉，从而增强购买的意愿。这种策略有助于激发顾客的购买欲望，提高产品的销售量。

结尾数字为"9"的尾数定价法在市场上具有一定的影响力，使顾客产生该商品较为经济实惠的错觉。比如，199 元和 200 元之间的差距仅为 1 元，但在顾客的心理预期中，199 元被视为接近 100 元的价位，而 200 元则被视为 200 多元的价位。因此，相较于购买 200 多元的商品，购买 100 多元的商品容易被视为更为划算的消费决策。

同样，尾数定价法也适用于餐饮行业的产品定价，不过**餐饮行业主要利用"2"和"7"这两个数字进行尾数定价**。这是因为，大多数餐饮行业的顾客习惯以"5"作为产品的价格衡量标准。比如，当一款产品的定价为 22 元时，顾客会认为该产品价格低于 25 元，从而产生一种较为便宜的心理感受。同理，当产品定价为 27 元时，顾客会认为其与 25 元和 26 元的价位相差无几。然而，如果产品定价为 29 元，顾客的消费意愿可能会降低。

以上六大定价法，餐饮经营者可以根据自己门店的战略和定位选择一种或几种定价方法组合使用。

在结束产品定价格的方法介绍之前，我想再强调一点：**不同价位的产品在菜单上的排列顺序也是有讲究的**。许多餐饮经营者为了方便顾客点餐，习惯将相同价位的产品放在一起。然而，这种做法可能不利于提高门店的产品销量和客单价。如果顾客在点餐时发现高价产品的价格过高，他们可能会跳过这一部分，直接找到低价产品的位置。

为了解决这一问题，你可以考虑改变策略，**将价格不同的产品分散在不同的菜单页面**。这样一来，无论顾客想选择哪种价位的产品，他们都需要仔细查看整份菜单。这不仅增加了每款产品的曝光率，还有利于服务人员更好地向顾客推荐高价的招牌产品。这样的调整不仅可以提高顾客的点菜体验，还有助于提升门店的客单价和整体营收。

3元一份豆腐，带来无限客源

除了以上六大定价法，餐饮行业还有一种定价法：超低价定价法。

外婆家的"麻婆豆腐"就是用了超低价定价法，不管豆腐的成本翻了几番，也不管其他餐饮门店的"麻婆豆腐"价格涨了多少次，外婆家的"麻婆豆腐"十几年来从未涨过价，始终保持着3元一份的价格。

很多餐饮经营者可能会提出疑问：外婆家的"麻婆豆腐"价格这么低，利润从哪里来呢？

外婆家的"麻婆豆腐"几乎没有利润，它不是外婆家的盈利产品，而是外婆家的引流产品。

首先，外婆家的"麻婆豆腐"具有引流作用。因为价格低、味道好，这款产品深受顾客喜爱，成为外婆家的引流产品，吸引大量顾客前来品尝。同时，这款产品也成为其他产品的搭配佳品，提升了其他产品的市场竞争力。

其次，外婆家的"麻婆豆腐"具有品牌塑造作用。这款产品虽然价格低，但分量足、品质佳，塑造了外婆家"物美价廉"的品牌形象。通过这款产品的口碑传播，外婆家的品牌知名度和美誉度得到了提升，为外婆家的长远发展奠定了坚实基础。

讲到这里，不得不提外婆家的产品定价系统。外婆家在给产品定价格时参考了产品的购买指数（Purchase Index，简称PI）。通过PI值，外婆家会调节菜单中各个价格区间的产品数量，使门店的产品价格整体维持在亲民价位，同时又能保证综合毛利。

在外婆家，售价在 15~20 元的产品数量，占产品总数的 35%；售价在 15 元以下的产品数量，占产品总数的 10%；售价在 25~40 元的产品数量，占产品总数的 45%；售价超过 40 元的产品数量，占产品总数的 10%。按照这样的价格比例，有人曾经计算过，在外婆家点餐，人均不会超过 60 元。

与产品超低价形成鲜明对比的是外婆家的门店装修一点也不掉价：华丽的吊灯、充满艺术气息的装饰画、藤编木椅等"高颜值"的装修，使顾客在外婆家得到了超值的就餐体验。

外婆家的成功得益于其超低价定价法和"便宜实惠"。这种成功的经营策略不仅为外婆家带来了源源不断的客流，还为顾客带来了实惠。

48 元一份毛肚，创造排队神话

西贝莜面村将一个馒头的价格定为 12 元，将一碗凉皮的价格定为近 40 元；刘一手将一份毛肚的价格定为 48 元……这些产品的价格相较同品类产品明显偏高。但产品的价格高，门店依然创造了顾客日日排队、餐餐排队的神话，这是为什么呢？以刘一手为例，这样的"排队神话"离不开我们在产品定价时采用了品质溢价法。

品质溢价法，顾名思义，是指餐饮门店或企业通过提高产品品质，从而提高产品的价格。 这种定价法的核心理念是，高品质的产品应当获得相应的价值回报。对顾客而言，他们愿意为高品质的产品支付更高的价格，因为这些产品在口感、品质、服务等方面都表现出色。

刘一手的"招牌刘毛肚"之所以能够卖到 48 元一份，也是因为其品质卓越。我们选用的毛肚经过严格的筛选和处理，保证了毛肚的新鲜度和口感。同时，刘一手在毛肚制作过程中采用独特的配方和工艺，使毛肚的口感更加鲜美、独特。因此，顾客愿意为这种高品质的毛肚支付更高的价格。

品质溢价法，可以使餐饮经营者告别价格战的泥沼，通过超额的利润，更加专注于产品品质的提升。 但是，品质溢价法如果用不好，很容易"翻车"，造成顾客对产品过高的价格不买账的情况。因此，餐饮经营者要想用好品质溢价法，要注意以下三个前提：

- **品牌有实力。**
- **食材很稀缺。**
- **产品有故事。**

品质溢价法的成功实施，需要餐饮经营者在产品品质、服务等方面下足功夫。 只有真正做到高品质、高价值，才能在激烈的市场竞争中脱颖而出，得到顾客的认可和信任。同时，餐饮经营者还需要根据市场需求和竞争状况灵活调整价格策略，从而确保产品的价格与价值相符。

到此为止，关于营销"三板斧"的道与术全部分享完毕。我需要强调的是：以道驭术，术亦有道；道术结合，相得益彰。营销"三板斧"旨在帮助餐饮经营者把看不见的事情变为看得见，把不可控的事情变得可控，最后增加经营的确定性。希望餐饮经营者道术结合，早日营造出独属于自己门店的"锅气儿"。

工具 "锅气儿"检测三步法

为了帮助餐饮经营者更好地检测自己的餐饮门店是否有"锅气儿",你可以使用"锅气儿"检测三步法,见表4-6。

表4-6 "锅气儿"检测三步法

"锅气儿"检测三步法	具体内容
一"看"	看环境、看顾客、看产品、看后厨、看卫生
二"听"	听门店的各种声音:说话声、笑声、吆喝声,甚至是哭声、吵架声
三"感受"	感受味道,感受服务人员提供的服务,感受顾客的情绪

降本提效

干毛巾也要拧出三滴水

刘一手的店长画像

5.1 效率之争才是做餐饮的终极之争

在开启本章的阅读之前,我想先分享一个小故事。

一天,几个孩子在玩拧毛巾比赛,看谁能在最短的时间内把湿毛巾拧干。经过几轮激烈的角逐,孩子们使出吃奶的力气去拧毛巾,毛巾看起来已经无法再拧出更多的水。此时,一位肌肉发达的男子自告奋勇地站了出来,他用力一拧,毛巾又拧出了不少水。他对孩子们说:"这样,这条毛巾才算干透了。"话音未落,一位看似瘦弱的老者说:"我也来试试。"只见他用力一拧,毛巾中的水又落下来几滴。

看完这个小故事,你是一笑而过,还是有所启迪?

任正非和柳传志读完这个故事后,从中体悟到了"干毛巾也要拧出三滴水"的经营理念。任正非说:"只要毛巾能拧出水,就说明还有竞争空间;毛巾拧断了,企业也就完了;只有毛巾拧干了且不断,这才是最佳状态。"柳传志说:"一分利润与半点效益都是'挤'出来的。"

什么是"干毛巾也要拧出三滴水"?通俗地说,那就是降本提效。

当下,餐饮经营者面临着前所未有的"内卷"。这种"内卷"表现在两个方面。

- 一是外部的市场竞争日益加剧,价格战的愈演愈烈导致餐饮门店或企业的利润空间被不断压缩。

- 二是餐饮门店或企业内部的经营成本居高不下，压得餐饮经营者喘不过气来。

在如此严峻的市场环境下，餐饮门店或企业要想摆脱"内卷"，实现可持续发展，降本提效是关键的经营策略。餐饮经营者切记一句话：**别让成本拖了后腿，提高效益才是王道！**

做餐饮，成本是降不下来的

一提起"降本提效"这四个字，你是不是就开始琢磨怎么省钱了？为了省钱，你可能会这样做：

为了降低原材料成本，你会选用便宜的原材料，企图用这样的方法将门店一天的食材成本从 2000 元降至 1000 元。

为了降低人工成本，你把服务人员从 10 人减到 5 人，人员薪酬也进行了下调。

为了降低食材消耗和浪费，你减少了产品的分量，门店的灯光也调暗了一些。

降低成本以后，餐饮门店就能盈利了吗？

当你开始降低餐饮门店的成本，就像打开了"潘多拉的盒子"，各种问题接踵而至。虽然门店看似有了利润，但品质一定会大打折扣——原来门店用的是品质较好的食材，现在换成较差的，味道变了，顾客一下子就能吃出来；原来门店的产品是大包装，现在换成了小包装，顾客感到分量不足，会产生吃亏的感觉；门店的服务人员从 10 人减到 5 人，顾客需要服务时找不到服务人员，门店的服务水平大打折扣……整家门店完全变了样。

表面看，成本是减少了 1000 元，但差额背后隐藏的却是餐饮门店标准的差异。想想看，门店里的硬件、软件、流程、管理、经销商、供应商以及采购标准，哪一个不是围绕着成本转？成本就是战略，成本的背后是资源的配置。

所以，你降低了门店的成本就改变了门店的战略、定位、产品结构等，"你已经不再是原来的你了"。这样做带来的结果是："赔了夫人又折兵"——老顾客和新顾客都丢了。

做餐饮，成本是降不下来的。要想成本降下来，经营能力就需要跟上去。餐饮经营者所谓的"降低成本"，一定是建立在优化流程、提高效率等能力提升之上。

这表明"降本提效"的关键点不在"降本"上，而在"提效"上。从农业社会到工业社会，再到互联网时代和人工智能时代，这一切其实都是在讲述生产效率不断提升的故事。

在餐饮行业中，高效率的门店或企业往往能够轻松击败低效率的门店或企业。这就像一场赛跑，跑得快的人就是赢家。无论是同一家门店两位厨师之间的竞争，还是门店与门店、品牌与品牌之间的竞争，胜负的关键就是效率。提效就是最好的降本。效率之争才是做餐饮的终极之争。

"三提三效"

那么，餐饮经营者要如何提效？提什么"效"？

我们先来看一组数据：根据美团 2023 年公布的数据显示，最近五年新开业的餐饮门店当中，一年内倒闭的有 60%，两年内倒闭的有 80%。为什么会出现这种情况呢？

因为餐饮行业不可避免地要面对"四高一低"的问题，无论是谁，只要做餐饮就避免不了。

"四高一低"指的是高原材料成本、高人工成本、高房租成本和高能源成本带来的低利润。

高原材料成本导致餐饮门店沦为原材料商的"销售员"。在当前经济环境下，原材料成本持续上涨，这使餐饮门店在产品品质、口感等方面不得不做出妥协。这样的妥协直接影响了顾客的消费体验，进一步导致餐饮门店的盈利能力减弱，难以在竞争激烈的市场环境中脱颖而出。要解决这一问题，餐饮经营者要在提人效、提坪效、提时效上同时下功夫。

高人工成本导致餐饮门店成为员工的"温床"。当前，餐饮门店的人力成本已普遍接近营业额的 20%。然而，与不断上升的用人成本相比，员工的工作效率和服务质量并未随之提升。与此同时，顾客对服务体验的要求却日益提高，包括点菜的便利性、上菜的时间、支付方式的多样性等方面。要降低人工成本，餐饮经营者要做的是提人效，通过重视人才的选拔和培养，提高整体团队素质；优化工作流程，提高工作效率；完善管理机制，激发员工积极性，让员工在工作中感受到成就感。

高房租成本导致餐饮经营者沦为房东的"打工仔"。近年来，随着中国城市化进程的加快，土地资源日益紧张，房租价格不断攀升。尤其是在一线城市，高房租已经成为餐饮业经营者难以承受之重。房租作为市场调节下的经济产物，其价格波动受到供需关系、地区经济发展水平、政策调控等因素的影响，我们实难改变这一客观事实。所以，只有立足餐饮经营，通过在提人效、提坪效、提时效上面下足功夫才能有效地控制房租成本。

高能源成本导致餐饮门店成为利润的"大胃王"。大多数餐饮经营者往往只能看到房租成本、人工成本、原材料成本这类有形的开支,而忽视水、电、气等无形的能源消耗。事实上,餐饮门店的能源成本占据了门店营业额的 10%~15%。然而,大部分餐饮经营者并未对能源管理给予足够重视。要降低能源成本,餐饮经营者要做的是提坪效和提时效,从而最大限度地避免能源浪费。

通过分析"四高",提效的方法已经出来了。经过不断的实践与迭代,刘一手掌握了一套高效的餐饮经营秘籍——"三提三效",如图 5-1 所示。这套方法简单又明了,一学就会。

图 5-1 "三提三效"

5.2 提人效:感到幸福的员工,生产力提高 12%

"三提三效"提的第一效是人效。

人效指的是餐饮门店或企业里人的效率,全称是"人力资源效能"。在餐饮行业,人效通常包括员工对工作的熟练程度、完成工作的速度和质量,以及对待工作的态度等各个方面。

人效的高低直接影响餐饮门店的服务水平,进而影响顾客满意度和门店业绩。如果员工熟练掌握服务技能，可以迅速、准确地提供服务，那么就可以大幅提升顾客的就餐体验，提高顾客的回头率。因此，**提升人效是餐饮门店提高经营效率、提升利润的关键策略。**

我们先来看看做餐饮在人效上有哪些痛点。

痛点一：人力成本持续走高。据《2023 中国餐饮年度报告》显示，人力成本已成为仅次于原材料成本的第二大餐饮业经营成本，这一成本在餐饮门店或企业总收入中的占比高达 20% 以上，并且其增长速度仍在加快，每年涨幅超过 3%。

痛点二：招工难、用工贵。尽管许多餐饮门店或企业愿意为员工提供较高的工资待遇，但仍然难以吸引和留住员工，员工流失率居高不下。

痛点三：餐饮用工存在波峰波谷周期。用餐波峰期，餐饮门店往往面临人手不足的困境；用餐波谷期，门店又会出现员工无事可做的情况。

找到做餐饮面临的人效痛点只是第一步，接下来，我们需要深入分析这些痛点背后的原因。

首先，随着经济的发展和人们生活水平的提高，人力成本上升是个大趋势。同时，餐饮业作为传统服务业，员工的薪酬待遇普遍较低，缺乏竞争力，这也加剧了餐饮门店或企业招工难的问题。

其次，餐饮业的从业者普遍缺乏职业发展规划和晋升通道，导致员工流失率居高不下。许多年轻人不愿意从事餐饮业，觉得没有发展前途，转而选择其他行业。

最后，餐饮用工存在波峰波谷周期主要是由餐饮业的经营特点所决定的。在用餐波峰期，餐饮门店或企业需要大量的人员来满足顾客需求；而在用餐波谷期，顾客需求减少，门店或企业为了控制成本，会减少员工数量。

针对餐饮门店或企业面临的人效上的痛点，刘一手深知，光靠给员工涨工资无法从根本上解决问题。心是一切的源泉。要让员工全心投入工作，发挥出自己的最大潜力，企业必须关注员工的幸福感。因此，刘一手采取的提升人效的策略只有一个：让员工在工作中感受到幸福。

幸福的员工，工作积极性高、效率高，还有可能长期留在餐饮门店或企业里。根据华威大学经济学家的研究，幸福感与生产力之间存在着密切的关联——感到幸福的员工比无法感到幸福的员工的生产力高出 12%。因此，餐饮经营者想让门店的生意红火起来，就得先让员工们乐呵起来。

幸福的员工是第一生产力

在餐饮行业中，员工幸福感、顾客满意度、门店营业额和门店利润这四个关键因素存在着一种正向的相互影响关系。

当员工感到幸福时，他们更能够自我驱动，为顾客提供更高质量的服务，从而提升顾客的就餐体验和门店的口碑。这种优质的体验和良好的口碑将吸引更多的顾客光顾，从而增加门店的营业额。随着门店营业额的增长，门店的利润也会相应提高。最终，门店利润的提高会使员工获得更好的薪资待遇和成就感，进一步增强他们的幸福感，使他们提供更优质的服务。

员工幸福感驱动模型，如图 5-2 所示。在此模型中，员工幸福感、顾客满意度、门店营业额和门店利润在正向动能的推动下形成了一种良性的互动循环。

图 5-2 员工幸福感驱动模型

看到这里,提升人效的方法已经非常明确了——重视员工,要用心关怀和培养他们。

在刘一手,员工的幸福一直是我们最关心的问题。当员工的小日子过得开心、幸福,他们才会全身心地投入到工作中,为企业创造更大的价值。因此,刘一手始终坚持以人为本的管理理念,通过各种方式提升员工的幸福感。

员工在刘一手过得幸福与否不是由我说出来的。在这里,我和大家分享一个故事。

刘一手现任集团总裁尹伊曾经在电视台工作。在许多人眼中,这是一份稳定的工作,是一个"铁饭碗"。曾经的尹伊也认为自己的余生应该会这样安稳度过。

在一次机缘巧合之下,我和尹伊结识。人际交往是感性而又神奇的,只是一个眼神的确认,就好像找到了可以并肩作战的伙伴。一年后,我们两个人坐在一张桌子旁聊起了合作的事情——尹伊想在成都加盟刘一手。

虽然过程有些曲折,但最终尹伊的第一家刘一手加盟店在成都开业了。

幸运的是，彼时只要你愿意干、肯干，成功的概率相对较高。再加上刘一手对尹伊在选址、门店经营方面的倾囊相授，成功的概率翻倍。

第一次创业成功之后的尹伊感受到了前所未有的幸福，这种幸福是她在之前的工作中从未感受过的。她发现自己真正热爱的是创业，需要的是那种不断追求创新和突破的感觉。在餐饮行业，她可以充分发挥自己的想象力和创造力，为顾客带来惊喜和愉悦。

她曾告诉我："梅姐，我从未意识到自己潜藏着如此巨大的能量，是刘一手和你激发了我，让我看到了一个全新的自己。"

后来，尹伊成为刘一手国际公司合伙人，我们携手在海外征战，一起"拼杀"在前线，一起学习、一起进步。

在尹伊的带领下，刘一手在海外市场取得了令人瞩目的成绩。她凭借敏锐的市场洞察力，带领团队开拓了多个新兴市场，为刘一手赢得了广泛的赞誉。同时，她注重产品创新，不断推出符合当地顾客口味的特色产品，使刘一手在竞争激烈的市场中脱颖而出。

在刘一手，像尹伊这样的人还有很多，她不是第一个，也绝不是最后一个。

餐饮经营者的使命不是为了个人积累财富，而是率先垂范，不辞辛苦，挥洒汗水，全力以赴，让员工幸福地工作。

为了让全体员工在刘一手幸福地工作，我们注重员工的薪酬待遇，提高工资水平，并提供更多的培训和晋升机会。刘一手希望通过这些措施让员工在工作中得到更多的收获和成长，同时也能更好地实现自己的价值。

除此之外，刘一手还加强了企业文化建设，让员工更加认同企业的价值观和使命。为了提升团队凝聚力，刘一手会定期组织各类员工活动，让员工在轻松愉快的氛围中感受到团队的温暖与关怀。通过这些努力，刘一手营造了一个积极向上的工作环境，激发了员工的工作热情和创造力。

2020 年，新冠疫情暴发。这对北美刘一手来说是一次严峻的考验。然而，正是在这样的背景下，刘一手的企业文化所蕴含的凝聚力得以充分体现。

以刘一手重庆火锅多伦多店为例，许多兼职员工自发回到店里帮忙。当问及他们为何愿意如此付出时，他们表示在店里与同事们一起工作，即便身处异国他乡，也能感受到如家庭般的温暖。

患难见真情。刘一手重庆火锅多伦多店负责人魏嘉珩在关键时刻展现出了卓越的领导力。他迅速做出决策：不计成本，全力保证员工的安全。

为了履行这份沉甸甸的安全承诺，刘一手重庆火锅多伦多店不惜代价采取了全面的安全保障措施。在口罩资源极度紧缺的情况下，该店高价采购防护物资，确保每位员工都能得到必要的防护。该店不仅在保障员工生命安全方面做出了努力，还积极维护员工的切身利益。为了让员工不因经济环境而减少收入，刘一手重庆火锅多伦多店的管理者们主动减薪，只领取一半的工资。

刘一手重庆火锅多伦多店的付出，员工看在眼里，记在心上。现在，刘一手重庆火锅多伦多店的员工年流失率不超过 5%。这种以人为本的管理理念不仅增强了员工的归属感和忠诚度，也为门店的长期发展奠定了坚实基础。

作为一家餐饮企业，刘一手的经营目的不仅仅是股东利益最大化，

更多的是追求企业中全体员工物质与精神的幸福。

有的餐饮经营者可能会质疑刘一手的经营理念，认为我们过于简单和低层次。然而，我认为，**让员工感到幸福是最高尚的目标。**

今天，餐饮经营者真的应该思考一个问题：我们的员工到底幸福吗？

精神与物质双丰收

既然幸福的员工是第一生产力，那么，如何让员工幸福地工作呢？

要让员工幸福地工作，首先需要对"幸福感"这个概念有深入的理解。刘一手认为，幸福感并不仅是指物质上的满足，更多的是指员工在工作中所获得的成就感、归属感和自我实现感。总结起来，**员工的幸福就是精神与物质双丰收。**

物质是生存和发展的基础，精神是生存和发展的动力源泉。这两者相辅相成，缺一不可。一个人即使拥有万贯家财，但如果内心空虚，缺乏精神追求，其生活可能变得无聊且没有意义，这样的人未必能够感受到真正的幸福。反之，如果一个人学识渊博，精神世界丰富，但家境贫寒，生活条件艰苦，这样的日子也难以过得舒适。

为了确保员工获得精神与物质双丰收，在工作中感受到幸福，刘一手精心构建了一套严谨的人力资源管理体系。该体系全面覆盖了员工招聘、专业培训、绩效考核、薪酬待遇和晋升机制五大关键环节。值得一提的是，在每一个环节中，刘一手都融入了幸福的理念，使其贯穿于整个管理体系。刘一手将这一整套体系精炼为"幸福九字诀"，如图5-3所示。

图 5-3 "幸福九字诀"

1. "选"得准

餐饮经营者要想提高门店的人效，使员工幸福，**选对人是关键中的关键**。人对了，一切就都对了。

要想"选"得准，刘一手有一套独特的选拔标准，主要关注两个维度：**一是能力素质；二是价值观**。

对于能力素质的考察，刘一手针对不同的岗位有不同的能力素质的评估标准。比如，对于管理岗位，我们认为领导力、沟通协调能力和创新能力是至关重要的。领导力体现在一个人是否能有效地组织和调动团队资源，达成企业目标；沟通协调能力则体现在一个人是否能清晰地表达自己的想法，并倾听他人的意见，从而达成共识；创新能力则要求管理者具备敏锐的洞察力，勇于在困境中寻求突破，引领企业不断发展。

仅有能力素质并不足以保证一个人能够为门店或企业创造价值。因此，刘一手同样重视员工的价值观是否与企业的价值观匹配。为此，刘一手通过与应聘者深入交流、观察其行为举止等方式，了解应聘者的职业态度、道德品质和对刘一手价值观的认同程度。

能力素质和价值观匹配是刘一手选拔人才的两大基石。只有在这两个方面都表现出色的应聘者，才能成为刘一手心目中的理想人选。通过这套选拔标准，刘一手成功地为企业挑选出一批批优秀的人才，为企业的持续发展奠定了坚实的基础。

下面，我以刘一手的店长选拔为例，看看刘一手如何确保人才"选"

得准。店长作为门店的负责人，其能力素质和价值观的匹配对门店的经营至关重要。因此，在选拔店长时，刘一手绘制出了一幅"店长画像"，如图 5-4 所示。

图 5-4　刘一手的店长画像

在店长的能力素质评价上，刘一手会重点关注三个关键点。

第一，热爱餐饮。餐饮服务工作非常辛苦，需要具备极大的耐心和热情。因此，刘一手希望选拔出来的店长能够真心热爱这份工作，只有这样，他们才能在工作中保持高度的热情和责任感。

第二，卓越的管理能力。店长作为餐饮企业的中层管理者，需要具备优秀的管理能力，包括人员管理、财务管理、物资管理等方面的能力。刘一手希望选拔出来的店长能够熟练地掌握各项管理技能，并且能够灵活运用，提高门店的整体运营效率。

第三，良好的沟通能力。店长需要与员工、顾客、供应商等多方进行沟通协调。因此，良好的沟通能力是必不可少的。刘一手希望选拔出来的店长能够善于倾听、理解各方需求，并且能够清晰、准确地表达自己的意见和要求，促进门店内部的沟通协调和外部的合作。

在店长的价值观评价上，刘一手主要看三点：

- 店长是否有利他思维？
- 店长是否能与团队高效协同？
- 店长是否有担当？

能力和价值观都匹配的人才能成为刘一手的店长。

在选拔北美地区刘一手每家门店的合伙人时，我们不仅注重学历、能力等硬性指标，还特别强调情商、逆境商数等软实力。这一点在我们的旧金山店店长身上得到了充分体现。

旧金山作为硅谷所在地，聚集了大量高端人才，人力资源竞争激烈。然而，自刘一手重庆火锅旧金山店开业以来，无论是供应商还是合作伙伴都纷纷致电北美地区刘一手的负责人冉晓晗，赞叹道："你们太出色了，你们家从不缺好员工！"

这种不缺员工的局面源于刘一手"每天感动10个客人，不如每天感动一个员工"的企业文化。而这种文化得以落地生根离不开冉晓晗的包容与人格魅力。她以稳重与理性的方式将企业文化融入日常管理，使员工感受到深深的归属感。

2. "长"得快

如果你想将门店数量从80家拓展至几百家，那么你需要大量的人才来支撑门店的快速扩张。此时，你要如何解决人才问题呢？若企业过多依赖外部招聘，可能导致人才素质参差不齐，增加管理难度。

因此，为确保人才既有能力又与企业价值观合拍，企业应采取内部培养与外部引进相结合的人才策略。这意味着企业需构建一套完善的人才培养体系，让人才"长"得快。通过这套人才培养体系，企业可有效缩短人才培养周期，并优化人才结构，为企业可持续发展奠定坚实基础。

在人才培养上，刘一手始终坚信一个理念：人才是企业最宝贵的财富。为了打造一支高效、专业的团队，我们主要采取了三个策略：**一是借鉴行业先进经验；二是打造学习型组织；三是持续推进内部培训。**

站在巨人的肩膀走得更快、更远。刘一手非常注重借鉴行业内的先进经验和最佳实践。刘一手经常组织团队成员参加各类行业会议、论坛和培训。在这些场合，团队成员有机会与业内专家交流，了解最新的行业动态和技术趋势。通过与专业人士的交流，团队成员可以快速获取到宝贵的经验和知识，从而提升自己的专业素养和技能水平。

在数字化时代，知识就是力量，学习则是保持这种力量的源泉。刘一手深知这一点，一直致力于打造学习型组织，让每一位员工都能在不断的学习中成长，从而推动整个组织的进步。我们倡导员工每天抽出一定的时间学习，不论是专业知识、行业动态还是个人技能，都可以成为学习的内容。为了激发大家的学习热情，刘一手还定期组织各种学习活动，比如开展读书分享会、技能培训、行业专家讲座等。

作为企业的经营者，我深知自我学习与提升的重要性，并始终以身作则，积极投入学习之中。同时，我也十分注重团队的整体素质提升，特别是企业的高管团队及广大的加盟商群体。

2019年，我带领十几位管理者参与行动教育的"浓缩EMBA"课程。这次学习不仅让我们对企业战略有了更为深刻的认识和理解，还进一步统一了管理层的管理思想和理念，为刘一手的长远发展奠定了坚实的基础。

在过去的交流和讨论中，我们常常面临沟通不畅的问题。然而，通过学习，我们逐渐找到了共同语言，实现了同频交流。只有当管理层的观念得到统一时，企业的战略目标才能得到有效贯彻和执行。这样，我们才能真正做到"全员一杆枪"，全员朝着同一目标努力。

在餐饮行业中，刘一手被誉为"学习型企业"。至今为止，刘一手的外训投入已超过 3000 万元。

同时，为了更好地传承火锅技艺与文化，我们积极开展校企合作，并成立了专门的"火锅学校"，为年轻一代提供专业培训和创业机会，助力他们实现自己的梦想。

此外，我们还创建了刘一手商学院，致力于为社会培养更多优秀人才。刘一手商学院是一个综合性教育平台，其核心理念在于知识的传递、技能的锤炼以及文化的传承。刘一手商学院的课程体系建设如图 5-5 所示。

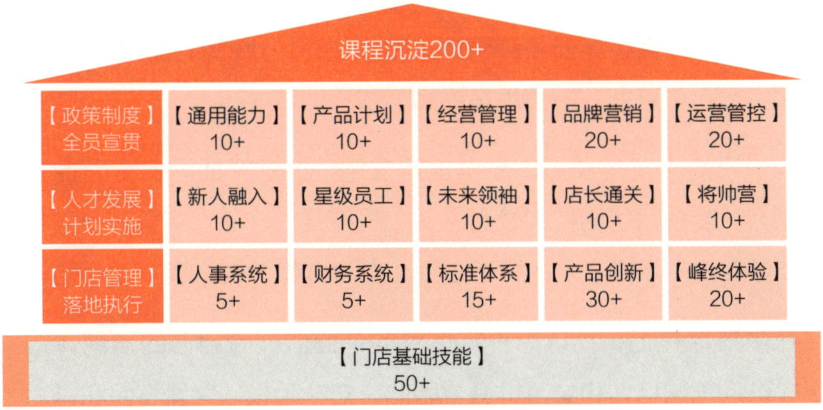

	课程沉淀200+					
【政策制度】全员宣贯	【通用能力】10+	【产品计划】10+	【经营管理】10+	【品牌营销】20+	【运营管控】20+	
【人才发展】计划实施	【新人融入】10+	【星级员工】10+	【未来领袖】10+	【店长通关】10+	【将帅营】10+	
【门店管理】落地执行	【人事系统】5+	【财务系统】5+	【标准体系】15+	【产品创新】30+	【峰终体验】20+	
	【门店基础技能】50+					

图 5-5 刘一手商学院的课程体系建设

刘一手商学院的课程体系包含四大关键内容：筹建、产品、运营和营销。这四大内容既独立存在，又相互关联。

首先，筹建是门店搭建的第一步，就像"骨骼"一样对门店的正常运营起到了支撑作用。筹建涉及门店的选址、装修、设备采购等一系列工作。刘一手商学院的课程体系注重筹建阶段的培训，确保学员能够充分了解并掌握筹建的关键要素，为门店顺利开业打下坚实的基础。

其次，产品是门店的"心脏"，好的产品能够吸引并留住顾客。特别是对于连锁火锅品牌来说，统一的锅底味道是品牌的象征。刘一手商学院深知产品的重要性，因此在课程体系中特别强调了锅底和产品的标准化，通过教授学员如何正确使用锅底和产品，让门店在激烈的市场竞争中脱颖而出。

再次，运营是门店的"血肉"，涉及门店的日常经营管理、员工培训等方面。刘一手商学院注重培养学员的运营管理能力，让学员能够熟练掌握门店运营的各个环节，确保门店能够稳定、高效地运转。

最后，营销是门店的"皮囊"，能够让门店在市场中更具吸引力。刘一手商学院通过教授学员各种营销策略和技巧，让他们能够有效地提升门店的知名度和影响力，吸引更多的顾客前来消费。

刘一手商学院的课程体系全面且实用，能够帮助学员全面提升门店运营能力，实现门店的持续发展。无论是筹建、产品、运营还是营销，学员都能够在刘一手商学院的学习过程中获得丰富的知识和实践经验。

在内部培养上，我认为一家优秀的企业应该有自己的培训体系，为员工提供系统的培训和学习机会。因此，刘一手投入大量资金和精力，建立了一套完善的培训体系，涵盖了从新人入职到晋升管理层各个阶段的内容。通过这些培训，员工可以不断提升自己的技能和知识，更好地适应企业的发展需求。

以刘一手的"管培生"人才计划为例。"管理培训生"是"管培生"的全称，起源于外企的人才项目，旨在培养企业未来的领导者。简而言之,"管培生"是企业自主培养中、高层管理者的人才储备计划。通常,企业会安排"管培生"在各个不同部门进行实习,了解企业运作流程,并根据个人专长进行岗位匹配。这种培训对象的选拔通常以毕业三年内的大学生为主。

鉴于当前市场上人才品质的参差不齐,刘一手认为,与其盲目地四处寻找和培养人才,以及可能会面临人才流失的困境,不如建立起一套系统化的培养模式,按照刘一手特有的标准来定制人才。这样不仅可以确保人才的稳定供应,还能建立起属于企业自己的专业人才库。

人才培养这件事,与其大海捞针,不如自力更生。

刘一手已与重庆工商大学、四川外国语大学、贵州食品工程职业学院等院校建立深度合作,特别定制了"管培生"培养计划。在校方提供的商管知识课程的基础上,刘一手还将为学生提供企业实操层面的培训。与此同时,刘一手还与法国瓦岱勒酒店与旅游管理商学院、法国保罗博古斯酒店管理与厨艺学院进行交流学习,拓宽员工的国际视野。

经过一年多的专业教学培养,这些"管培生"将在刘一手各个门店进行为期三个月的轮岗实习,其间将安排一对一的导师制度,确保学生能够深入学习并掌握实际操作技能。

经过前两个阶段的培训和实践,刘一手在第三阶段将根据每位"管培生"的优势和兴趣为他们确定最适合的岗位方向。无论是运营、后厨、采购还是行政,成熟的"管培生"都将具备足够的实力和经验来胜任。能力突出的"管培生"甚至可以直接参与刘一手新店的筹备工作。

2022年,20岁的陈永星加入刘一手,成为一名"管培生"。在刘一手"管培生"的体系培养下,不到3个月的时间,他便通过了门店所有基础岗位的考核,以出色的表现晋升为刘一手解放碑臻品店的前厅领班。

仅仅一个月后，陈永星因其卓越的表现被直接提拔为前厅主管；又过了一个月，他被派往刘一手重庆火锅安徽芜湖万达店担任实习前厅经理。在刘一手"未来领袖"计划的科学培养体系下，陈永星经历了一年的磨砺和成长，从一个对餐饮行业一无所知的"小白"，逐渐蜕变为能够独当一面的餐饮门店管理者。他的成功不仅源于个人的努力和才能，更得益于刘一手的精心培养和科学规划。

一年后，当同龄人还在四处投递简历的时候，他已经成为刘一手重庆火锅苏州昆山天虹店的正式店长，领导着一支近30人的团队。他的成功故事充分证明了刘一手"未来领袖"计划的有效性和价值，也为其他年轻人树立了榜样。

叮嘱一句，对于"管培生"人才计划，它更适合成熟度较高的企业实行。大多数中小型餐饮企业仍需依赖于人才市场或行业内的推荐，才能找到合适的人才。

3. "干"得欢

要让员工在工作中充满激情和活力就得让他们在刘一手"干"得欢。为此，刘一手推出了一系列"超燃措施"，让员工在工作中感到充实、有成就感和满足感。这些措施主要包括以下四个方面。

第一，提供有竞争力的薪酬福利。在薪酬上，刘一手采用的是"宽带薪酬"。"宽带"里的"带"是指工资级别，"宽带"则表示工资的浮动范围很大。在刘一手，员工不是按部就班地沿着企业制定的薪酬等级往上升，而是可以在同一个薪酬宽带里"自由飞翔"。只要员工在原有的岗位上不断刷新业绩，工资也会水涨船高。这意味着在刘一手工作的员工即使是基层岗位，也一样有机会获得较高的薪酬。

第二，关注员工的成长和发展。刘一手注重员工的个人成长和发展，提供各种培训和学习机会,帮助员工提升专业技能和素质。刘一手给员工绘制了职业发展路线图,如图 5-6 所示。

图 5-6　刘一手重庆火锅门店店长的职业成长路径

同时,刘一手还鼓励员工创新,勇于尝试新事物,并为员工提供广阔的发展空间,让员工在工作中不断挑战自我、超越自我。

第三,营造良好的工作氛围。刘一手注重创造和谐的人际关系和舒适的工作氛围。我们深知,一个良好的工作环境不仅能够提高员工的工作效率,还能够增强员工的归属感和忠诚度。因此,刘一手在办公场所的布置上充分考虑了员工的舒适度和工作效率,为员工提供了宽敞明亮的办公空间、现代化的办公设备和一流的工作设施,让员工在轻松愉快的氛围中工作。

第四,建立有效的激励机制。刘一手建立了一套有效的激励机制,通过表彰、奖励等方式激发员工的积极性和创造力。刘一手还设立了优秀员工评选活动,让员工之间互相学习、互相激励,共同进步。

通过这些"超燃措施",刘一手成功地激发了员工的激情和活力。员工在工作中充满干劲,积极主动地完成各项任务,为企业的发展贡献自己的力量。同时，员工也在工作中取得了成长和进步，实现了自我价值，也感受到了幸福。

优秀的企业不是利润最大化，而是幸福最大化。优秀的企业能给人带来幸福和温暖，而优秀的企业文化可以提升员工和顾客的幸福感。未来，幸福力才是企业终极的核心竞争力。

请你牢记：**投资员工幸福度 = 高绩效企业 = 高投资回报**。

5.3 提坪效：用最小的面积实现最大的营业收入

"三提三效"提的第二效是坪效。

"坪效"是指餐饮门店每平方米的效益。说得直白点，就是**餐饮门店每平方米能产生多少利润**。每个餐饮经营者都想用最小的面积实现最大的营业收入。因此，提高坪效是餐饮经营中的重要目标之一。那么，如何提高门店的坪效呢？

我们先来看餐饮门店的坪效计算公式：

$$门店坪效 = 营业额 \div 门店营业面积$$

通过坪效的计算公式，我们可以清晰地看出，**影响一家门店坪效的两个因素是门店的营业额和门店营业面积**。当门店的营业额确定时，门店的营业面积越小，则坪效越大；同样，当门店的营业面积确定时，则门店的营业额越大，坪效就越高。

餐饮经营者在提高门店的坪效时，需要考虑如何在既定的面积中，让门店营业额进一步提高，这样就可以提高门店的坪效。

我们在一些餐饮门店就餐时，往往会遇到这样一种场景：门店的大门口正在卸货；在门店的过道中，你与卸货人员、服务人员等不断擦肩而过，服务人员要一路高喊"借过"；你正在津津有味地品尝美食，服务人员拖着一筐垃圾从你所在的餐桌边走过；卫生间设置在厨房对面，门口还堆着一车刚拉过来的待洗餐具……

试想一下，在这样的场景下，你的就餐体验应该不会太好。很多餐饮门店因为面积不大，很容易出现拥挤和混乱，顾客体验不好，服务人员的出菜、应答、收桌效率都会受到影响。那么，如何使餐饮门店调度有序呢？

一家餐饮门店往往有以下三大调度要素：

- **活动的人**：顾客、前厅的服务人员、后厨的工作人员……
- **活动的物**：产品、餐具、原材料……
- **固定的空间**：餐桌、餐椅、工作台、出菜口、洗碗间、收银台、备餐台、等位区……

餐饮经营者要使餐饮门店调度有序，就要使上面三大调度要素如行云流水般"纵享丝滑"。那么，问题来了，餐饮经营者如何使三大调度要素"纵享丝滑"？答案是：**优化动线设计**。

动线是建筑和室内设计的专业术语，指的是人在室内室外移动的点，连接起来就称为"动线"。餐饮经营者如何设计门店动线，使进入门店的人在移动时感到舒服，不会轻易碰到障碍物、不易迷路，是一门很大的学问。简而言之，**"动线设计"是餐饮经营者从顾客体验和经营效率出发，对门店里的动线进行合理规划的过程**。

餐饮门店主要有两条动线：一条是连接顾客动作的"顾客动线"；另一条是连接服务人员、后厨工作人员等动作的"服务动线"。刘一手把这两条动线统称为"双轨动线"，如图5-7所示。

图 5-7　餐饮门店的"双轨动线"

"双轨动线"相当于餐饮门店的"血管"，正所谓"痛则不通，通则不痛"，"双轨动线"的流通和顺畅关系着一家门店的运行效率和顾客体验。餐饮经营者如何根据自己门店的面积和特点，优化出高效的"双轨动线"呢？

在分享具体方法之前，我有一点要说在前面。高效的"双轨动线"一定不是在纸上画出来的，而是餐饮经营者反反复复"走"出来的，餐具和餐位的尺寸是餐饮经营者站在顾客体验角度和服务人员工作角度，一点一点地"抠"出来的。只有餐饮经营者站在顾客体验角度和服务人员工作角度设计出来的"双轨动线"才会接地气，才能真正提高门店的坪效，为餐饮经营赋能，而不是"埋雷"。

顾客动线设计：提升顾客用餐体验

顾客动线是一家餐饮门店的主导线路，餐饮经营者在设计顾客动线时的核心是提升顾客用餐体验。合理的顾客动线能清晰地引导顾客的移动方向,让顾客在点餐、就餐、出入的过程中流畅且有序地行动。

顾客动线的调度要素包括顾客进出、点餐、取餐、就餐、结账、上洗手间……顾客动线设计的两大原则是方便和舒适。

1. 方便

顾客动线设计的第一个原则是方便。方便的目的是避免顾客迂回绕道,导致进出人流杂乱的状况,影响顾客用餐体验。

针对面积不超过 150 平方米的餐饮门店,直截了当的动线布局,比如 T 形、H 形和矩形,可以为顾客提供更便利的空间体验,避免拥挤。

餐饮门店面积若超过 150 平方米,可采用流程式动线设计,比如弧线状的 U 形、S 形等。此举有利于提高顾客在用餐过程中的舒适度,同时提升空间利用率。在设计流程式动线时,餐饮门店需充分考虑顾客行走习惯及实际状况,确保动线流畅自然,避免死角和空间浪费,从而进一步提升坪效。

餐饮门店的功能区面积分布也有一定的标准。以火锅门店为例,功能区分为用餐区、厨房区、前厅区、其他功能区。

用餐区是火锅店最主要的区域,占总面积的 60%~70%。这个区域需要足够的空间容纳餐桌、座椅和走道,同时确保顾客用餐时的舒适度和私密性。

厨房区作为火锅店的核心区域,占总面积的 15%~25%。厨房需要满足原料存放、加工、烹饪、清洗等功能,并确保工作人员的操作空间和安全。

前厅区通常包括入口接待区、等候区、收银台等,占据总面积的 5%~10%。这个区域需要为顾客提供舒适的等候环境,同时能够方便顾客和服务人员的交流；其他功能区包括洗手间、员工更衣间、清洁间、库房/冻库等，大约占总面积的 10%。

2. 舒适

顾客动线设计的第二个原则是舒适。舒适的目的是使顾客在门店产生宾至如归的感觉，点餐、就餐、出入过程能流畅而有序地行动。

在当前餐饮市场竞争激烈的环境下，提高顾客的就餐体验成为各大火锅品牌争夺市场份额的关键因素。以刘一手为例，我们在动线设计、明厨亮灶、产品展示、品牌装饰物、品牌 IP 人物以及品牌软装氛围等方面的全面打造，旨在为顾客提供不仅方便舒适，并且充满重庆火锅文化氛围的就餐环境，如图 5-8 所示。

图 5-8　刘一手的门头信息传播展示

服务动线设计：提高经营效率

科学的服务动线不仅能提高服务人员的工作效率，降低人工成本，还能提升出菜、应答、收桌率等工作效率，提升翻台率，给顾客带来优质的就餐体验。服务动线设计要求门店的精细化管理程度很高，刘一手提倡做事抓主要矛盾，餐饮经营者优化服务动线时应遵循"三最法则"。

法则一：最高效

服务动线设计的"第一最"是最高效。门店的服务动线是服务人员经常走动形成的动线，要保证最佳的体验设计和最快的服务效率，两者效率的叠加便是门店总体运营效率。

以刘一手重庆火锅门店的服务动线为例，刘一手充分考虑员工的操作流程，使服务动线便于服务人员取材料、上菜和清理餐具，从而提高服务效率。具体来说，刘一手在设计服务动线时，对于服务人员转身1秒就能够拿取的物品，绝不会将其设计在需要走好几米才能拿到的地方。这种细致入微的考虑，不仅体现了刘一手对员工的关爱，也使整个服务流程更加顺畅高效。

法则二：最短

服务动线设计的"第二最"是最短。餐饮经营者应将服务人员从备餐口到餐桌，再从餐桌到洗碗间的距离设计成最短的动线。只有这条动线最短，服务动线才能最高效。

服务动线最短的目的是让服务人员尽量不走一步"冤枉路"。服务人员效率高意味着人力成本的降低。为了使服务人员不走"冤枉路"，门店中同一方向的动线应避免过于集中以减少拥堵情况。

餐饮门店在设计服务动线时应当重视厨房与餐桌之间的距离。理想情况下，这个距离应控制在10米以内，确保服务人员能够迅速提供服务。同时，让厨师和服务人员能够随时观察到每位顾客的需求和动态。这样的布局有助于提升顾客的用餐体验，并提高员工的工作效率。

以刘一手重庆火锅门店为例，为确保门店运营顺畅，避免出现拥挤和堵塞现象，同时考虑到服务人员的操作便利和顾客的用餐体验，过道尺寸标准为：主过道宽度不得小于 1.4 米，次过道宽度不得小于 1 米，主门口位置应至少留出 2 米的宽度。

为确保服务动线和顾客动线互不干扰，刘一手重庆火锅门店对其各功能区域进行了严谨的规划和布局。具体而言，门店设置了专门的用餐区、等位区、收银区、小料区、酒水库房区、备餐组合区、办公区、干货库房、冻库、甜饮品区、更衣间、保洁间、洗手间以及明档厨房区域等，从而确保各项业务的有序进行。

法则三：最安全

服务动线设计的"第三最"是最安全。服务动线设计应包括前厅与后厨两个部分。后厨是一家餐饮门店的心脏，动线设计不良就好比弹药供给跟不上前线打仗。

以刘一手重庆火锅门店为例，厨房区作为核心区域，其面积占比达 15%~25%，从而满足原料存放、加工、烹饪、清洗等多种功能需求。为了确保后厨工作人员的操作空间和安全，刘一手对厨房区装修选材的把控尤为严格，特别是在地砖防滑性方面进行了重点考虑。

如今，餐饮业运营管理精细化程度水涨船高，"双轨动线"不仅仅是一个线路，而是整个门店能够高效运转的基础。餐饮门店的"双轨动线"作为门店的"血管"，动线的流通和顺畅关系着一家门店的运行效率和用户体验。顾客动线要求舒适、方便、以人为本，在此基础上再谈盈利和其他；服务动线要求畅通无阻，"最快到达顾客身边"。

需要"敲黑板"的是，每家餐饮门店都有自己的特点，餐饮经营者在优化动线设计时不能直接照搬别人的动线设计方案。餐饮门店的双轨动线设计是一项复杂的学问，既要考虑门店的定位、产品设计等，又要考虑顾客的需求，比如依用餐量和习惯特点再考虑门店餐位的数量及餐桌椅的尺寸、形状、流线等。

所以，除了以上我分享的门店双轨动线的设计要点，餐饮经营者要设计出最流畅、合理、方便使用、效率最大化的动线，需要在门店筹划时反复对门店的各部分功能进行模拟。

5.4 提时效：你的门店真的满了吗

"三提三效"提的第三效是时效。

所谓"时效"，就是一家门店在单位时间内产出的效益。在餐饮经营中，时效就是门店能够售卖产品的有效时间段。

大部分餐饮经营者会忽略时效，甚至有的餐饮经营者可能连听都没听过"时效"这个词。

我举个例子来说明什么是"时效"。到了用餐高峰期，有的餐饮门店里面人头攒动，门店外面还有很多等待用餐的顾客。粗一看，这样的门店生意火爆，但仔细观察，我们往往会发现，看似很满的门店，其实还有很多空间，比如一张四人位的桌子上只坐了两位顾客。

这时，你就要问自己一个问题：你的门店真的满了吗？

门店是否满了，前面提的例子是从人的角度和空间的维度来观察的，除这两个角度之外，门店是否满了还体现在时间的维度上。餐饮经营者为门店所支付的租金是按照每天 24 小时支付的，但大多数餐饮门店的营业时间往往只有 8 个小时，有的门店甚至只有 3~4 个小时的营业时间。这样来计算的话，餐饮门店的营业时间是不满的。

那么，问题来了，餐饮经营者要如何提高门店的时效，使自己的门店变满呢？

提高门店时效，餐饮经营者要从两个维度入手，我把它总结为"提时效两维度"。

时间维度：全时段经营

提高门店时效的第一个维度是时间维度。

从餐饮门店的传统营业时间来看，中午 3 个小时和晚上 4 个小时是门店忙碌的时候，其余大部分时间门店是闲置的。在房租固定的前提下，如果餐饮经营者能够创造更多经营时段，也就是门店的营业时间越久，门店的营业额可能越高。因此，餐饮行业提高时效的第一个做法是：全时段经营。

全时段运营并不是需要门店 24 小时开店，而是要丰富品类，进行全时段运营——早上提供早餐，中午提供午餐，下午提供下午茶，晚上提供晚餐，让顾客不管什么时间段来都有热气腾腾的东西可以吃。

全时段经营不仅意味着门店可以延长经营时间，更是一种对效率和利润的追求。全时段经营的核心理念在于增加收入和摊薄成本。通过拉长经营时间，门店的物理空间得以充分利用，新增的经营时段可以分摊房租成本，从而提高经营效率。

头豹研究院的一项研究显示，全时段营业的餐饮门店在非正餐时段的顾客上座率高达 60.8%，晚上 10 点之后的顾客上座率更是达到惊人的 80%。相比之下，没有全时段营业的餐饮门店在同一时段的上座率仅为 30.1%。这说明全时段经营策略确实能吸引更多顾客，提高门店的客流量。

这意味着，做全时段经营可以为门店带来更多可能。

要"敲黑板"的是，全时段经营并非适合所有门店。你的门店是否能进行全时段经营，要结合门店的人力、物力、地址、产品等综合考虑。相对来说，开在社区的餐饮门店比较适合进行全时段经营。

并不是门店开发了覆盖早中晚时段的餐食就叫全时段经营，要真正做到有盈利的全时段经营，你还要了解背后的盈利逻辑。否则，你本来想通过全时段经营提高门店的时效，让门店能够持续盈利，结果却因为门店进行全时段经营增加了成本，反而会让门店死得更快。

人的维度：优排班

提高门店时效的第二个维度是人的维度。

餐饮门店的员工太多会导致人浮于事，而员工过少可能无法满足顾客在高峰期的服务需求。因此，**为了提升门店的时效，餐饮经营者必须合理配置员工数量。**

对餐饮门店而言，客流时间主要集中在上午 10 点到晚上 10 点，这中间会有就餐高峰期和就餐低谷期。

就餐高峰期是餐饮门店每天最为繁忙的时段，通常在午餐和晚餐时间，即中午 12 点到下午 2 点以及晚上 6 点到晚上 8 点。在这两个时间段内，大多数人都需要用餐，因此客流量非常大。餐饮门店通常会在这两个时间段内迎来最大的客流，同时这也是门店营业收入最为可观的时段。

与就餐高峰期相比，餐饮门店的低谷期则显得相对冷清。通常在上午 10 点之前、中午 2 点到下午 4 点以及晚上 10 点之后等时段，进店用餐的顾客数量较少。尽管在就餐低谷期进店用餐的顾客不多，但餐饮门店仍然需要支付员工的薪酬。因此，在就餐低谷期，餐饮门店的人力成本相对较高，而营业收入却相对较少。

为了解决这个问题，很多餐饮门店开始探索灵活用工的方式。比如，在低谷期安排员工从事其他工作或者调整员工的排班时间以最大限度地提高人力资源的利用效率。为了匹配餐饮门店的运营高峰期和低谷期，我们可以通过"优排班"对员工进行精细化管理。

餐饮经营者可以遵循以下四大步骤进行优排班，以此一步步达成提升时效的目标。

第一步，计算门店的营业额

在优排班的第一步中，餐饮经营者需要认真核算门店的营业额。通过分析门店过去一段时间内的销售数据，了解门店的平均营业额、高峰期和低谷期的营业额差异等信息。这些数据可以帮助餐饮经营者了解门店的客流量和收入状况，从而为后续的优排班提供依据。

在计算门店的营业额时，餐饮经营者要注意以下两点。

一是考虑特殊节点。餐饮经营者在计算门店的平均营业额时要考虑到节假日、周末和活动日等节点，因为这些节点客流相对较大，会大幅提升门店的营业额。

二是动态调整。门店的营业额虽然每日处在变化之中，但餐饮经营者不能完全坐以待毙，而要根据目标进行动态调整。

第二步，计算上班人数

在确定了销售目标和时间之后，餐饮经营者需要考虑的是上班的人数。这需要餐饮经营者根据工作的具体情况来定。如果工作比较简单，只需要少数人就能够完成，那么就选择最合适的员工。如果工作比较复杂，需要较多人手，那么餐饮经营者就需要考虑扩大团队规模，也可以临时招聘一些兼职人员。

在计算上班人数时，餐饮经营者还需要考虑员工的排班情况。如果门店的工作需要在特定时间段内完成，那么就需要在这个时间段内有足够的员工上班。此外，餐饮经营者还需要考虑员工的请假情况，避免出现因为员工请假而导致工作无法完成的情况发生。

在确定门店的具体人数时，餐饮经营者可以通过以下公式来计算：

日人均劳效 = 餐厅的营业额 ÷ 当月所有员工出勤天数总和

餐饮经营者算出员工的日人均劳效之后，再通过以下公式算出门店预计需要的员工人数：

门店预计需求员工数量 = 预估周营业额 ÷（日人均劳效 × 周上班天数）

第三步，让合适的人做合适的事

让合适的人做合适的事，其实和我们之前提到的"选"准人是一样的意思。餐饮经营者确定了上班的人数后，就要将合适的人员分配在合适的岗位上。

每个员工都有自己的特长和优点，而合适的岗位能够让员工的优点得到最大限度的发挥。因此，餐饮经营者需要充分了解每位员工的特长和性格特点。在分配岗位时，考虑员工的技能、经验和性格。比如，有的员工擅长与顾客沟通，这样的员工可以安排在门迎或者服务人员的岗位上；而有的员工手脚麻利、干活勤快，他们更适合在后厨或者清洁岗位。

此外，餐饮经营者在分配岗位时还需要考虑员工的意愿。如果一位员工对某个岗位有浓厚的兴趣和热情，那么他会更加愿意在该岗位上付出时间和精力。因此，餐饮经营者需要与员工进行充分的沟通，了解他们的职业规划和兴趣爱好，为他们提供更加适合的岗位。

总之，让合适的人做合适的事，不仅可以提高员工的工作效率和工作质量，还能够增强员工的归属感和忠诚度。这样的管理方式能够为餐饮门店带来更好的业绩和发展。

第四步，持续迭代

餐饮门店的排班不是一成不变的，餐饮经营者要根据门店的经营情况、员工的表现和意愿等因素对排班流程持续迭代。

排班管理的持续迭代是提升门店运营效率的关键。餐饮经营者在排班过程中需要不断收集员工的反馈和建议，关注门店的经营数据，并根据实际情况进行持续调整和优化。不断改进排班管理流程，可以提升员工的工作满意度和效率，进而提高顾客的满意度和忠诚度。

在不确定的环境之下，提效就是最好的降本。一家门店或企业是否能够高效运营，决定着门店或企业是否能够可持续发展。提高门店人效、坪效、时效的具体方法各有不同，希望我以上所列举的方法可以带给你一些启发，你也可以结合门店或企业的实际情况，通过科学的设计，让"干毛巾也要拧出三滴水"。

工具　降本提效"四个在线"

数字化转型已经逐渐演变成诸多企业的核心发展策略。正是在这样的背景下，2020 年，刘一手创建了数据中心，构建了一个全面的信息化数据大平台。该平台能够实时追踪并掌握全球范围内所有门店的运营数据。通过运用数字化技术，刘一手为火锅产业注入了现代化和科技化的活力，有效降低了成本，提升了运营效率，进而推动了刘一手朝着智能化、数字化火锅的新时代迈进。

餐饮企业要如何进行数字化转型呢？在这里，我给大家一个工具：餐饮企业实现数字化的"四个在线"，如图 5-9 所示。

"组织在线"是指企业组织结构的数字化。餐饮企业要提升员工数字化能力，打造"线上处理、数据决策、效率说话"的数字化环境，在有条件的情况下还可以成立相关的训练营并建立成长机制。

图 5-9　餐饮企业实现数字化的"四个在线"

"业务在线"是指企业的人、才、物、销数字化。比如，刘一手率先引进无油烟净化系统、传菜机器人、洗碗机器人、划拳机器人、智能点餐系统、大数据库平台等。

"生态在线"是指在各种形式的线上交易平台中建立以餐饮企业为中心，连接餐饮企业的上下游关系。

"数据在线"是指针对餐饮企业的所有数据，建立数据模型，迅速从繁杂的营业数据中筛选出需要的数据信息。比如，我们将所有营业数据导入"营业额最好的10家门店，销量最高的3款产品"这一模型，模型很快便能告知我们结果，这就是"数据在线"的魅力与意义。

关于餐饮企业数字化的"四个在线"，鉴于篇幅有限，此处不再详细展开，仅将其作为引玉之砖，以供参考和启发。

打得燃的品牌
向世界级餐饮品牌出发

餐饮经营闭环

6.1 再小的个体也要做品牌餐饮

先给大家看一组数据。2023 年，英国品牌评估机构"品牌金融"（Brand Finance）发布"全球餐饮品牌价值 25 强"排行榜，对全球知名餐饮品牌进行了评估，反映了各品牌的市场价值和影响力。在这份榜单上，中国餐饮品牌仅有海底捞上榜，排第 14 位，见表 6-1。

表 6-1　2023 年全球餐饮品牌价值 14 强

排名	品牌	归属地	排名	品牌	归属地
1	星巴克	美国	8	温迪	美国
2	麦当劳	美国	9	汉堡王	美国
3	肯德基	美国	10	必胜客	美国
4	达美乐比萨	美国	11	奇波多	美国
5	赛百味	美国	12	唐恩都乐	美国
6	塔可贝尔	美国	13	福乐鸡	美国
7	提姆霍顿斯	加拿大	14	海底捞	中国

有一个在餐饮行业中流传的段子，讲述的是一位外国人试图用五年时间吃遍中国美食，然而五年过去了，他连重庆的美食都未能吃遍。这个段子常常被中国餐饮人用来展示我国饮食的多样性和饮食文化的博大精深。

尽管中国拥有悠久的饮食文化和众多的美味佳肴，但在全球具有品牌价值的餐饮企业却寥寥无几。这不禁让我们思考：**为什么美国能够把简单的汉堡、可乐、比萨做成世界级餐饮品牌，而中餐在全球范围内的影响力和认可度相对较低？**

这一现象背后的本质是每一位餐饮经营者需要深思的问题。

之前我也没有深度思考过这一问题，当刘一手踏出国门，在全球开疆拓土时，我开始思考这样一个问题：在万亿的中国餐饮市场中，为什么我们未能塑造出一个世界级餐饮品牌？这不是用"中餐难以标准化"就能解释得通的。

经过刘一手的实践以及与同行的深入交流，我逐渐认识到**中国餐饮业未能塑造出世界级品牌的核心原因在于大多数餐饮人缺乏品牌思维**。时至今日，大多数餐饮经营者理解的商业竞争还是产品之间的竞争，认为只要做好产品就可以在餐饮行业占有一席之地。这个看似正确的观点阻碍了餐饮企业的发展壮大。我认为，对餐饮企业而言，产品很重要，品牌也很重要。

麦当劳、肯德基能做成世界级餐饮品牌依靠的是麦当劳、肯德基的品牌建设，绝不是因为其能做出世界上最好吃的汉堡和炸鸡；星巴克能做成世界级餐饮品牌，依靠的是其品牌建设，绝不是因为星巴克的咖啡是世界上最好喝的咖啡……此类品牌数不胜数。如果你只是埋头做产品而忽略了品牌塑造，那么可能错失将餐饮企业做大做强的机会。

如今，品牌已成为餐饮企业最有潜力的无形资产，是餐饮企业文化的标识，同时也是产品差异化的符号，顾客可以通过品牌了解餐饮企业的产品质量、特点、服务水准、企业形象、企业理念等。

做餐饮看似容易，租间店面或者支个摊位即可开业。但你若想把门店做大做强，那就必须走品牌餐饮的道路。为什么？因为单店抗风险能力太弱，在当前餐饮行业的激烈竞争下，"活一时"也没那么容易了，更遑论"活一世"。即使你的单店能力再强，如果不注重品牌建设，也难以持久发展。

因此，"做品牌餐饮"是餐饮经营者在激烈的市场竞争中持续立于不败之地的不二之选。

从做餐饮到做品牌餐饮

先解决第一个问题，也是认知问题：做餐饮，要不要做品牌？

我可以直接给出答案：**做餐饮，一定要做品牌。再小的个体，再小的门店，也要做品牌餐饮。**

为什么这么说？

要找到原因，我们必须对做餐饮、做商业以及做品牌餐饮三者之间的区别进行深入了解，见表 6-2。

表 6-2 做餐饮、做商业和做品牌餐饮之间的区别

概念	特征	弊端
做餐饮	做好产品 + 做好服务	只会做餐饮的餐饮经营者难以将门店发展壮大
做商业	会算账 + 懂人性 + 能赚钱（赚短期的钱和赚长期的钱）	只会做商业的餐饮经营者的产品可能没有竞争力，其门店难以持续经营
做品牌餐饮	让顾客认识你、选择你、"吃"定你	只会做品牌的餐饮经营者，缺乏对产品的重视，可能会将门店经营为"短命网红店"

通过表 6-2，我们能够看出，**做餐饮、做商业、做品牌餐饮其实是一个相互关联且不可分割的整体。**那么，如何将这三个要素统一起来呢？

做餐饮的核心在于懂战略、懂定位、懂产品和懂服务，这是餐饮门店的经营起点；做商业的核心在于懂营销、懂降本提效，这是门店得以持续经营、持续发展的商业策略；做品牌餐饮的核心在于深入了解顾客需求，这是门店提升品牌知名度的一个"入口"。

一个成功的餐饮经营者必须具备三大要素：会做餐饮、会做商业、会做品牌餐饮。这三大要素共同构成了餐饮经营闭环，如图 6-1 所示。当然，你可以灵活调整这三个要素的顺序。餐饮经营者会做餐饮，顾客就能进店消费，这是先胜而后战，起步就立于不败之地；同时，餐饮经营者会做商业，门店就能实现盈利；在此基础上，餐饮经营者会做品牌餐饮，更多的顾客就能源源不断地进店消费，门店实现可持续盈利。

图 6-1　餐饮经营闭环

刘一手的品牌发展历程充分展示了从做餐饮到做商业，再到做品牌餐饮的转变。

2001 年之前，刘一手只有 1 家门店，凭借着对产品品质的精益求精，在重庆小有名气。这时的刘一手是在做餐饮。

自 2005 年开始，刘一手走上了商业扩张的道路。通过在全国范围内开放加盟，刘一手在短短几年内迅速发展了 130 余家加盟店，遍布全国 5 个省市，年总营业额突破 5 亿元，形成了广泛的商业影响力。这一阶段，刘一手已经超越了个体经营的范畴，进入了规模化商业运作的阶段。这时的刘一手是在做商业。

到了 2010 年，刘一手重庆火锅迪拜店开业，这标志着刘一手开始迈向全球连锁化的新征程。这一步不仅是商业扩张的延伸，更是品牌影响力的国际化拓展。通过在全球范围内推广品牌，刘一手逐渐成为一个具有国际知名度的品牌餐饮。这时的刘一手是在做品牌餐饮。

从刘一手的品牌发展历程中可以看出，随着时间的推移和市场的变化，我们的视野和策略也在不断升级。从最初的小规模经营到商业扩张，再到全球连锁化，刘一手的成功表明：餐饮门店或企业要想在竞争激烈的市场中立于不败之地，就必须不断创新和拓展，将个体经营与商业运作、品牌建设有机结合起来。只有这样，餐饮门店或企业才能在不断变化的市场环境中保持影响力，实现可持续发展。

立得稳，打得燃，叫得响

现在，我们解决第二个问题，也就是方法问题：如何做品牌餐饮？

开局决定结局。为什么很多餐饮门店一开局就输了？因为很多时候你以为是在做品牌，其实是在做营销。

总结一下，餐饮人做品牌餐饮有两大派系。

一派是"**求助派**"。比如，有的餐饮经营者花钱请明星做广告；有的餐饮经营者请品牌策划顾问……各种招式都纷纷上场。

一派是"熬派"。这类餐饮经营者认为品牌是熬出来的（我原来也有这样错误的认知），因而拒绝一切外在的包装和营销，这是典型的做餐饮的思维。殊不知，熬出来的餐饮门店只能算是百年老店，在特定的区域市场中具有话语权，一旦扩张到外地，往往会水土不服。

无论是"求助派"还是"熬派"都无法做好品牌餐饮。要做好品牌餐饮，首先我们要明确四个问题。

1. 是先经营好单店，还是先做品牌餐饮

经营好单店和做品牌餐饮两点既相辅相成又相互制约。有的餐饮经营者从经营第一家店开始就已经站在了品牌的高度，规划好了门店整体的发展战略；有的餐饮经营者是先做好单店再逐步发展成品牌。

从战略角度来看，我们一定要先做品牌再经营好单店，因为这样能少走弯路，避免后续因推倒重建而花费更大的成本，或者因为早期没有重视品牌建设而错过了绝佳的发展机会。

从战术角度来看，我们要综合考虑自己的投资实力、抗风险能力和成功概率。不然高开低走，投资几十万元做品牌，最后第一家店都没做好，亏得一塌糊涂。

因此，先经营好单店还是先做品牌餐饮，我们要根据自己的实际情况来决定。

2. 有没有一招制胜的品牌塑造法宝

答案很肯定：没有。

因为餐饮经营是一个系统工程，餐饮经营者想把餐饮当成一项事业

去做，就需要在战略、定位、菜单设计、营销、降本提效、品牌这六大板块同时发力，如图 6-2 所示。

图 6-2　餐饮经营的六大板块

这六大板块虽然表面上看似各自独立，但实际上它们共同构成了一个不可分割的整体，最终呈现的是品牌价值。**做餐饮的终极目标是成为品牌餐饮，成为世界级品牌餐饮。**

通常来说，餐饮企业的发展需要经历初创期、发展期、连锁紊乱期、直营稳定期、品牌形成期五个阶段，这是一条完整的餐饮企业发展路径。在这条路上，餐饮企业会遇到各种挑战，只有通过不断的尝试、验证和修正，才能逐步修炼成一个具有强大生命力的品牌餐饮。

因此，从严格意义上讲，餐饮业并不存在能够一招制胜的品牌塑造方法。但如果你想在品牌餐饮这条路走得快一些，那么你可以采取先胜后战的经营策略。

什么是"先胜后战"？那就是当你**从开第一家店时就用做品牌餐饮的思维来经营门店**。我始终认为，**不是企业成功后才需要伟大的顶层设计，而是因为顶层设计，企业才变得伟大和成功。**

3. 什么样的品牌餐饮才是好的

刘一手的答案是：**立得稳、打得燃、叫得响的餐饮品牌就是好的品牌餐饮。**

什么是"立得稳"？

立得稳是指餐饮品牌在市场上能够长期稳定地经营，具备强大的品牌实力和竞争力。这需要餐饮品牌具备产品质量、服务水平、经营管理能力和品牌形象等多方面的优势。

什么是"打得燃"？

打得燃是指餐饮品牌能够吸引顾客并激发他们的消费热情。这需要餐饮品牌在市场营销、品牌推广和顾客服务等方面下足功夫，通过各种手段提高品牌知名度和美誉度，增强顾客的忠诚度和满意度。

什么是"叫得响"？

叫得响是指餐饮品牌的口碑和声誉能够广为人知，受到顾客的认可和赞誉。这需要餐饮品牌在产品质量、服务水平、品牌形象等多个方面达到较高的水平，并且在品牌传播和推广方面做到精准有效，让更多的潜在顾客了解和信任品牌。

4. 如何打造一个立得稳、打得燃、叫得响的品牌餐饮

在一次品牌研讨会上，有人问我："刘一手的成功能复制吗？"

我还没回答，一位业内人士先说道："很难。"

为什么刘一手的成功难以复制？他认为，刘一手是火锅领域的先发者，这种先发优势别人很难复制。此外，刘一手带有强烈的创始人的性格烙印，这是别人难以模仿和复制的。再加上刘一手的起步占尽了天时地利人和，种种因素叠加在一起，才成就了今天的刘一手。

听完这位业内人士的分析，我哈哈一笑，不置可否。从来都是时势造就英雄。有信心、有勇气、有自我进化能力的人，都能够复制甚至超越

刘一手。

我在前面说过，做品牌一定是系统工程，餐饮经营者要在战略、定位、菜单设计、营销、降本提效等方面同时发力，这意味着前面五章内容也是做餐饮品牌的组成部分。在此基础上，本章我将刘一手品牌发展的历程进行总结，归纳出从做餐饮到做品牌餐饮，塑造世界级餐饮品牌的"三化模型"，如图 6-3 所示。

图 6-3 塑造世界级餐饮品牌的"三化模型"

本章的目的是让每位餐饮经营者都学会如何从做餐饮到做品牌餐饮，少走一些弯路。希望我的方法能够触动更多餐饮人的心弦，影响更多餐饮人，一起推动中国餐饮品牌成为世界级餐饮品牌。

现在，只要你的心中有光，就跟着这束光勇敢地迈出第一步，向世界级餐饮品牌出发！

6.2 企业文化：刘一手以文化塑中国火锅品牌

塑造世界级餐饮品牌的"三化模型"的"第一化"是企业文化。企业文化是塑造立得稳的餐饮品牌的核心。

在餐饮行业，一提到"企业文化"，大多数餐饮经营者都把它当作"耳旁风"，尤其是那些"夫妻店"或只有几位员工的餐饮门店的经营者。他们觉得谈"企业文化"是天方夜谭，是不切实际的。

如果你只打算开一家小店勉强养家糊口，那么"企业文化"对你而言确实显得过于宏大。因此，你可以选择跳过本节内容。但如果你有一丝想把门店做大、做强、塑造成餐饮品牌的想法，那么我强烈建议你花一些时间，仔细阅读本节内容。

2023年，有记者问过我一个问题："是什么造就了刘一手品牌？"我给出的答案是："以前靠产品、靠管理，现在以及未来一定是靠企业文化。"

刘一手品牌的成长并非一蹴而就，而是经过了长时间的积累和沉淀。在创业阶段，我们凭借着优质的产品和高效的管理在市场上获得了一席之地。然而，随着市场竞争的加剧和顾客需求的不断变化，我们意识到单纯依靠产品和管理的优势已经不足以支撑品牌的可持续发展。

于是，我们开始思考如何通过企业文化塑造品牌。我们深知，**企业文化是品牌的灵魂**，是连接品牌与顾客的重要纽带。一个具有独特企业文化的品牌不仅能够吸引顾客的眼球，更能够在市场中树立独特的形象，形成品牌差异化。

为了塑造独特的企业文化，我们首先从品牌理念入手。我们明确了品牌的愿景、使命、价值观（下文有详述）、战略和品牌定位。在此基础上，我们通过品牌传播、产品设计和顾客体验等多个方面来传播企业文化。

在品牌传播方面，我们注重与顾客的情感共鸣。我们通过深入挖掘品牌故事、传递品牌情感，让顾客感受到品牌的温度和情怀。同时，我们还借助社交媒体，与顾客进行互动和沟通，了解他们的需求和反馈，不断优化品牌文化。

在产品设计方面，我们将企业文化融入产品的细节之中，比如高转化率菜单和视觉锤等，通过独特的设计语言和创意元素让产品成为品牌的代言人，向顾客传递品牌的价值观和理念。

此外，我们还通过举办品牌活动，不断扩大品牌的影响力和知名度。2011年7月，刘一手执行总裁赵庆在刘一手重庆火锅南坪直营店接受了中央广播电视总台财经频道记者的专题采访，这为刘一手的品牌传播增加了更广阔的发声渠道。2015年，刘一手独家承办了奇瑞汽车千人火锅盛宴，这场火锅盛宴吸引了众多喜爱火锅美食的顾客参与，千人用餐盛况空前。在这些活动中，我们注重传递品牌的文化内涵和精神内核，让更多的人了解和认同我们的品牌文化。

通过多方面的努力，我们塑造了独特的企业文化，在市场上得到了广泛的认可和好评，吸引了大量忠实的顾客和合作伙伴。我们的企业文化不仅提升了品牌的价值和形象，也为企业的发展奠定了坚实的基础。

做餐饮，三观要正

对于什么是"企业文化"，不同的企业、不同的人有不同的理解。一般而言，企业文化是企业上下共同遵守的价值观、信念和行为方式，是经营准则、经营作风、企业精神、道德规范、发展目标的总和。

以上是企业经营中约定俗成的"企业文化"的定义，这样的定义对大多数餐饮经营者而言或许有些晦涩难懂。我尝试以更通俗易懂的方式分享我对"企业文化"的理解。

人有三观——世界观、人生观和价值观。三观不正的人不可交。做企业和做人是一样的。企业也有三观，企业的三观就是由使命、愿景和价值观构成的企业文化。

做人需要树立正确的三观，做餐饮企业尤其需要树立正确的三观。餐饮经营者为企业树立正确的三观时，可以问自己以下三个问题。

- 我是谁？我为什么要经营这家门店或企业？我经营门店或企业的目的和意义是什么？
- 我去哪？我希望这家门店或企业未来 10 年、20 年、50 年以后是什么样子？
- 怎么干？在经营门店或企业的过程中，什么是应该做的，什么是不应该做的，什么钱可以赚，什么钱不可以赚？

这三个问题的答案就是一家企业的使命、愿景和价值观。每一位餐饮经营者在经营企业时都应该反复思考这三个问题。企业文化的核心内容如图 6-4 所示。

图 6-4　企业文化的核心内容

现在，让我们把目光转向刘一手的企业文化发展历程，看刘一手是如何回答以上三个问题，以文化塑品牌的。

随着刘一手发展壮大，我们开始思考更深层次的问题：我是谁？我为什么要做这家企业？我做企业的目的和意义是什么？这些问题促使我们重新审视自己的使命。

与大多数餐饮经营者一样，我和刘松刚开始经营刘一手的目的也很简单，就是想赚钱，让家人过上更好的生活。如今，刘一手已经走上了新的发展阶段，我们不能仅仅停留在"追求利润"这一目标上，应该更多地思考做企业的使命和社会责任。

诚然，做企业要追求利润，企业只有赚到钱才能存活下来。不赚钱的企业也许不是商业意义上的好企业，但仅仅赚到钱的企业也不是好企业，同时企业也做不长久。那么，餐饮经营者经营门店或企业的使命究竟是什么？

我认为，**餐饮经营者应该具备士大夫情怀，眼睛不能只盯着自己的一亩三分地，而应该胸怀国家和社会，有视野、有担当，既脚踏实地又仰望星空，既甘于寂寞又敢于创新。**

餐饮企业要从"活命"到使命，才能天长地久。2022年，我们对企业的使命进行了升级，提出了"重庆火锅、全球传播，一手引领"的全新使命。这一使命的确定源于刘一手立志成为中国火锅行业的引领者，并通过刘一手这一品牌将中国火锅的美味和饮食文化传播至全球各地。

关于刘一手所承载的宏大使命，你或许会心生疑虑："一个重庆火锅品牌，为何有这样宏大的使命，莫不是在吹牛吧？"

我想告诉你：这不是夸大其词，更不是吹牛。这一使命源自我与刘松的一段具有深远意义的旅程。这段旅程不仅塑造了我们对火锅行业的认知，也让我们看到了刘一手的无限可能。

2009年春节，我和刘松第一次走出国门，去了迪拜。在迪拜，我们感受到了前所未有的震撼，同时，我们也很兴奋。我们发现在这个富饶的城市中有一个中国城，居住着十万余名中国人。他们远离故土，为了生活与梦想，在这片陌生的土地上奋斗着。我曾经在北京漂泊过好几年，深知漂泊在外的游子对家乡的思念之情，也深知他们对家乡美食的渴望。

但我发现迪拜竟然没有一家像样的中餐门店，更别提正宗的火锅店了。我立刻想到这里的人们是否和我一样对家乡的美食有着深深的眷恋？于是，我询问当地的侨胞是否想吃火锅。他们的眼神中流露出惊喜和期待，这让我更加坚信这里对火锅有着巨大的市场需求。

有需求，就有机会。我心中涌起了一个大胆的想法：我要在迪拜开一家正宗的重庆火锅店——刘一手重庆火锅。我想让这些远离家乡的侨胞在异国他乡也能品尝到家乡的味道，感受到家的温暖。

这个想法的萌生并非一时冲动。我知道，在海外开一家火锅店并不容易，需要面对各种挑战和困难。但是，我相信只要心中有梦想，有对火锅的热爱，有对侨胞的关心，我就能克服一切困难。

怀着对未来的热切期待和坚定信念，我们决定将重庆火锅门店开到迪拜，开启一段全新的创业历程。2010年，我们踏上了这段充满挑战的全球连锁旅程。

在筹备刘一手重庆火锅迪拜店的过程中，我们面临着诸多挑战：如何寻找合适的合作伙伴？如何将重庆火锅特有的风味呈现给迪拜的顾客？如何选择合适的门店位置？如何成功地运营和管理门店？……这些挑战让我们在过程中饱尝了辛酸苦辣。刘一手重庆火锅迪拜店的运营过程充满惊险与挑战，在"连锁化"中我将详细分享这段经历。

最终，我们克服了重重困难，成功地在迪拜开了第一家刘一手重庆火锅门店。在随后的日子里，我们在美国新泽西州开了第二家海外直营店，并逐步在全球范围内扩展我们的商业版图，包括法国、印度尼西亚和加拿大等国家。

回顾刘一手海外开店的发展历程时，我得出的结论是：任何一家企业的成功或失败都不是偶然的。刘一手之所以能够成功地将门店开遍全球，表面看起来是重庆火锅独特味道的成功，但更深层次的原因是中国文化的深远影响和成功传播。

以刘一手重庆火锅西班牙店为例。刘一手在西班牙开店时，起初确实面临着是否需要调整重庆火锅经典底料和食材以适应西班牙当地顾客口味的问题。最后，刘一手以终为始，想到刘一手的愿景是"成为中国火锅产业文化全球传播第一平台"，既然要传播中国火锅文化，就要保留原汁原味的重庆火锅特色。实践证明，我们的决定是正确的。刘一手重庆火锅西班牙店开业后，西班牙顾客对重庆火锅的接受度很高，使刘一手在西班牙一炮而红。

这也印证了一句话：**民族的，才是世界的；特色的，才是大众的。**

我和刘松在 2000 年创立刘一手的时候，口号是："火锅处处有，特色刘一手；到底哪里有，还是刘一手。"那时候，我们未曾料到这个"处处"会具有世界性的意义。

刘一手世界级地标门店的存在奠定了刘一手海外业态的品牌价值。我们在全球华人聚集地的广泛布局不仅体现了品牌的影响力，同时也为刘一手带来了显著的收益。

刘一手在海外发展的过程中不仅在商业领域取得了成功，更通过观世界、观众生形成了一套与众不同的"企业三观"，如图 6-5 所示。

图 6-5 刘一手的"企业三观"

使命：从"活命"到使命驱动

"我是谁"这个问题的答案就是门店或企业的使命。我为什么要经营这家门店或企业？我经营门店或企业的目的和意义是什么？餐饮经营者回答这两个问题的过程就是确立企业使命的过程。

经过艰苦卓绝的奋斗，刘一手从"活命"走向使命驱动。在"重庆火锅、全球传播、一手引领"这一崇高使命的驱动下，刘一手成功地实现了发展与壮大。

刘一手使命的确立，并不是我拍脑门想出来的。对一家餐饮企业而言，使命不仅是一个响亮的口号，更是一种长期坚守的信念。在确立使命时我们必须深思熟虑，确保它能够满足以下三个关键条件。

首先，使命必须源自业务。作为一家火锅企业，刘一手的核心业务是为顾客提供地道的重庆火锅。因此，我们的使命必须与火锅紧密相关，能够准确反映企业的核心价值。我们深知，只有将使命与业务紧密结合，才能确保企业在发展过程中始终保持初心，不被市场变化所左右。

其次，使命必须承担社会责任。 在发展壮大的过程中，刘一手始终秉持着先义后利、义大于利的原则。我们坚信，企业不仅要追求经济效益，更要积极履行社会责任。2012年，我们创建了公益火锅品牌——刘一手心火锅，致力于为残障人群提供就业机会。目前，刘一手心火锅已经在全国开了80多家门店，为残障人群提供了4000余个就业岗位。

除了为残障人群提供就业机会，刘一手还积极投身公益事业。2020年新冠疫情期间，我们迅速行动，向湖北省孝感市抗疫一线和重庆援鄂医护人员累计捐助价值上百万元的物资。同时，刘一手积极开展生产自救，第一时间启动火锅外卖项目，为千家万户送上了安全健康、美味地道的重庆火锅。在此期间，很多企业为了降低成本选择了裁员，但刘一手没有裁员，没有缩减员工工资，而是利用企业文化来凝聚人心，让员工感受到企业的关怀和温暖。

正是因为肩负着"重庆火锅、全球传播、一手引领"的使命，刘一手才有了更强的驱动力，实现了更好的发展。同时，刘一手的使命也感召和凝聚了更多优秀人才加入我们的团队，共同为实现伟大目标而努力奋斗。

最后，使命必须公开宣告，这是对企业长期坚守的承诺。 使命不仅仅是一个口号，更是一种信仰和追求。为了让使命真正落地生根，我们不仅在内部进行宣导，还通过各种渠道向外界传递我们的使命。"我是刘一手人，以重庆火锅、全球传播、一手引领为使命"，这是刘一手的企业宣言。我们要向全球宣告一份伟大的事业，这份事业关乎美食的传承与创新，关乎文化的传播与交流。我们深知，只有坚守使命，才能在激烈的市场竞争中立于不败之地。

愿景：从为了小家、为了大家到为了国家

"我去哪"这个问题的答案就是门店或企业的愿景。我希望这家门店或企业未来 10 年、20 年、50 年以后是什么样子？餐饮经营者回答这个问题的过程就是确立企业愿景的过程。

一个人最终能成为什么样的人，在很大程度上取决于他想成为什么样的人。企业也是如此，一家企业最终成为什么样的企业，很大程度上取决于企业经营者想要将企业做成什么样子。刘一手的愿景是成为"中国火锅产业文化全球传播第一平台"，这就是我理想中刘一手未来的样子。

一家餐饮企业的文化源自企业经营者的思想和行为，如果一位企业经营者只想成为腰缠万贯的商人，那么他所经营的企业最终可能成为一家利润至上的企业。用稻盛和夫的话说就是"公司的规模超不过经营者的器量"。

在之前的内容中我曾提及，我和刘松创立第一家刘一手重庆火锅门店的初衷是为了经营小家，让我们的生活越来越好。然而，随着时间的推移，我们的业务规模逐渐扩大，吸引了越来越多的加盟商加入我们，使刘一手成为连锁加盟企业。那时，我意识到经营刘一手不再是为了自己的小家，为了自己的个人梦想，而是为了成就大家。

2010 年，当刘一手走出国门，站在国际舞台上时，刘一手代表的不仅仅是一家火锅餐饮企业，更代表的是我们的祖国。我记得在签署法国分公司合约的时候，我曾深感疑虑，自问："我们真的准备好了吗？"那一

刻，我深深感受到了肩负的重任。我生怕自己的一个不当决策使刘一手的声誉受损，甚至影响祖国的形象。

从那一刻起，我经营刘一手不再是为了小家、为了大家，而是为了国家。我们在全球的每一家门店的一举一动都代表着国家的形象和声誉。如果我们的产品不好，外国人会说："这就是中国的餐饮品质。"如果我们的服务不好，外国人也会说："这就是中国的餐饮服务。"这使我更加清楚自己的责任和企业的愿景。

在走向国际化的过程中我们面临着无数的挑战和困难。如何适应当地的市场环境、如何与国际品牌竞争、如何保持企业的核心价值和品牌形象等，这些都是我们需要面对的问题。我和我的团队不断努力，克服了语言、文化、法律等方面的障碍，成功地在十几个国家开了刘一手重庆火锅门店。每一家刘一手重庆火锅海外门店的开业都是我们共同愿景实现的一小步，也是我们为祖国的荣誉而战的一大步。

为了传播中国美食文化，每逢中国传统节日，刘一手重庆火锅海外门店都会精心策划各种活动，比如端午节包粽子比赛、重阳节赠送菊花酒、中秋节送月饼等。这些活动不仅是为了营造节日氛围，更成为展示中国美食和文化的重要窗口。此外，刘一手重庆火锅海外门店还向世界人民展示了中国的京剧、舞狮、杂技、变脸等传统文化。通过地道的美食，我们搭建起一座从家到世界的桥梁，让世界更好地认识中国、了解中国。我们也希望通过自己的成功经验，为更多的中国餐饮企业走向世界提供借鉴和启示。

如今的刘一手已经成为一家具有国际影响力的餐饮企业，我们正在努力成为"中国火锅产业文化全球传播第一平台"。

价值观：长期的成功一定是价值观的成功

"怎么干"这个问题的答案就是企业的价值观。餐饮经营者在经营门店和企业的过程中，什么是应该做的、什么是不应该做的，什么钱可以赚、什么钱不可以赚？餐饮经营者回答这些问题的过程就是确立企业价值观的过程。

经过 25 年的经营实践，刘一手证明了：**餐饮企业长期的成功，一定是价值观的成功**。一家优秀的餐饮企业必然有正确的价值观作为发展的基石。

冯仑曾说一家企业必须经过三次转变才称得上是成功的企业：第一，由做项目转变为做企业；第二，由做现在的企业转变为做未来的企业；第三，由做对股东而言有价值的企业转变为做能够改变人类生活和社会形态、创造新的商业文明的企业。

我认为，一家餐饮企业必须经过三次转变才称得上是成功的餐饮企业。

- **第一，从单纯的产品提供者转变为全面的餐饮服务提供商**。这包括提供优质的食材、美味的产品、舒适的环境、周到的服务和创新的体验。只有通过提供全面的餐饮服务，餐饮企业才能赢得顾客的信任，在激烈的市场竞争中脱颖而出。
- **第二，从满足当前市场需求转变为引领未来的餐饮潮流**。这需要餐饮企业具备敏锐的市场洞察力和创新精神，不断推陈出新，引领餐饮行业的发展趋势。通过不断创新和升级，餐饮企业才能在市场中保持领先地位，赢得未来的商机。

- **第三，从追求商业价值转变为创造社会价值。** 这需要餐饮企业不仅关注自身的盈利，更要关注对社会的贡献。通过提供可持续的餐饮服务，推动行业的健康发展，为社会创造更大的价值，成为具有社会责任感的企业。

总之，<u>一家成功的餐饮企业必须经过三次转变：从做产品到做服务，从满足现在到引领未来，从追求商业价值到创造社会价值。</u>只有经过这三次转变，餐饮企业才能真正成为市场的领导者，为社会创造更大的价值。

刘一手的价值观是"深耕、成就客户、高效协同、担当、专业、突破创新"。其中，深耕、成就客户（刘一手的"客户"指的是顾客和加盟商）是刘一手迅速发展的根本；高效协同、担当是刘一手快速成长的保障；专业、突破创新是刘一手高速扩张的法宝，见表6-3。

刘一手升级后的价值观是我与团队成员在共同经营刘一手的过程中通过深入思考和不断实践，逐渐明确并提炼出来的。

表6-3 刘一手价值观行为描述

深耕：做正确而难的事，深挖10000米			成就客户：坚持长期主义，客户价值至上		
行为描述	锁定目标	目标清晰，摒弃诱惑，全员方向一致	行为描述	关注需求	尊重客户，影响客户，将客户需求放在第一位
	抓住关键	分清主次，抓住牛鼻子，一竿子插到底		预见趋势	分析市场，洞察趋势，预见行业发展可能
	持续精进	集中资源攻坚，精益求精，直到成为第一		高效响应	积极响应客户需求，提供专业解决方案
	笃定前行	坚守初心，持之以恒，面对困难勇往直前		长期服务	注重长期客户体验，成就客户也成就自己

（续）

高效协同：集体利益优先，打破组织壁垒			担当：关键时刻，迎难而上		
行为描述	尊重信任	求同存异，尊重同事，彼此信任	行为描述	说到做到	尽职尽责，言出必行，有始有终
	信息同频	打破部门墙，信息交圈，业务共融		敢于担责	敢于挑战，敢于决策，敢于承担结果
	打破边界	及时补位，积极配合同事拿结果		直面困难	不推诿，不逃避，关键时刻挺身而出
	合作共赢	企业利益第一，成就他人，成长自己		主动请缨	把困难当机遇，先付出后索取
专业：在实践中成长，解决实际问题			突破创新：全力以赴，拿到成果		
行为描述	对标学习	保持空杯心态，持续反省与研习	行为描述	敢于亮剑	临危不惧，在"强敌"面前勇于挑战
	持续成长	保持向上状态，不断总结，不断进步		变革创新	打破固有思维，不被经验约束，尝试新方法
	学以致用	理论与实践相结合，在工作中反复训练		坚持不懈	遇到瓶颈不气馁，自我激励不放弃
	解决问题	具有系统思维，能提供系统解决方案		成果导向	设定高目标，追求高业绩，全力以赴拿成果

在此，我想分享一个关于刘一手价值观中的"高效协同"在实践应用中的小故事。

一次，一位加盟商向刘一手总部投诉"底料疑似有问题"，这是一个看似轻微实则重要的问题。刘一手以陈凤喜为代表的品控团队迅速行动且进行详细调查，并将调查报告和处理建议通过 OA 平台传送给销售团队。

然而，OA 平台上的沟通并未达到预期效果，双方存在意见分歧，导致问题迟迟未能解决。面对加盟商的强烈不满，我们意识到原有的沟通方式存在效率低下的问题。为了解决这一问题，我们采取了新的处理原则："能当面沟通就不打电话，能打电话就不发信息。"为了提高业务协同效率，刘一手内部沟通严禁使用 OA 平台。

在刘一手，我们始终坚持以人为本，以"高效协同"为价值观。只有团队成员之间建立起信任、理解和高效的沟通机制，才能在面对问题时迅速做出反应，为顾客和加盟商提供更好的服务。

关于餐饮企业如何确立自己的价值观，我分享三个要点：

- 好的价值观，一定要让企业的每位员工都听得懂、看得见，它不仅要挂在墙上，更要深入人心，让企业的每位员工都觉得它和自己息息相关。

- 好的价值观，一定要从企业员工最深层次的需求出发，自下到上地提炼出来，而不是简单地从上到下、硬生生地灌输给企业员工。

- 好的价值观，一定要让企业里的所有人明白：他们的努力奋斗既是为企业的利益而战，也是为自己的切身利益而战。这样的价值观才能真正落地生根，激励大家不断前行。

少数人是因为相信而看见，多数人是因为看见而相信。刘一手或许就是餐饮行业中的"少数人"。我们相信中国的餐饮企业可以通过文化塑造中国餐饮品牌，我们也相信中国的餐饮行业可以形成具有鲜明中国特色的餐饮文化。因为唯有文化生生不息。

当我们亲眼看到那些对火锅或嗤之以鼻或敬而远之的外国顾客在品尝了刘一手重庆火锅之后转变为热情的中国火锅粉丝，积极向身边的亲朋好友传播火锅文化时，那种满足感是无法言喻的。我们亲自教会了很多外国顾客如何使用筷子，如何烫毛肚……为了传播中国美食文化，我每年都会前往海外的刘一手重庆火锅门店进行文化推广活动，向海外员工分享刘一手的企业文化。

关于刘一手如何对内建设企业文化、对外以文化塑品牌，我将在本章末给你一个实用的工具——"企业文化落地四步法"。它将指导你如何将企业文化真正融入门店经营，并以此塑造企业独特的品牌形象。

6.3 标准化：一手麻辣，共享全球

塑造世界级餐饮品牌的"三化模型"的"第二化"是标准化。标准化是塑造打得燃的餐饮品牌的核心。

餐饮企业的发展有三大阶段。

- 第一阶段：通过标准化、连锁化和外卖化提升门店盈利水平。
- 第二阶段：通过品牌化、科技化和国际化扩大盈利规模。
- 第三阶段：通过规范化、资本化和平台化实现长期稳定的盈利增长。

从餐饮企业发展的三大阶段来看，餐饮企业的成长壮大就是逐步从标准化发展到平台化的过程。标准化是餐饮企业发展"长征"之路的起点，是塑造打得燃的餐饮品牌的核心。只有通过标准化，餐饮企业才能提高效率、确保产品安全和质量、提升顾客满意度、增加市场竞争力、促进品牌传播。

标准化 = 复制 + 提效

什么是"标准化"？

我的答案是：标准化 = 复制 + 提效。

标准化涵盖了餐饮企业运营管理的方方面面。在许多企业的实践中，标准化被视为一种复制成功模式，提高工作效率和质量的重要手段。

好标准不是高标准，因为标准太高，员工难以做到，这样的标准是"墙上的标准"；好标准更不是低标准，因为标准太低，不如没有标准。因此，符合餐饮企业自身特点、适合餐饮企业员工操作、可复制的标准才是好标准。餐饮企业要将标准化提升至效率化，必须激发员工从内心深处对标准化的认同和自觉实践。

我经常听到很多餐饮经营者抱怨："为什么我制定了适合员工操作的标准，但员工还是难以执行呢？"这种现象说明他们制定的标准没有得到员工的认可。

对此，刘一手采取的策略是在形成标准的时候，一定要对标准进行周全的考虑和规划。在这里，我要提醒大家两个要点。

要点一：让执行标准的人参与到制定标准的过程中。实践出真知，让执行标准的人参与到制定标准的过程中是确保标准可行性和有效性的关键。

通过让执行标准的人参与到制定标准的过程中，我们可以更好地了解员工在实际操作中遇到的问题和困难，并及时进行调整和改进。同时，这也能提高标准的可行性和可操作性，使其更加符合实际情况，更加易于执行。

刘一手的标准化体系包括九大标准化手册，这些手册分别针对不同的环节，为门店的运营提供了详尽的指导。其中包括财务管理标准化、产品质量管理标准化、店长管理标准化、服务呈现标准化、技术标准化、营销标准化、门店岗位工作标准化、食品安全标准化和现场管理标准化。这些标准的制定过程均由相关员工与管理者共同商讨完成，确保员工对标准的认同与遵守。通过这种方式，我们能够确保门店运营的稳定性和一致性，提高员工的工作效率和服务质量。

要点二：在标准化建设过程中，让员工对企业的标准化系统形成正确认识。很多员工对标准化建设存在误区，认为标准化抹杀了人的主观能动性。其实，标准化建设是对员工的工作进行规范和指导，帮助员工更好地发挥自己的能力。通过标准化建设，员工可以更好地理解企业的业务流程、工作要求和企业文化，从而更好地适应企业的工作环境，提高工作效率和工作质量。

在标准化建设过程中，餐饮企业应该让员工充分了解标准化建设的意义和作用，同时，鼓励员工积极参与企业标准化建设的过程，提出自己的意见和建议，让标准化建设更加符合实际工作需求。只有这样，员工才能对企业的标准化系统形成正确认识，真正理解标准化的意义和价值，从而更加顺畅地执行标准。

刘一手建立标准化的指导思想是"僵化、固化、优化"：先形成一套结合刘一手实际情况提炼出来的关键系统标准化，严格执行形成刘一手固化的一套操作标准化，在经营过程中再逐步优化。**标准化没有终点，需要持续改善。**

中餐的制作过程复杂，讲究炒、煎、炸、烹、蒸、炖、涮、焖、烩等，非常依赖厨师的手艺。有的门店生意火爆，但大厨一走，门店就无人问津了。中餐烹饪用语中的"少许""中火""切丁"，应该怎么量化？

无法量化就无法实现标准化，无法标准化也就很难实现规模化。因此，餐饮经营者在开店之初进行品类定位时应采用标准化思维方式，尽量避免选择过于依赖厨师的品类。这样门店可以确保在开局就具备标准化的优势，为门店未来的规模化发展奠定基础。

相较于其他中餐品类，火锅是一种相对容易标准化的餐饮品类，因为它并不依赖厨师的技能和经验。正因如此，像海底捞、巴奴、刘一手这样的餐饮企业才能在火锅市场中保持领先地位。

在火锅行业中，有些门店声称拥有经验丰富的老师傅现场炒制底料，这种方式确实能够增加顾客的信任和期待。但以人的感觉为基础的操作，主观性较强，很难标准化，门店也无法实现规模化和可持续化发展。

那么，刘一手是如何确保全球 1500 家门店的口味一致，做到"一手麻辣，共享全球"呢？

下面，让我们一起走进刘一手的标准化世界。

采购标准化：用显微镜来审视食材

选择好的原材料是制作火锅底料的基础。原材料的质量要求包括食品的质量要求和使用要求。为了确保原材料的品质，刘一手在采购环节实施了严格的标准化管理。很多供应商对我们的评价是：刘一手是在用显微镜来审视食材。

刘一手总部的食材采购与管理团队规模达 40 人，我们的工作流程如同精密运作的机器，每个环节都有明确的职责划分。食品采购与管理团队即使是挑选一个辣椒，也会受到严格的管控和监督。

在供应商的选择上，刘一手有着严格的选择标准和管理标准。对于国内的供应商，我们只选择那些具有品牌背景、良好口碑、优质食材以及拥有先进设备的供应商。为了确保供应商的可靠性，刘一手的采购团队会对供应商进行多次实地考察，并进行全面的资质审核。只有通过了刘一手严格筛选的供应商，才能获得进入刘一手采购系统的资格。

那么，是不是可选择的供应商越多，企业选对供应商的概率就越大呢？事实正好相反，虽然企业可选择的供应商多是一件好事，但是如果没有稳定的供应商，可能会导致产品品质无法得到持续保证，同时产品的价格和到货稳定性也难以确保。因此，餐饮企业选择合适的供应商并非单纯的数量问题，而是需要综合考虑品质、价格、稳定性等多方面因素。

餐饮企业以"短期合作"为前提选择供应商，永远无法保证门店的食材品质。刘一手的食材采购分为两种模式。

- **第一种是终端负责制模式**。刘一手最开始通过招标平台发布采购需求，供应商自行竞标，如果采购时间紧，则从现有合适的供应商中直接购入。
- **第二种是绩效考核制模式**。刘一手运用大数据管理，分析入库的供应商在效率、品质、态度等各方面的表现，直接输出反馈数据，生成供应商绩效考核报表，由此决定这个供应商是续用还是淘汰。

刘一手的食材采购工作采用双重模式，确保了采购环节的执行、管理和监督三大部门各自承担明确的职责。执行部门主要负责基层工作，包括寻找优质食材和与供应商进行谈判。而选择供应商的决策权集中在管理部门，其可确保食材采购的稳定性。监督部门则负责对整个采购环节进行审计和监督，确保采购工作的规范性和合法性。这种模式既确保了采购流程的高效运作，又强化了对采购环节的管理与监督。

经过不断的实践，刘一手总结出一套与供应商沟通的策略——"供应商沟通十二字诀"，如图 6-6 所示。该策略旨在确保餐饮企业与供应商的高效沟通，促进双方的合作与发展。

图 6-6　供应商沟通十二字诀

与供应商谈判要"慢慢磨"。餐饮企业在与供应商谈判过程中必须保持冷静和耐心,避免草率做决定,并且应充分考虑产品的质量以及供应商的资质、抗风险能力和商业道德。餐饮企业通过前期细致的考察和筛选,选择一位可靠的供应商,这将为后期的经营省去许多麻烦。

采购环节要"打个包"。火锅食材种类繁多,若每种食材单独寻找供应商,效率将大打折扣。为解决这一问题,刘一手采取了将食材分为肉类、蔬菜、生鲜和米面粮油等几大品类,并集中进行采购的方式。餐饮企业通过"打包"采购,不仅提高了采购效率,还因采购量的增加激发了供应商的积极性。

价格谈判要"有个度"。餐饮企业与供应商进行价格谈判时应避免一味地降低价格。过低的采购价格可能导致供应商的利润空间受到过度压缩,从而引发一系列问题。因此,餐饮企业和供应商在商谈合作和价格时应当遵循互利共赢的原则,确保双方都能获得合理的利益。

后台统计要"提个速"。餐饮企业应当借助数字化系统,实现供应商数字化管理。如此,企业可以迅速掌握食材的出入库信息,提高管理效率。此外,当食材出现质量问题时,企业可以利用后台统计数据快速追溯食材来源,做到胸有成竹且及时解决问题。

那么,当供应商成功进入刘一手的采购系统,是否就意味着可以一劳永逸呢?

刘一手的回答：不是。

在原材料检验方面，刘一手有着极其严苛的检验标准。 每批新食材到货，刘一手都会执行严格的抽样检查。我们对食材的要求细致入微，从鸭肠的加工处理到黄瓜的水分含量，从毛肚的来源追溯到鱼丸的密度，每一项标准都极为严格。不仅如此，我们还经常付费将供应商送来的食材送至外部实验室进行检验。

这已经很"过分"了，对吧？但是还没有完。

刘一手的采购团队还会亲自奔赴供应商现场进行实地考察。无论是来自澳洲还是新西兰的牛羊肉，我们都会奔赴供应商所在地进行实地探究，并进行严格的审查和挑选。

在供应商管理方面，刘一手会对供应商做评级且进行分级管理， 把供应商分为 A、B、C、D 四个等级，每个等级对应相应的管理方式，见表6-4。这样的分级管理方式不仅使供应商管理更具针对性，还大大提高了管理效率。

表 6-4 刘一手的供应商分级管理

供应商等级	评分	管理方式
A	90 分及以上	重点发展，包括增加其供应份额、优先新产品开发配套、提供产品开发资金支持、延长审核评审周期等
B	80～89 分	保有当前供应份额，针对薄弱环节进行持续改善，根据其改善情况进行相应的供货比例调整
C	70～79 分	维持当前管理，针对薄弱环节进行持续改善
D	70 分以下	暂停采购，降级进入备选供应商，根据不符合项进行限期整改；整改检查通过的可恢复合格供应商资格，原则上半年内供应份额不得提高；整改检查未通过的，将被移出"合格供应商目录"

刘一手还会不定期邀请相关部门的执法人员开展关于食品安全的讲座，确保所有加盟店、供应商和刘一手全体员工都能参加。

采购是餐饮企业产品标准化的第一环节。**让一家餐饮企业一举成名的可能不光是采购，但采购可以让一家餐饮企业一败涂地。**刘一手每年投入大量的人力和物力确保团队对每份食材的品质进行严格把关，目的就是确保产品的安全与品质，做到"一手麻辣，全球统一"。

底料生产标准化：确保火锅精髓不会变

从顾客的角度出发，火锅底料无疑是火锅的精髓所在。对于注重每个细节的刘一手来说，我们在底料的生产上绝不会有任何的懈怠。

从 2014 年起，刘一手倾力打造全产业链生态食材和全方位火锅解决方案。我们建立了重庆名师汇食品有限公司、重庆红三城食品科技研发生产基地，实现了上亿元的产值，构建了一条从田园到餐桌的全产业链生态食材体系。在带动一产、二产、三产共同发展的同时，刘一手为区域经济提升、乡村振兴和就业方面做出了积极贡献。

同时，刘一手还建立了三个大宗原材料基地。这些基地确保刘一手采购的食材从田间地头即受到品质管控，每一种食材都可追溯来源，确保刘一手的顾客吃到的都是绿色健康产品。

刘一手火锅底料标准化产业基地也已经投产。2020 年，刘一手从全国各地高薪聘请了众多餐饮界的大师，让他们从烟熏火燎的厨房走出来，转战产业化基地的研发中心，共同研制出不同味型的底料配方。稳定的食材、稳定的配方比例，再加上标准化生产流程，使餐饮大师的底料配方得以精确复制，从而确保每一家刘一手重庆火锅门店都有一致的高品质味道。

物流标准化：配送跟上全球节奏

物流标准化是指在整个物流过程中进行统一规范，确保各个环节之间的顺畅衔接。这不仅包括食材的包装、运输、储存等方面的标准化，还包括物流信息管理的标准化。物流标准化可以提高企业的物流效率和食材品质，降低损耗和浪费。

为了确保刘一手的核心食材能够高效地运送到全国各地的门店，刘一手采取了一项重要措施——成立物流配送中心。刘一手的物流配送中心负责接收来自中央厨房的食材，然后进行分类、储存、包装和配送。通过采用先进的物流技术和设备，刘一手成功地将核心食材高效地运送到全国门店，为品牌的快速发展提供了有力支持。这一成功实践也为其他餐饮品牌提供了宝贵的借鉴作用，展示了现代餐饮业在物流配送方面的创新和突破。

在早期的食材物流配送上，刘一手走过一段弯路。

当时，由于运输线路长度和路况不可控，刘一手采购的食材配送周期无法完全按照预期进行，这导致部分食材在运送过程中出现破损、变质、延迟等问题。后来，随着加盟商数量的不断增加，配送问题也日益突出。尤其是在天气炎热季节，食材的运送速度减慢，食材的品质难以得到保证。因此，加盟商不得不放弃部分食材的采购计划，这导致当地顾客在刘一手重庆火锅门店无法品尝到特色产品。这一情况不仅给刘一手重庆火锅加盟店造成了较大的经济损失，也对刘一手的品牌声誉和口碑产生了不良影响。

就拿刘一手的招牌产品"招牌刘毛肚"来说，物流配送着实费了一番周折。

自2015年起，众多外地刘一手重庆火锅加盟店对新鲜毛肚的需求显著增加，这无疑给毛肚的配送工作带来了不小的挑战。但顾客的需求在哪里，刘一手努力的方向就在哪里。针对毛肚的物流配送难题，刘一手物流配送中心进行了周密的实验和研究。在经过不同时段、不同温度、不同运送方式的严格测评后，刘一手物流配送中心最终制定出一套精细而又复杂的配送方案。这套方案考虑到了不同的季节、路程和天气状况，采用汽车、火车、货运大巴等多种运输工具交替进行，确保每一个环节都准确无误。

通过不懈的努力和尝试，刘一手成功地开创了新鲜毛肚从川渝地区向外输送的先河。一组历史数据足以证明刘一手物流配送的成果：2015年在短短 4 个月内，刘一手向外地配送的毛肚量达到了 1900 斤，这一招牌产品在确保质量的前提下顺利走出川渝地区。

此外，除了毛肚，刘一手还成功配送了鸭血。考虑到鸭血易变质的特性，刘一手物流配送中心工作人员经过深思熟虑后，采用费时费力的人工包装方式，将多件产品组合包装在泡沫箱中进行运送。这样的包装和运送方式使鸭血也告别了昔日"行路难"的困境。

在物流配送方面，刘一手做到了标准化管理，实现了从采购、仓储、运输到配送等各个环节的有机衔接。这种标准化管理不仅提高了物流配送的效率，也大大降低了运营成本，为品牌的发展提供了强有力的支撑。

出品标准表：标准化实施的利器

在标准化内容的最后，我给大家分享一家餐饮企业标准化实施的利器——出品标准表。

出品标准表包括食材、成本预算、用料以及流程操作等方面的内容。出品标准表可以分为三大类：门店产品标准表、产品出品流程标准表和产品制作标准表。通过这些出品标准表，餐饮企业可以更加精准地控制出品的质量和成本，提升整体运营效率。

在制作出品标准表之前，餐饮经营者要先完成以下几件事：

- 确定产品原料和数量。
- 规定调味品的品种、用量、品牌。
- 计算成本、毛利和售价。
- 确定单份产品的制作流程。

出品标准表的模板见表6-5~表6-7，有需要的餐饮经营者可以拿来即用。

表6-5 门店产品标准表

产品名	用料用量（主、辅料）	滋味（形、色、味）	出菜时间（平均值）

表6-6 产品出品流程标准表

产品名	制作时长	色味检查	摆盘检查	餐具布置

表6-7 产品制作标准表

产品名	用料名称	单价	成本	制作流程	余料处置	操作工具	装盘方法

6.4 连锁化：让天下没有难开的火锅店

塑造世界级餐饮品牌的"第三化"是连锁化。**连锁化是塑造叫得响的餐饮品牌的核心。**

通过连锁化，餐饮企业可以迅速占领市场份额，扩大品牌影响力，提高品牌竞争力。同时，连锁化通过资源共享和集中采购等方式可以帮助餐饮企业降低采购成本、人力成本等经营成本，也可以分散餐饮企业的经营风险，提高餐饮企业的稳定性和可持续性。

什么是"连锁"？

我的理解："连"是连心、连爱、连文化，这意味着刘一手要用情感将加盟商紧密地联系在一起；"锁"的是利益。只有人和人之间的情感和利益"锁"在一起的时候，人们才会永远连在一起。

一包餐巾纸，开启了千店连锁事业

刘一手做连锁化的故事要从"一包餐巾纸"说起。

2001 年，当时刘一手的第一家门店的生意逐渐步入正轨。有一次，我和同事前往四川广安华蓥山一家工厂采购机械模具。到达那里正值午饭时间，我们注意到收费站出口有两家火锅店。其中一家店内热闹非凡，每张桌子都坐满了顾客；而另一家则门可罗雀，非常冷清。

看着门庭冷落的那家门店，我想起刘一手最初苦苦挣扎的境况，难免感同身受。于是，我决定光顾这家冷清的火锅店。很快，火锅被端了上来。我尝了一口后，味道一言难尽。我放下筷子对这家店的经营者说："我也是做火锅的，你的火锅味道不行，你可以到我的店去看看。"

我一边说一边从包里掏名片。结果我掏了半天也没找到名片，最后只掏出一张带有刘一手重庆火锅门店地址和电话的餐巾纸。我便在上面写下了自己的名字，顺手塞给火锅店的经营者说："你可以根据餐巾纸上的这个地址找到我的店。"

吃完那顿味道不太好的火锅后我就前往工厂采购机械模具去了。在我还未踏上归途之时，刘松的电话打来了。他在电话中告诉我，有一位从四川远道而来的人拿着一张写有我的名字的餐巾纸想要加盟刘一手。这个人就是华蓥山下那家火锅店的经营者陈必光。

陈必光表示，他不打算学习刘一手炒制火锅底料的技术，因为担心自己无法掌握精髓。他认为加盟可以省去诸多烦琐事宜，只需复制刘一手的标准化味型即可。至于如何加盟、加盟的条件、加盟后的服务等，我们之前并未进行过深入的研究，只是初步商定了1万元的加盟费用。

在商业合作中，人们每一次相遇都源于一种难得的缘分。尤其是像华蓥山下的火锅店经营者陈必光，他带着满腔热情远道而来寻求合作，我们更应珍惜这份情谊，不能让他失望而归。

我们与陈必光简单沟通后便和他一同前往华蓥山考察门店。经过细致的观察和分析，我们发现该门店存在许多问题，不仅涉及产品口感，还包括门店装修、大厅布局、门头形象以及后厨工作流程等方面，这些均与一家成熟火锅店的标准存在较大差距。

要想扭转这种局面确实是一项艰巨的任务。据了解，由于之前经营不善，该火锅店经营者已经倾尽所有。在整改后厨和门头的过程中，他甚至不得不向刘一手借了 1 万元。

刘一手派技术人员前往这家门店且手把手地指导厨师按照刘一手重庆火锅的标准制作底料。几个月后，陈必光打来电话，激动地告诉我们门店的生意日渐兴隆，此前门可罗雀的冷清景象已不复存在，现在晚餐时段甚至需要排队等候。

第一家加盟店的成功对刘一手来说无疑是一次具有里程碑意义的事件。正是这次成功的经验为刘一手的后续连锁化进程奠定了扎实的基础。

随着第一家加盟店的运营逐渐成熟，我们开始将目光投向了更广阔的市场。我们深知要想实现连锁化的目标，必须有一套完善的加盟体系。于是，刘一手开始制定一系列加盟政策、培训计划和运营手册。这些举措能够确保加盟商在短时间内掌握核心业务，并获得稳定的收益。

在刘一手的精心指导下，第一家加盟店的成功经验被迅速复制到了其他门店。我们亲自参与每一家加盟店的开业筹备工作，确保其都能够按照刘一手统一的标准运营。这种严谨的态度和专业的精神使刘一手这个连锁品牌在市场上迅速崭露头角。

2002 年 9 月 30 日，刘一手重庆火锅在重庆的第二家直营店杨家坪直港店隆重开业，标志着刘一手在重庆主城区的发展上了一个新的台阶。

2002 年 12 月 8 日，刘一手重庆火锅在四川成都主城区的第一家连锁店刘一手重庆火锅永陵店开业，为刘一手打开成都市场奠定了良好的基础。

2003 年 6 月 28 日，刘一手在成都的第二家连锁店草堂店开业，生意异常火爆，这标志着刘一手在成都市场有了一个质的飞跃。

2004 年 7 月 1 日，刘一手重庆火锅贵阳青云店开业，标志着刘一手成功进入贵州市场。

2004年8月25日，刘一手重庆火锅福建三明店成功签约，为刘一手进军沿海市场迈出了坚实的一步。

2004年8月28日，刘一手重庆火锅陕西宝鸡店成功签约，为刘一手开拓西北市场奠定了良好基础。

2004年9月，刘一手被中国新闻社评价中心评价为中国最具竞争力的"中国连锁经营企业50强"。

2004年12月9日，重庆刘一手饮食文化有限公司西安分公司成立，这标志着重庆刘一手逐步迈向集团化。

2004年是刘一手迅猛发展的一年，成都新南门、棕北、彭州、邛崃、犀浦、九寨沟、绵阳、宜宾，以及陕西汉中、南郑等店相继开业。

2005年10月，刘一手先后与河南三门峡、成都肖家河、四川安岳、沈阳皇姑、重庆万州、昆明关上、四川蓬安、重庆江津、浙江黄岩、青海西宁、四川五通桥和成都天回12家分店签约，至此刘一手在全国15个省、自治区、直辖市开设了分店。

2006年6月，刘一手重庆火锅新疆乌鲁木齐店成功签约，至此，刘一手在全国16个省、自治区、直辖市开设了分店。

2008年10月15日，在第三届全国加盟连锁企业《商业特许经营管理条例》维权工作会议上，刘一手荣获"全国特许经营诚信企业"荣誉称号。

2009年3月10日，刘一手重庆火锅宁夏石嘴山市大武口区店签约成功，标志着刘一手成功进入宁夏市场。

2010年10月1日，刘一手重庆火锅迪拜店正式开业，这为刘一手发展蓝图上插上了最遥远的一面旗帜，也为刘一手走向国际化市场迈出了重要一步。

2014年8月2日，刘一手重庆火锅加拿大列治文店正式营业，这是刘一手在海外第6家正式开业的门店。

2018年1月，刘一手湖北罗田店、江西吉安店、湖南永顺店、山东莱阳店、河北燕郊店、湖南邵东店、河南新蔡县店、江苏东台店、湖南汉寿店和河北曲阳店10店齐开，为刘一手的2018年赢得了开门红。

2019年2月14日，刘一手重庆火锅落地柬埔寨金边，这是刘一手全球第1136家店，标志着刘一手在海外的发展又上了一个新的台阶。

2021年1月，刘一手重庆火锅安徽阜阳颍东方圆翠店、江苏连云港灌南店、江苏徐州新沂店、湖南湘乡二店、湖北黄冈红安店、湖北黄冈居然之家店、安徽利辛店、流口水火锅小面安徽阜阳店和湖北黄石店9店齐开。

如今，刘一手的加盟店已经遍布中国31个省、自治区、直辖市，并且走出了国门，在美国、阿联酋、新加坡、澳大利亚、加拿大、老挝等国家开了加盟店，加盟店的总数达到1500多家。

现在回过头思考：为什么刘一手会走出连锁化这一步？原因很简单，当我们自己的能力有限时只能先做好自己，把一家门店经营好。当我们的能力提高后应开始寻找更多的人生意义，那就是要帮助更多的餐饮经营者经营好门店。

这些年，我走遍了世界各地，每到一个地方我都要学习当地文化，到当地经营得好的餐饮门店参观学习。这些经历极大地拓宽了我的眼界，让我从一个风风火火的川妹子成为一位企业家，这是经营一家门店无法带给我的体验。

加盟一个，成功一个，朋友一个

刘一手的连锁理念源自一个简单的初心：让天下没有难开的火锅店。什么是"让天下没有难开的火锅店"？这是刘一手做连锁的信念和承诺。开一家火锅店，涉及选址、装修、食材采购、人员管理等多个环节，每一个环节都需要餐饮经营者投入大量的时间和精力。对没有经验的人来说，这无疑是一项巨大的挑战。而刘一手的初心就是要将自己的成功经验和运营模式快速地复制到每一家门店，帮助那些想创业的餐饮经营者轻松开启自己的火锅事业。

目前，刘一手所有门店的食材均已实现从产业基地统一采购。刘一手采购部门的严格筛选流程确保了食材来源的透明度，并且采购成本也得到了有效控制。相较于自行采购，这种集中采购的方式更具成本效益。

对加盟店而言，准备一包刘一手统一配置好的火锅底料、食材和半成品调料，简单布置一个调料台，即可满足顾客的需求。这种方式不仅操作简便，还能够保证味道和分量的统一性，几乎不可能出现失败的情况。

"这样是不是人人都能开火锅店了呢？"经常有人这样问我。

当然不是。虽然开火锅店的门槛相对较低，但成功经营并非易事。餐饮门店的经营烦琐复杂，单凭餐饮经营者的一腔热情是无法实现门店长期盈利的。对于没有经验的外行人来说，即使解决了产品供应链的问题，财务管理、店面管理、厨房管理等众多环节也是极具挑战性的。

刘一手品牌创立 25 年，早已不再是仅凭江湖义气闯荡市场的初创品牌。如今，我们有专职的部门负责接待意向加盟商，并有成熟的培训体系培训加盟商。每一位意向加盟商在确立合作关系之前都必须经过刘一手严格的培训和考试。我们对加盟商的承诺是：加盟一个，成功一个，朋友一个。

如何实现"加盟一个"？

"加盟一个"的核心是慎重选择加盟商，这是刘一手品牌稳健发展的基石。

2021 年，我们对刘一手数百个加盟商进行分类。如何对加盟商进行分类，不同的餐饮企业有不同的方法，有的餐饮企业按加盟商为企业贡献的价值来分类，分为高价值加盟商和低价值加盟商等；有的餐饮企业按加盟商合作时间来分类，分为加盟商、意向加盟商等。

刘一手按加盟商为企业贡献的价值将加盟商分为五类，见表 6-8。

表 6-8　刘一手对加盟商的分类

加盟商分类管理	标准
A+	高度认可品牌理念，资金实力强，资源丰富，有较丰富的餐饮经验
A	有门店，准备签单或者近期可以签单的意向加盟商；已有门店、准备拓展多店的加盟商
B	无门店，但有资金实力的意向加盟商；多次咨询或者已来刘一手考察过的意向加盟商
C	有门店，有一定意向但还在各大餐饮品牌间犹豫，可进一步跟进努力促成签约的意向加盟商
D	无门店，只是先简单了解的意向加盟商

从企业可持续发展的维度来看，这五类加盟商的组合极其重要。刘一手如果缺少 C 类和 D 类加盟商则很难进入全球市场；刘一手如果缺少 B 类加盟商则难以形成坚实的增长底线和稳健的回报；刘一手如果缺少 A 类加盟商则无法突破增长瓶颈；刘一手如果缺少 A+ 类加盟商则难以形成核心竞争力。

如何实现"成功一个"？

"成功一个"的核心是对不同加盟商的维护。

A+ 类加盟商：刘一手业绩增长的稳定"发动机"。 A+ 类加盟商是刘一手重视度最高的加盟商，他们高度认可刘一手的品牌理念，而且资金实力雄厚。尽管 A+ 类加盟商在刘一手加盟商总数中所占的比例可能不到 20%，但他们在决定企业利润方面具有显著的影响。对刘一手而言，赢得 A+ 类加盟商的信任和支持对业务成功至关重要。刘一手要想实现"中国火锅产业文化全球传播第一平台"的愿景和"重庆火锅、全球传播、一手引领"的使命，就必须攻下 A+ 类加盟商这座山头。这几年，刘一手一直在迭代、升级 A+ 类加盟商的开发及运营，把 80% 的时间、精力和资源投放到此类加盟商身上。

A 类加盟商：刘一手业绩增长的重要动力。 A 类加盟商是签约意向比较大的新加盟商或准备拓展多店的老加盟商，这是刘一手重点维系的加盟商。刘一手对 A 类加盟商有一套成熟的管理制度，会有完整的服务记录，提供充裕的服务时间和细心周到的服务等。

B 类加盟商：刘一手的增长底线，提供差异化服务。 与 A+ 类加盟商和 A 类加盟商相比，B 类加盟商的资金实力略逊一筹，但加盟意向较强。B 类加盟商对刘一手的贡献一般，但有一定潜力，是刘一手的增长基础和底线。针对此类加盟商，刘一手会根据加盟商的需求提供差异化服务。

一般来说，刘一手的投入与回报基本成正比，投入力度越大，回报也越可观。

C 类和 D 类加盟商：不宜投入大量的精力、时间和资源。 C 类和 D 类加盟商一般是对刘一手贡献度不高但量大的加盟商。对于这两类加盟商，我们不宜投入大量的精力、时间和资源。刘一手如果将大量的时间和资源花费在这两类加盟商上，不仅会使自身陷入疲惫不堪的境地，同时也会限制其进一步拓展市场的可能。但是，我们也不能忽视这两类加盟商的重要性，可以采取稳健的战略，在按照加盟商服务流程提供优质服务的基础上不时推出一些优惠政策，从而吸引更多的加盟商。

我们之所以对加盟商进行分类，是为了做好每类加盟商的精细化运营，把关键资源投放到关键加盟商身上。比如，我们会注意与 A+ 类加盟商之间的情感链接，每月跟进 A+ 类加盟商的次数不低于 1 次，主动为 A+ 类加盟商规划发展市场等。

尽管餐饮企业的大小、规模不同，但我建议连锁餐饮企业可以从以上五个维度对加盟商进行分类和评估。餐饮经营者对加盟商进行精准分类，能够有助于准确地描绘加盟商画像。当然，在实际应用过程中，餐饮经营者可以根据实际情况对分类标准进行相应的调整。**分类不是目的，分类背后的逻辑才是重点。**

如何实现"朋友一个"？

"朋友一个"的核心就是保证加盟商的存活率，确保他们通过加盟赚钱、赚大钱、持续地赚大钱。 为了实现这一目标，刘一手鄂赣分公司的负责人李祥银在实践中总结出了一套加盟商的成功法则，取名为"八仙过海"，如图 6-7 所示。

图 6-7 加盟商成功法则"八仙过海"

"八仙过海"有八个维度，每个维度对应一种打法（由于篇幅有限，这里不展开详述）。这套法则可以为加盟商提供全面的支持，确保他们在经营过程中能够充分发挥自身优势，使门店实现持续盈利。

通过"八仙过海"，湖北省的刘一手重庆火锅门店业绩实现了显著增长，目前成为刘一手集团中业绩最佳区域，区域内门店数量由 2021 年的 26 家拓展至 2023 年的 47 家，扩张速度在刘一手集团遥遥领先。2022 年春节，该区域内的门店月平均营业额由之前的 42 万元提升至 80 万元，实现了大幅度增长。

陕西宝鸡的朱洪亮先生原本拥有自己的火锅品牌。在一次偶然的机会中，他接触并亲自品尝了刘一手重庆火锅，对其独特的口味与品质深感满意。经过深思熟虑，朱洪亮决定加盟刘一手。为了契合刘一手的品牌形象，他在原有的店址上进行了全新的装修设计。

"如此折腾一番，又投入了这么多资金，你是否担心过投资无法回收？"面对很多人提出的这一问题，朱洪亮明确表示："我从未有过这样的担忧。"作为一名资深的餐饮经营者，朱洪亮深知刘一手派驻团队的专业能力，这使他比新手更加确信投资的价值。尽管新店的大部分员工都是之前火锅店的老员工，但朱洪亮仍然积极组织他们参加刘一手的培训，从而确保团队的专业素质和服务质量。

新店开业后的运营状况比朱洪亮所预期的更为理想。如今，这家店已成为陕西地区开业时间最长的刘一手门店，并持续保持着稳健且繁荣的经营态势。

朱洪亮在经营刘一手重庆火锅门店体会到重庆火锅这种充满粗犷豪情与独特魅力的餐饮形式具有强大的吸引力，能够触动很多人的味觉神经。就连习惯于品尝酸辣口感的面皮和酱香浓郁的肉夹馍的宝鸡人也对刘一手重庆火锅那种热辣刺激、麻辣香醇的风味表现出了极高的热情与喜爱。

自加盟刘一手以来，朱洪亮收获的不只是财富，还有天南海北的朋友。朱洪亮在与人分享自己与刘一手的情谊时常常提到："我们是肝胆相照的朋友。"

刘一手的连锁化，并不仅仅是为加盟商提供技术支持，更是与加盟商进行更深层次的心灵交流。我们深知，要成为一个成功的世界级餐饮连锁品牌，需要以加盟商的信任作为基石。因此，我们对待每一位加盟商都如同朋友一般，关心他们的经营状况，倾听他们的困难和需求，共同解决问题。这种真诚的态度赢得了加盟商的信赖和忠诚，也为刘一手赢得了口碑。

连感情，锁利益

连续 16 年，刘一手跻身中国餐饮连锁百强企业前 10 名；2021 年，在中国饭店协会发布的火锅企业 20 强中，刘一手排第 6 名；作为中国烹饪协会、中国饭店协会、重庆市火锅产业协会副会长单位，刘一手先后荣获中国餐饮百强企业、中国火锅十大品牌、中华名火锅、中国火锅代言品牌、重庆名火锅、重庆市著名商标等诸多荣誉。

这些沉甸甸的荣誉背后也有惨痛的经历。做连锁，开 1000 家店，除了业绩，最让餐饮经营者头疼的就是管理问题。门店快速扩张，多店管理问题也日益突出，如果餐饮经营者急于求成，没有解决好眼下的问题，很有可能"千里之堤，溃于蚁穴"。

刘一手在开启全球连锁时就因管理不善付出了沉重的代价。

在之前，我提到刘一手的第一家国外连锁店在迪拜诞生，但这个过程的艰辛超乎想象。我人生中的第一场官司是在迪拜打的，这段经历对我本人和刘一手的发展产生了深远的影响。

在经营刘一手重庆火锅迪拜店的过程中，我犯下的第一个错误是：**盲目选择了开店合伙人**。由于我急于落子迪拜，在选择合伙人时并没有对合伙人进行多方考察和慎重考虑。我仅仅因为和导游阿俊在旅程中相识，就草率地决定与他合作。

这个轻率的决定为刘一手重庆火锅迪拜店后来的经营困境埋下了隐患。阿俊虽然是个出色的导游，但他对餐饮行业并不熟悉，缺乏相关经验和专业知识。在经营过程中，我们对门店的管理、营销策略以及食材采购等方面的观念存在很大的分歧。没有共同的商业理念和目标导致我们在决策时经常产生矛盾和分歧，这给刘一手重庆火锅迪拜店的经营带来了很大的困扰。

此外，由于缺乏对合伙人的深入了解，我们之间的信任基础薄弱。在经营过程中，我发现阿俊在财务管理上存在不规范的行为，这让我对他的信任大打折扣。这种不信任导致我们在合作中产生了许多猜忌和误解，进一步加大了门店经营的难度。

在经营刘一手重庆火锅迪拜店的过程中，我犯下的第二个错误是：**没有进行标准化的运营管理。**

在刘一手重庆火锅迪拜店运营的两年间，为确保门店财务的稳健与透明，集团委派财务总监陈妁前往迪拜，让其专职负责门店的财务记录与管理。然而，陈妁在履职过程中发现了若干门店财务问题，对此，阿俊坚决予以否认，甚至出示了大量发票作为凭证。

此刻，我才意识到海外门店管理的难度远超我们预期，如果没有规范化、标准化的运营管理体系，我们在海外的业务将寸步难行。

为切实掌握刘一手重庆火锅迪拜店的实际经营状况，我决心亲赴迪拜进行实地考察。刚下飞机，我便直接前往刘一手"海外长子"的所在地。然而，眼前的景象令我难以置信——店内昏暗无光，使人对门店是否正常营业产生了深深的疑惑。原来的"刘一手"灯箱，一组灯光已经熄灭，闪烁着的"文一手"似乎在嘲笑着我之前的期待。

当时，阿俊并不在店内。我步入厨房，只见厨师刚拆开一块火锅底料，正持刀欲切。"这个无须切。"我提醒道："底料是调配好的，一份即为一锅的标准。"尽管厨师并不认识我，但听我这样说，便知并非外人，于是他轻松地说："你懂什么？一块底料做一锅，多浪费！我们得节约！"

我尽力压住怒火，询问："这一块能做几锅？"厨师敲打着底料，随口答道："大概16锅吧。"

16锅！我眼前一黑，心中的希望瞬间破灭。

我坚持留守门店，直至最后一桌顾客离店，其间不乏听到"口味不正宗""国外哪有真正的火锅"之类的言论。这些话像刀子一样扎在我的心上。

除了这两个重大错误，我认为自己犯的最大的错误就是**没有进行价值观的宣导**，这导致刘一手彻底失去了对刘一手重庆火锅迪拜店的控制权。

为了拿回刘一手重庆火锅迪拜店的控制权，我跑遍了迪拜的大街小巷，包括警察局、劳工部、法院……虽然我不会英语也不会阿拉伯语，但是这些并不能阻止我去维护自己的权益。所以，在长达五年的时间内，我一直频繁穿梭在迪拜的上空。

好在功夫不负苦心人，最终我打赢了官司，拿回了刘一手重庆火锅迪拜店的控制权。坦率地说，这场胜利来之不易。在国外滞留多日，身心疲惫的我在得知判决结果的那一刻确实产生了一丝退缩的念头。此时，刘松和团队成员的鼓励让我重新振作起来，提醒我永远不要忘记开刘一手重庆火锅迪拜店的初心。

是的，我们来到迪拜开重庆火锅店不仅仅是为了商业利益，更是为了传播中国的火锅文化。我不能因为一次挫折就放弃自己的初心。我必须使刘一手重庆火锅迪拜店重新红火起来，继续我们的使命。

这场风波结束之后，我们认真总结刘一手重庆火锅迪拜店的得失，制定了一套开拓海外市场的管理办法，我把这套方法称为《梅花宝典》。古有《葵花宝典》，今有《梅花宝典》，样样都经典。《梅花宝典》里，有以下三个关键点。

第一，人才体系的搭建。 刘一手海外门店能否运营成功，最关键的是核心管理团队的组建和管理。因为管理半径长、监管难度大以及用工难等问题，我们决定在海外当地招募合伙人，从而加强对核心团队的管理和监督。同时，我们搭建了国内外人才输送体系，确保团队成员的能力能够满足企业发展的需求。人才体系搭建好之后，我们可以确保海外门店的高效运营和管理。

第二，数据平台的建立。我们成功建立了刘一手大数据平台，实现了国内外数据的实时共享，覆盖了顾客在线化、业务在线化和流程在线化的全面建设。这个大数据平台不仅是一个具备国际视野的平台，更是一个能够实时监控国内外各门店经营状况的平台。这一平台的建立为刘一手提供了战略规划、决策制定、规范管理和风险防范的有力支持，同时也提升了刘一手的运营能力。

在新冠疫情期间，我们利用大数据平台对北美市场顾客群体进行了精准定位，通过快速启动外卖市场，抢占市场先机，成功地进行了精准营销。

第三，企业文化的打造和传播。要想凝聚人心，还是要靠企业文化。因此，我每年都会飞往全球各地的门店，不仅是为了推广中华美食文化，也为了传递刘一手的企业文化。我希望通过这种方式让身处海外的刘一手团队能够深刻感受到来自刘一手总部的关心与支持，从而更好地融入企业这个大家庭。

目前，我们鼓励员工利用国内外社交媒体，积极推广中华美食文化。我也在抖音上创建了自己的个人品牌——刘一手梅姐，用更符合时代趋势的方式推动中国美食文化走向全球。我们的目标是将刘一手打造成为中国火锅产业在海外的主要传播平台，助力更多国内餐饮企业走向国际市场。

有了规范化的制度，刘一手的国外门店真正步入了高速发展期。

刘一手重庆火锅迪拜店的招牌，从"文一手"又变回了完整的"刘一手"。店里的灯光再次明亮璀璨，火锅里翻滚着浓烈的红油，散发着熟悉的麻辣鲜香。在接下来的几年内，刘一手又陆续在迪拜开了 3 家门店。

没有前期的坚持和付出，哪来刘一手海外门店雨后春笋般的发展？看到迪拜店的生意越来越好，我没有停下脚步，而是开启了全球发展计划。

2014 年，刘一手北美地区首家门店在加拿大温哥华开业。此后，我们在多伦多也开了门店；出于海外管理的艰难和本土化的需要，2015 年，刘一手筹备建立位于北美的管理公司。

除了《梅花宝典》，刘一手的连锁化取得成功的关键原因之一在于我们所坚持的"连感情、锁利益"的连锁模式。这一模式的独特之处在于它强调了连锁过程中人们情感与利益的双重联结，从而形成了一个紧密、共赢的商业生态。

刘一手"连"加盟商的感情，加盟商"连"顾客的感情，刘一手去"锁"加盟商的利益，加盟商去"锁"顾客的利益。顾客要吃饭，顾客就"连"着食材的感情，食材又"连"着供应商的感情且"锁"着供应商的利益，供应商又"连"着刘一手的感情与利益，这样整个链条的关系就能够良性循环起来。

在"连感情、锁利益"的连锁模式下，刘一手不仅能保证所有加盟店口味一致、食材新鲜、店面风格和服务水平统一，还能为加盟商赋能，给他们提供学习管理经验的机会，从而帮助刘一手品牌开拓更多地域，触达更多顾客。

正是这种环环相扣、互利共赢的连锁模式使刘一手连锁化取得了显著的成功。

餐饮出海，"四问""四人""四不做"

最后，对于有意进军海外餐饮市场的餐饮经营者，我根据自己的实践经验，给出以下三点建议。

第一，熟悉当地的法律和相关标准。 由于国外在食品卫生要求和法律规定方面与国内存在很大的差异，因此，餐饮经营者"走出去"之前的首要任务是充分掌握当地的法律知识，确保自身行为符合当地法律法规的要求。

以美国为例，我们在开首家门店时经历了长达一年的时间才得以通过审批。这主要是因为美国对开店审批的要求非常严格。刘一手租用的门店原来是一家韩国烧烤门店，我们在改造过程中稍微调整了包房的大小，移动了隔墙 20 厘米。就是这个小小的改动导致门店没有通过审批。门店的隔墙按照要求调整后，消防工作人员甚至搭起板凳、使用纸张，对通风口的风速进行了细致的测试，确保符合标准后才通过审批。

餐饮企业要想在海外快速拓展门店，需要梳理不同国家的出口标准、食品标准、门店标准等，这是餐饮企业"走出去"之前必须做的。

刘一手 2016 年在全球设立了区域事业部，包括北美事业部、欧洲事业部、亚洲事业部、澳洲事业部。这些事业部会对当地市场进行分析，从而熟悉整个出口标准的流程。

第二，供应链本土化。 餐饮企业"走出去"之前，要考虑很多具体的问题。比如，味道是需要改良还是保持正宗？国外市场无法获取调味料时怎么办？如何降低成本？刘一手于 2018 年在加拿大建立了底料加工厂，从而实现了底料本土化。供应链本土化能够大大提高效率。

第三，人才本土化。如果海外某一个区域出现了问题，从国内派人去解决，时间周期太长，很难及时解决问题。所以，人才必须本土化，餐饮企业要在当地培养管理者。

在迪拜经历了挫折后，刘一手深知海外市场潜藏的风险与挑战。为了确保在美国、加拿大等海外市场的稳健发展，我们第一时间聘请了三类关键人才：**律师、会计师和合伙人**。刘一手通过与这些专业人士合作，可以更好地了解当地法律法规、税务规定以及市场运营策略，为刘一手在海外市场的顺利发展奠定坚实基础。

除了以上三大要点，餐饮品牌出海，还要做到"四问""四人""四不做"。

- "四问"。问自己四个问题：你的目标是什么？你的资源是什么？你如何创新？你如何确保在海外开店赚到钱？
- "四人"。你要找到四类人：律师、会计师、投资人和总经理。
- "四不做"。有法律风险不能做；没有优势不能做；没有市场空间不能做；模式无法复制的不能做。

"四问""四人""四不做"都准备好了，我再送你四个字——**执着、坚守**。

熬一锅好的火锅，靠的是技术。做一个成功的世界级中国连锁餐饮品牌，靠的是智慧和人品。

工具　企业文化落地四步法

打造企业文化并非一日之功,但千里之行始于足下,餐饮经营者要想将企业文化融入日常工作,可以对照"企业文化落地四步法"来检测自己打造企业文化过程中的得与失,见表6-9。

表6-9　企业文化落地四步法

企业文化落地四步法	具体内容
第一步：入眼	知道：文化巡讲、VI可视化
第二步：入脑	记住：文化考试、故事传播
第三步：入心	认可：植入制度、绑定利益
第四步：入行	行动：行为规范、经典沉淀

后 记

火锅是熬出来的，人生也是熬出来的

历时一年，在团队成员的协助下，我终于完成了《一手不留：餐饮经营实践的心法与干法》的撰写工作。回顾这段历程，我深感写作不易。在撰写这本书的过程中，我不仅需要整理大量的资料，还要对刘一手的餐饮经营之道进行深入挖掘和思考。同时，我还要在文字表达上力求准确、生动，让餐饮同行看得懂、学得会、用得着。

创作这本书的一年中，我仿佛经历了一次精神上的"二次创业"。我通过文字的方式回头看刘一手走过的路，时而壮怀激烈，时而低沉徘徊，时而深感"行路难"，时而顿觉"轻舟已过万重山"。我敲下的每一个字、每一句话都像是在重走当年的创业路，在字里行间重新经历那些坎坷与辉煌。

书终于写完了，我感到如释重负。我相信，这本书不仅是对刘一手的一次全面回顾，更会给所有餐饮创业者带来深刻启示。

书有未曾经我读，事无不可对人言。我的微信朋友圈，没有"最近三天"可见，没有"最近一个月"可见，没有"最近半年"可见，而是"全部"可见。我从 2012 年使用微信至今，十几年的朋友圈都保持着公开查看的权限。

一手不留，这是我的人生信条，也是我写作本书的原则。我写的是刘一手真实发生的故事，总结的是刘一手苦苦摸索后行之有效的方法，传递的是刘一手在餐饮经营之路上总结的方法和经验。正如书名《一手不留：餐饮经营实践的心法与干法》一样，我对刘一手的经营之道在这本书中一手不留，全盘托出。

我相信，这些故事、方法和经验不仅是对刘一手经营餐饮企业的得失总结，更可以启发和激励很多人在经营企业和经营人生的道路上勇往直前，不断探索、不断创新、不断突破、不断前进。

回望来时路，我看到了 18 岁的那个我，独自一人挤上从老家到北京的火车。那时我的心里只有一个念头："再苦再累，一定得闯出来、熬出头！"从在办公室扫地的编外员工，到一家销售企业的业务骨干，再到跨国火锅企业的董事长，我一步一个脚印，深一脚浅一脚地闯出了一片天地，终于"熬"出了头。

我做的是火锅事业，是火锅成就了我。有时，我看着热气腾腾的火锅会由衷地感慨：火锅越熬越香浓，这份香浓来自底料、时间和火候。我们的人生不也是这样吗？要想拥有精彩的人生，也要靠"熬"，这种"熬"不是"煎熬"，而是耐得住寂寞的战略定力和长期主义，这份精彩来自奋斗和坚持。

当我因家庭责任和兄妹情谊投身火锅事业的时候，我并不知道火锅能给予我如此多的力量和历练。我和刘松当时只是想把火锅做好，让刘一手重庆火锅在火锅林立的重庆活下来。随着刘一手从 1 家门店发展成 10 家门店、100 家门店、1000 家门店，走出重庆，走向世界，我越来越明确：我从哪里出发，带着怎样的使命，最终去往何方。"脚踏实地、顺势而为"这八个字成就了刘一手，也成就了我。

人生不设限，梦想不设限，我能走到今天成为企业家，成为重庆市商业联合会会长，成为重庆市三八红旗手标兵等，是我之前从未曾想过的。这一路走来是无数的人在托举着我，让我将一个个"不可能"变成了"可能"。做正确的事，正确地做事，择一事，守一心，精一业，我做到了。

我要感谢钟爱刘一手重庆火锅的顾客，他们对麻辣火锅的喜爱给了我将火锅做好的动力；我要感谢选择和刘一手并肩同行的加盟商，他们对刘一手品牌的信赖给了我将火锅做大做强的信心；我要感谢我的家人，刘一手起源于兄妹情，这份情谊是刘一手得以诞生并发展壮大的原动力；我还要感谢一路帮助过我的贵人，感谢中国烹饪协会、中国饭店协会、重庆市火锅产业协会对我的指导与帮助，因为篇幅有限和保护个人隐私的原因，请原谅我无法一一道出他们的名字，他们从不同程度、不同层面提升了我的认知，弥补了我的短板，锻炼了我与世界更好地相处的能力，也让我更加相信，在这个世界上真诚一定能够长出不一样的良善之花。

刘一手发展至今，风风雨雨走过25年，我也步入知天命之年，但我不想使刘一手成为一个"老"品牌，我自己也不想躺在过去的功劳簿上不思进取。所以，我不断归零，不断学习，不断迎接新的挑战。2020年，我乘上短视频迅猛发展的列车，开通了"刘一手梅姐"账号，学习在镜头面前表达，尝试对刘一手进行更加生动地诠释。

我希望用短视频的方式来保持刘一手的活力，靠近年轻一代，把我经营刘一手的智慧、经验和收获传递给他们。我更希望向年轻一代学习，为刘一手注入更多朝气。

做餐饮25年，我的经营心法可以总结为"6个期"：**短期靠营销，中期靠模式，长期靠产品，无期靠文化，期期靠人才，遥遥无期靠用户**。刘一手只有随着用户的需求不断升级、不断优化、不断迭代，才能永葆生机和活力，才能长长久久地经营下去。

如今，到了我这个年龄段著书立说不是图名图利，而是想通过这本书让餐饮同行少走弯路，让天下没有难开的火锅店，以此来更好地感恩和回报我们这个时代，并惠及更多人。

我的名字里面有一个"梅"字，我也很喜欢梅花。中国的诗词中有很多描写梅花的诗句，我喜欢"墙角数枝梅，凌寒独自开"中梅的坚韧和傲骨，我也喜欢"已是悬崖百丈冰，犹有花枝俏"中梅的卓然不凡。我希望自己能够像梅花一样，无论何时何地都能够保持坚忍的意志和决心，勇敢地面对一切困难和挑战。

一个人，一家火锅店，一个行业，一个城市，一个国家，一个世界，无数个我们，构成了我和刘一手继续前行的动力。

火锅越熬越香浓，那一定是货真价实的重庆火锅；人生越熬越精彩，那一定是拼搏奋进的人生态度。刘一手的创业之旅还没有结束，我与刘一手的故事也未完待续，我的写作之路刚刚开始，关于刘一手的故事、我的故事，未来一定会更加精彩，敬请期待……

附 录

与爱同行

演唱：杨学峰

作词：刘松 刘梅
作曲：杨学峰

1 = D 4/4

前奏 EP
0 5 5 6 3 2 3 3 1 | 1· 2 2 3 3 2 3 5 5 3 6 5 | 5 3 5 6 5 6 5 6 6 1 | 6 5 3 3 5 6 1 1 1 3 1 | 2 1 2 3 2 3 3 1 | EG

2 2 3 2 1 2 1 | 5 5 3 5 6 1 6 | 5 5 6 5 6 6 3 | 2 - - - ‖: 5 5 5 5 5 6 2 1 1 6 3 2 |
经过失败 的痛苦 才会觉醒
踏着有梦 的脚步 才是前行

2 - - 0 1 1 2 | 3 2 1 6 1 6 3 3 3 | 0 3 5 3 5 5· 0 5 5 5 3 1 6· |
      走常人 少有的路 才叫征程 有多少磨难 就有多少辉煌
      带着有 爱的心灵 才是人生 有多少委屈 就有多少壮美

0 6 1 6 3 2· 0 2 2 2 3 6 5· | 5 - - 0 5 5 6 | 3 2 3 1 1 - 0 1 2 |
有多少艰辛 就有多少灿烂   刘一手 与你同行   在岁
你拿什么把 生命酿成美酒

3 3 2 3 3 5 5 3 6 5 0 5 5 6 | 5 3 2 1 1· 6 2 2 1 2 2 3 | 2 1 6 2 2 - 0 5 5 6 |
月的时光 里与你同行 刘一手 与爱同行～ 在有爱的长河中 创造永恒   刘一手

3 2 3 1 1 - 0 1 2 | 3 3 2 3 3 5 5 3 6 5 0 5 5 6 | 5 3 2 1 1· 6 2 2 1 2 2 3 |
与你同行   在岁 月的时光 里与你同行 刘一手 与爱同行～ 在有爱的长河中